要覽
요람

<지만지한국문학>은
한국의 고전 문학과 근현대 문학을 출간합니다.
널리 알려진 작품부터
세월의 흐름에 묻혀 이름을 빛내지 못한 작품까지
적극적으로 발굴합니다.
오랜 시간 그 작품을 연구한 전문가가
정확한 번역, 전문적인 해설, 풍부한 작가 소개, 친절한 주석을
제공합니다.

要覽

요람

작자 미상
이대형 옮김

대한민국, 서울, 지만지한국문학, 2024

편집자 일러두기

- 이 책은 국립중앙도서관 《요람(要覽)》(한古朝93-128)을 저본으로 삼았습니다.
- 작품의 배열 순서는 원전을 따랐으나, 네 번째 장 '동물들의 송사'는 옮긴이가 연관되는 내용을 임의로 묶어 재구성했습니다. 원전의 제목과 구성은 원문에서 확인할 수 있습니다.
- 현대어역은 현대 독자가 쉽게 이해할 수 있도록 원문의 의미를 벗어나지 않는 범위 내에서 자연스럽게 윤색을 가했습니다.
- 서명과 편명은 《 》과 〈 〉으로 표시했습니다.
- 주석과 해설은 독자의 이해를 돕기 위해 옮긴이가 작성한 것입니다.
- 원문에 〈1〉, 〈2〉와 같이 저본의 쪽수를 표시해 쉽게 대조할 수 있도록 했습니다.
- 저본에 오류가 있을 때는 다른 이본과 교감해 바로잡고 그 내용은 원문에 주석으로 밝혔습니다. 교감에 사용한 이본 목록은 원문 뒤에 밝혔습니다.
- 한글에 한자를 병기할 때 괄호 안의 말과 바깥 말의 독음이 다르면 [ ]를 사용하고, 번역어의 원문을 표시할 때는 ( )를 사용했습니다. 또 괄호가 중복될 때에도 [ ]를 사용했습니다.

차 례

최치원전 · · · · · · · · · · · · · · · · · · · 1

박응교직간록 · · · · · · · · · · · · · · · 53

남한일기 · · · · · · · · · · · · · · · · · · · 93

동물들의 송사 · · · · · · · · · · · · · · · 111

  고양이와 개 · · · · · · · · · · · · · · 113

  까치와 까마귀 · · · · · · · · · · · · · 126

  다람쥐와 쥐, 고양이 · · · · · · · · · · · 140

  소의 하소연 · · · · · · · · · · · · · · 147

임자강의 산송 상언 · · · · · · · · · · · · 155

동군을 보내는 글 · · · · · · · · · · · · · · 167

이순필·순정 형제의 송사를 해결함 · · · · · · 173

경문의 부친 경기의 전사에 대한 상언 · · · · · 179

이화실전 · · · · · · · · · · · · · · · · · · 187

원문

崔致遠傳 · · · · · · · · · · · · · · · · · 253

朴應敎直諫錄 · · · · · · · · · · · · · · · 276

南漢日記・・・・・・・・・293

婢猫今所志・・・・・・・・299

奴狗同原情・・・・・・・・301

枝頭鵲諫治等狀・・・・・・306

加魔恠 年一百六十五・・・309

栗木里接饂山所志・・・・・313

鼠大盜供辭・・・・・・・・314

捕盜監考猫同 年一萬・・・316

農牛等狀・・・・・・・・・318

任自剛山訟上言・・・・・・322

餞東君序・・・・・・・・・326

解李順弼・順貞兄弟之訟・・329

慶門父豈戰亡上言・・・・・332

李生傳・・・・・・・・・・335

해설・・・・・・・・・367

옮긴이에 대해・・・・・・377

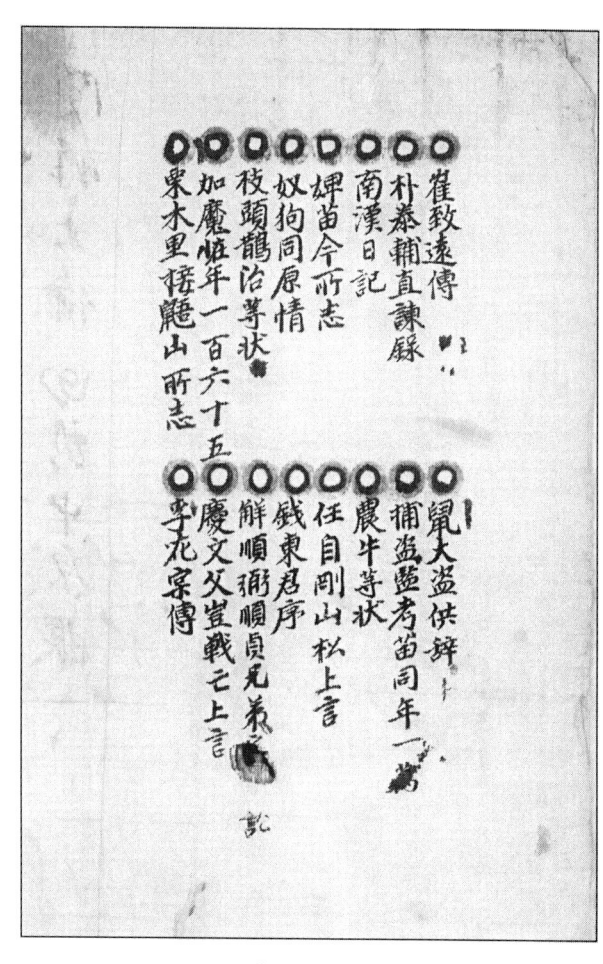

《요람(要覽)》의 목차
국립중앙도서관 소장

최치원전(崔致遠傳)

최치원은 신라 사람으로 문창현(文昌縣)[1]의 수령 최충(崔沖)의 아들이다. 일찍이 신라왕이 최충을 불러 문창 수령으로 임명하자, 최충은 집에 돌아와 밥도 먹지 않은 채 울었다. 아내 안씨가 그 까닭을 물으니 충이 말했다.

　"당신은 그 얘길 듣지 못했소? 내 들으니 옛 문창의 수령들 가운데 자기 아내를 잃어버린 자들이 많다 하오. 나도 이 같은 변을 당할까 두렵소. 그래서 우는 것이오."

　안씨 또한 걱정과 슬픔으로 아무것도 먹지 못했다.

　열흘 후 최충이 가솔을 거느리고 문창현에 이르렀다. 최충이 마을 어른들을 불러 물었다.

　"예전에 들으니 이 읍의 수령들이 아내를 잃은 변이 있다고 하던데, 과연 그러한 변이 있었소?"

　"있었습니다."

　최충은 더욱 두려워서 여종과 집안사람들에게 자기 아내를 에워싸 지키게 하고 밖에 나가 직무를 보았다.

　하루는 검은 구름이 일어나더니 천지가 어두워지며 바

---

[1] 문창현(文昌縣) : 실제 지명인지 알 수 없음. 다만 전북 군산에 속한 신시도(新侍島)의 월영봉(月影峰)에서 최치원이 글을 읽으면 중국까지 글 읽는 소리가 들렸다는 전설이 전한다. 또 고려 현종 때 최치원이 문창후(文昌侯)로 추증된 영향으로 문창현이라는 지명이 만들어졌다는 견해도 있다.

람과 우레가 사납게 일고 번개가 번쩍거렸다. 문을 걸어 닫고 지키던 자들이 모두 놀라 엎드렸다. 잠시 후에 일어나서 보니 부인은 이미 없어졌다. 매우 놀라 급히 최충에게 알리니 최충 또한 놀라고 두려워했다.

앞서 최충은 붉은 실로 아내의 손과 자기 손을 이어 놓고 밖에 나가 직무를 수행하고 있었다. 아내가 없어지자 아전 이적(李積)과 함께 붉은 실을 따라 관아 뒤편 험한 산의 바위 골짜기 아래로 갔으나 길이 막혀 들어갈 수가 없었다. 충이 아내를 부르며 통곡하니 이적이 꿇어앉아 위로하며 아뢰었다.

"부인께서 이미 사라진 터에 통곡한들 무슨 소용이 있겠습니까? 제가 옛 노인에게 들으니 이 바위 골짜기는 밤이 되면 저절로 열린다고 합니다. 공께서는 일단 마을로 돌아가 기다리셨다가 밤에 이리로 와 보시는 것이 좋겠습니다."

최충은 그의 말을 따라 이내 마을로 돌아왔다가 밤에 다시 그 산으로 가서 바위 골짜기 아래 이르러 열 걸음쯤 나아가 멈춰 섰다. 한동안 울음을 삼키고 있는데 문득 바위 사이로 촛불 같은 빛이 보였다. 가서 보니 과연 바위틈이 저절로 열려 있었다. 최충이 기뻐하며 틈을 따라 안으로 들어가니, 그 안의 땅은 넓고 기름지고 꽃과 나무가 무성했으며 사람은 없고 기이한 새들만 꽃나무 가지에 가득 늘어앉아 있었다. 이에 최충이 탄식하며 이적을 돌아보고 말했다.

"세상에 어찌 이 같은 땅이 있겠느냐? 이는 필시 신선의 땅일 것이다."

동쪽으로 가서 50보쯤 되는 곳에 이르니 큰 집이 한 채 있는데 건물이 장대하고 아름다워 꼭 하늘나라의 궁전과 같았다. 이때 음악 소리가 들려 최충이 창밖에서 몸을 붙이고 창틈으로 들여다보니 색이 누런 금돼지가 아내의 무릎을 베고 용문석(龍文席)2)에 누워 있었고, 또 아름다운 여인들 천여 명이 뒤에 나열해 에워싸고 있었다. 이전에 최충은 아내와 약속한 대로 약주머니를 안쪽 띠에 차고 있었다. 최충이 주머니를 열고 약을 꺼내 바람에 날려 보냈다. 그러자 그의 아내가 향기를 맡고 최충이 온 것을 알고 눈물을 흘리며 울었다.

한참 지난 후에 금돼지가 잠에서 깨어나 물었다.

"왜 사람 냄새가 나는 거지?"

최충의 아내가 거짓으로 말했다.

---

2) 용문석(龍文席) : 용무늬가 있는 돗자리.

"난초꽃에 바람이 불어 향기가 날 뿐이지 사람 냄새가 어찌 이곳에 이르겠습니까?"

금돼지가 또 물었다.

"그대는 무엇이 슬퍼 울고 있소?"

"제가 이곳을 보니 인간 세계와는 아주 다릅니다. 저는 인간 세계의 사람이기 때문에 이곳에서 오래도록 즐기지 못할까 두렵습니다. 그래서 우는 것입니다."

금돼지가 말했다.

"이곳은 인간 세계가 아니라서 절대 죽는 법이 없소. 슬퍼하지 말기 바라오."

안씨가 이어서 물었다.

"제가 인간 세상에 있을 때 선계(仙界) 사람들에 관해 듣기를 호랑이 가죽을 보면 죽는다고 하던데, 과연 그런 이치가 있습니까?"

금돼지가 대답했다.

"나는 잘 모르오. 다만 사슴 가죽을 따뜻한 물에 적셔 목뒤에 붙이면 나 역시 말 한마디 못하고 죽게 되오."

말을 마치고 다시 잠이 들었다. 안씨는 시험해 보고 싶었지만 사슴 가죽이 없는 것이 한스러웠다. 그러다 문득 보니, 차고 있는 목걸이의 끈이 사슴 가죽이었다. 이윽고 몰래 그 끈을 풀어 침에 적셔서 금돼지의 목에 붙이니, 과연 금돼지가 한마디 말도 못하고 죽어 버렸다. 이에 최충이 아내와 함께 돌아왔으며, 옛 수령들의 아내 10여 명도 안씨 덕택으로 고향에 돌아갔다.

안씨가 낳은 아이는 집에 있을 때 잉태한 것이 분명했다. 그런데 일전에 금돼지의 변을 크게 당했으므로 최충은 다른 사람들과 마찬가지로 그 아이가 금돼지의 자식이 아닐까 의심해 바닷가에 버렸다. 그러나 하늘이 그 아이를 불쌍히 여겨 천녀(天女)를 보내 젖을 먹여 길렀다. 부인이 이 소식을 듣고서 최충에게 말했다.

"당신이 애초에 이 아이를 금돼지의 자식이라 일컬으며 바닷가에 버리셨는데, 실은 금돼지의 자식이 아니기에 하늘이 억울함을 아시고 천녀를 보내 이 아이에게 젖을 먹여 기르게 한 것입니다. 속히 사람을 보내어 데려오시기 바랍니다."

최충이 깊이 느낀 바가 있어 말했다.

"나도 도로 데려오고 싶소. 그러나 처음에 이 아이를 금돼지의 아들이라고 해 내버렸는데 이제 도로 데려온다면 사람들이 분명 나를 비웃을 것이오. 이 때문에 난처하오."

아내가 말했다.

"당신이 만약 비웃음 살 것을 난처하게 여기신다면 병을 핑계 대고 관사에 피해 계십시오. 그리고 제 말을 따르신다면 비록 그 아이를 데려와도 아마 사람들에게 비웃음 당하는 일은 없을 것입니다."

최충은 그 말을 따랐다.

마침 영험한 무당이 관아로 들어오자 부인은 옷을 벗어 주면서[3] 거처하는 곳을 물었다. 무당은 장기동(章騎洞) 이 첨지(李僉知) 집 앞에 산다고 했다. 이에 부인이 몰래 사람을 시켜 무당을 청하니 곧 찾아왔다. 부인이 그 무당에게 비단 수백 필을 주면서 말했다.

"나를 위해 아전들에게, '너희 수령의 부인께서 낳은 아이를 금돼지의 자식으로 잘못 알고 바닷가에 버렸기 때문에 하늘이 너희 수령의 죄를 미워해 병이 나셨다. 지금 너희들이 급히 가서 데려온다면 너희 수령의 병이 나을 것이고, 너희들도 병을 얻지 않을 것이다. 만약 그렇게 하지 않는다면 수령뿐만 아니라 너희들도 모두 죽게 될 것이다'라고 말해 주길 바라오."

무당이 이내 허락하며 말했다.

---

3) 옷을 벗어 주면서 : 정성껏 대접했다는 뜻. 한나라 장수 한신(韓信)이 한고조(漢高祖) 유방(劉邦)에게서 받은 은혜에 대해 언급하기를, "옷을 벗어 나를 입히고, 먹을 것을 건네주어 먹게 했다(解衣衣我, 推食食我)"고 말했다. 《사기》 권92 〈회음후열전(淮陰侯列傳)〉에 보인다.

"제가 마땅히 힘써 그렇게 말하겠습니다."

이윽고 일어나 나가서 곧 그 말을 두루 퍼뜨리자 아전들이 놀라고 두려워하며 모두 함께 최충이 거처하고 있는 집으로 가서 몹시 슬프게 울었다. 최충이 시중드는 이를 시켜 그 까닭을 물으니 아전들이 나아와 무릎을 꿇고 아뢰었다.

"영험한 무당이 말하길, 너희 수령이 아이 때문에 하늘로부터 병을 얻었으니 만약 지금 그 아이를 도로 데려오면 너희 수령의 병이 반드시 나을 것이라고 했습니다. 이 때문에 울고 있는 것입니다."

최충이 놀라는 체하며 말했다.

"진실로 그 아이 때문에 하늘로부터 병을 얻었다면 내가 도로 데려오겠다."

그리하여 이적에게 명해 보냈다. 이적 등이 바다에 들어가 아이를 찾아보았으나 찾지 못해 돌아오려고 하는데, 홀연 어린아이의 책 읽는 소리가 들렸다. 섬이 있는 쪽을 돌아보니 과연 아이가 있어 높은 바위 위에 홀로 앉아 책을 읽고 있었다. 배를 타고 가 그 아이가 올라앉아 있는 바위 아래에 이르러 배를 대고 위를 올려다보며 말했다.

"공(公)의 부모님께서 병을 얻어 고통이 심하신데 공을 보고 싶어 하시기에 우리들이 공을 모셔 가고자 이곳에 왔습니다."

그 아이가 말했다.

"내 부모께서 애초에 나를 금돼지의 아들이라고 여겨 버리시더니 지금은 조금도 부끄러워하지 않으시고 어찌 보고자 하시는가? 옛날 양적(陽翟)의 큰 상인 여불위(呂不韋)가 미희(美姬)를 바칠 적에, 그녀가 임신한 줄 알면서도 진나라 왕에게 바쳤네. 7개월 만에 임신했던 아이를 낳았으니 실은 비록 여씨(呂氏)였지만 진 왕은 그래도 그 아이를 버리지 않았지.[4] 하물며 내 모친께서는 나를 임신한 지 3개월이 안 되어 문창에 왔다가 얼마 되지 않아 금돼지에게 잡혀가셨네. 그리고 한 달이 지나 모친을 되찾았고, 6개월 만에 나를 낳았으니, 이로 보면 나는 과연 금돼지의 자식이 될 수 없네. 내가 만약 금돼지의 자식이라면 내 이목구비가 어째서 금돼지의 이목구비와 같지 않은가? 그런

---

4) 옛날 양적(陽翟)의… 버리지 않았지 : 여불위(呂不韋)는 진(秦)나라 양적(陽翟) 사람으로 큰 상인이었다. 당시 진 왕의 아들 초(楚)가 조(趙)나라에 볼모로 잡혀가 몹시 곤란을 겪고 있을 때 여불위가 계략을 써 진나라로 돌아올 수 있게 했다. 이후 여불위는 초의 신임을 받았고, 자기 아이를 임신한 기녀를 초에게 바쳐 아들 정(政)을 낳았다. 초가 죽은 후 정이 왕위를 이었는데, 이가 곧 진시황(秦始皇)이다. 진시황은 여불위를 존대해 상국(相國)으로 삼고 중부(仲父)라고 칭했다.

데도 아버님께서 애초에 나를 금돼지의 자식으로 그릇 여기시고 여기에 버리셨으니, 그 잔인하고 야박하시기가 어찌 이와 같은가? 내가 지금 무슨 면목으로 가서 부모님을 뵙겠는가? 강제로 나를 보이고자 한다면 당장 바다에 뛰어들겠네."

이때 이 아이는 겨우 세 살이었다.

이에 이적 등이 돌아와 그 아이의 말을 낱낱이 아뢰니, 최충이 후회하며 말했다.

"이는 나의 잘못이다."

즉시 고을 사람들 수백 명을 거느리고 바다 어귀로 가서 아이를 위해 섬에 누대(樓臺)를 지었다. 누대가 완성되자 그 아이를 불러 누대의 이름을 짓도록 했다. 아이는 누대를 '월영대(月影臺)', '망경루(望景樓)'라 했다. 이에 최충이 자신의 허물을 자책하며 아이에게 말했다.

"내가 너에게 매우 부끄럽구나."

이에 아이에게 쇠막대를 주고 돌아왔다. 5일 후 천유(天儒)[5] 수천 명이 월영대 위에 구름처럼 모여들어 각각 자신이 배운 것을 열심히 아이에게 가르치니, 아이는 문리

---

5) 천유(天儒) : 하늘의 선비.

(文理)를 크게 깨우쳐 마침내 문장을 이루었다. 아이가 항상 쇠막대로 월영대 아래 모래밭에 1천 자씩 썼기 때문에 3장(丈)이었던 막대가 거의 반 척(尺)이 되었다. 아이는 음성이 맑고 깨끗했으며 시부(詩賦)를 읊으면 율격에 맞지 않음이 없었다. 밤낮으로 이백(李白)과 두보(杜甫)의 시를 읊었는데 그 소리를 들으면 찬미하지 않은 이가 없었다. 때마침 밤에 중원의 황제가 후원에 놀러 나왔다가 시를 맑게 읊는 소리를 듣고서 옆에서 모시던 신하에게 물었다.

"어디에서 시 읊는 소리가 여기까지 이르는가?"

"신라 유생이 시 읊는 소리입니다."

"신라는 비록 작은 나라지만 또한 현사(賢士)가 있구나. 이처럼 만 리 절역(絶域) 밖까지 시 읊는 소리가 아름다운데 하물며 가까이서 들으면 헤아릴 수 있겠는가?"

하며 길이 칭찬했다. 이에 황제는 재주 있는 선비를 보내 신라 선비와 서로 재주를 겨뤄 보게 하고 싶었다. 신하들에게 조서를 내려 학사 중 탁월한 자 두 명을 뽑아 보냈다. 학사들이 바다를 건너 월영대 아래 이르러 아이에게 물었다.

"무슨 일을 하는 아이냐?"

"저는 신라 승상 나업(羅業)의 종입니다."

"네 나이가 얼마나 되느냐?"
"여섯 살입니다."
"네가 학문을 아느냐?"
"학문을 모르고서야 어찌 사람이라 하겠습니까?"
"그렇다면 시로 재주를 겨뤄 보는 것이 좋겠다."
이에 시를 지었다.

　　노가 물결 아래 달을 뚫고
　　棹穿波底月

그러자 아이가 말했다.

　　배는 물속 하늘을 누르네.
　　舡壓水中天

학사가 또 말했다.

　　물새가 떴다 잠겼다 하고
　　水鳥浮還沒

아이가 또 말했다.

산 구름이 끊어졌다 이어졌다 하네.
山雲斷復連

  이에 학사는 자기 재능이 아이에게 미치지 못하는 것을 알고 동료에게 말했다.
  "아직 일곱 살도 되지 않은 아이의 재능이 이와 같은데 하물며 신라 선비들 가운데 문재(文才)가 뛰어난 자들의 수를 헤아릴 수 있겠소? 그렇다면 우리가 신라에 들어간들 어찌 재주를 펼칠 수 있겠소? 돌아가는 것만 못하오."
  곧 중원으로 돌아가 황제에게 아뢰었다.
  "신라 선비 가운데 문재가 높은 자들의 수를 헤아릴 수 없습니다. 그 가운데 더욱 뛰어난 자들은 비록 저희 수백 명이라도 대적할 수 없습니다."
  황제가 이 말을 듣고 크게 노해 신라를 공격하려 했다. 목화솜으로 계란을 싸 돌함에 넣고 밀랍을 녹여 그 속에 부어 흔들리지 않게 한 후 다시 구리와 철을 녹여 돌함을 싸서 보이지 않게 하고서, 새서(璽書)[6]와 함께 사신에게

---

6) 새서(璽書) : 옥새를 찍은 문서.

주며 전하게 했다.

"너희 나라가 만약 함 속 물건을 알아내 시를 지어 바치지 못하면 너희 나라를 쳐 멸할 것이다."

이에 사신이 새서를 받들어 계림(鷄林, 신라)에 이르렀다. 신라왕이 그것을 보고 놀라고 두려워하며, 이름난 선비들을 불러 모아 보게 하고 명을 내렸다.

"이 함 속 물건을 알아내 시를 짓는 자가 있다면 관직을 높이고 땅을 나누어 주겠다."

때가 되자 월영대에서 놀던 아이가 서울로 들어왔다.

이때 승상 나업에게는 딸 하나가 있었는데 미색과 재주가 당대에 독보적이었으며 행실에 절조가 있었다. 아이가 이를 듣고 헌 옷으로 갈아입고 거울을 잘 고치는 장사치라 사칭하고서 승상 집 앞에 이르러, '거울 손질하시오!'라고 외쳤다. 이때 나씨 딸이 이를 듣고서 거울을 꺼내어 유모에게 주어 내보냈다. 딸이 유모 뒤를 따라 바깥문 안쪽까지 나가 문에 기대어 틈으로 엿보았다. 장사치가 딸의 얼굴을 언뜻 보고는 아름답게 여겼다. 다시 보고 싶어서 손에 쥐고 있던 거울을 떨어뜨려 깨뜨렸다. 유모가 매우 놀라 화를 내며 때렸다. 장사치가 울며 애걸했다.

"거울은 이미 깨졌는데 때려서 무엇 하겠습니까? 이 몸을 노비로 삼아 거울 값을 갚게 해 주십시오."

유모가 들어가 승상에게 아뢰자 승상이 허락했다. 이름을 '파경노(破鏡奴)[7]'라 짓고 말들을 먹이도록 했다. 그러자 말들이 저절로 살쪄 여윈 것이 하나도 없었다.

하루는 천인(天人)들이 산간에 구름처럼 모여 말에게 먹일 꼴을 얻어서 파경노에게 주었다. 이에 파경노는 말들을 따라 들로 나갔다가 숲에서 돌아와 누워 있었다. 날이 저물자 말들이 파경노가 누워 있는 곳에 모여 파경노를 향해 머리를 숙이며 늘어섰다. 이를 보는 이들이 감탄해 마지않았다. 승상의 아내가 이 일을 듣고서 승상에게 말했다.

"파경노의 용모가 기이하고 또 탄복할 만한 일이 많으니 필시 범상한 인물이 아닌 듯합니다. 이런 마구간 일을 면케 하고 천하지 않은 일을 맡기는 것이 좋겠습니다."

승상이 그렇게 여기고서 따랐다. 이에 앞서 승상은 동산에 꽃과 나무를 많이 심었는데, 마구간 일을 면해 주고 파경노에게 화초를 지켜보도록 명했다. 이때부터 동산의 화초가 무성해지고 조금도 시들지 않았다. 또한 봉황이 날아들어 꽃가지에 둥지를 틀었다. 파경노가 봉황의 소리

---

7) 파경노(破鏡奴) : '거울을 깨뜨린 노비'라는 뜻.

를 듣고 비가(悲歌)를 지었는데 승상이 마침 동산에 들어가 꽃을 완상하며 파경노에게 물었다.

"네 나이가 얼마나 되느냐?"

"열두 살입니다."

"글을 아느냐?"

"어려서 부모를 잃었으니 배우고 싶어도 누구에게 배웠겠습니까?"

그러자 승상이 장난삼아 말했다.

"글을 배우고 싶다고? 글을 배우고 싶다면 내가 가르쳐 주마."

"감히 청하지 못하오나 진실로 바라는 바이옵니다."

승상이 웃으며 나가고 파경노 또한 웃었다. 열흘이 지난 후 파경노가 들으니 나씨 딸이 동산에 와서 꽃을 완상하고 싶으나 다만 파경노 보기가 부끄러워 그렇게 하지 못한다는 것이었다. 파경노가 마음으로 이를 알고 승상을 찾아가 말했다.

"제가 이곳에 온 지 여러 해 되었습니다. 한 번도 노모를 찾아가 뵙지 못했사오니 노모를 뵙고 올 여가를 주셨으면 합니다."

승상이 닷새 말미를 주었다. 이에 파경노가 말미를 얻어 고향으로 돌아간다는 것을 나씨 딸이 듣고 동산에 들어가 꽃을 완상했고, 이윽고 시를 지었다.

꽃이 난간 앞에서 웃는데 소리는 들리지 않네.
花笑檻前聲未聽

파경노가 꽃 사이에 숨어 있다가 문득 답시를 읊었다.

새가 숲 아래에서 우는데 눈물은 보기 어렵지.
鳥啼林下淚難看

나씨 딸이 얼굴을 붉히며 돌아갔다.
이 무렵 유생들이 상소를 올렸다.
"함 속 물건을 알아내 시를 지을 방도가 없습니다."
신라왕이 매우 걱정하며 좌우 신하들에게 말했다.
"현명한 재주를 어찌 쉬이 얻을 수 있겠나?"
"현명한 재주는 진실로 쉬이 얻을 수 없습니다. 그러나 대왕님의 신하 가운데 승상 나업이라는 이가 문학이 넉넉해 이 함 속 물건을 알아내 시를 지을 수 있을 것입니다."
왕이 그 말을 옳게 여기고 나업을 부르더니 석함을 맡기며 말했다.
"여러 신하 가운데 경의 문학이 넉넉해 시를 지을 수 있으리니 석함을 맡기오. 모름지기 경은 힘써 알아내 시를 지으시오. 만약 그렇게 하지 못하면 경의 부인을 궁녀로 삼고 경을 죽이겠소."

이에 나업이 집으로 돌아와서 함을 안고 통곡하니 아내 또한 통곡했다. 파경노가 이를 듣고 다른 사람에게 물었다.

"왜 우는 것입니까?"

그 사람이 모두 말해 주자 파경노는 자못 희색을 띠며 꽃가지를 꺾어 들고 바깥채로 갔다. 나 소저가 턱을 괴고 앉아 슬피 울고 있는데 갑자기 벽 위에 걸린 거울에 사람 그림자가 보였다. 속으로 놀라며 이윽고 창틈으로 엿보니 파경노가 꽃가지를 받들고 밖에 서 있었다. 나 소저가 이상히 여겨 묻자 시침 떼며 말했다.

"그대가 이 꽃을 완상하고 싶어 해 그대를 위해 꺾어 왔소. 시들기 전에 받아 즐기시오."

나 소저가 큰 한숨을 내쉬자 파경노가 위로했다.

"거울에 그림자 드리운 이가 반드시 그대의 근심을 없애 줄 것이오. 걱정하지 말고 빨리 이 꽃을 받으시오."

나 소저가 꽃을 받기는 했으나 부끄러워서 일어나 들어갔다. 오랜 뒤 파경노의 말을 괴이히 여겨 틈을 타 승상에게 아뢰었다.

"파경노가 비록 어린아이지만 재주와 학문이 남보다 뛰어납니다. 또 신선의 기운이 있으니 이 함 속 물건을 알아내 시를 지을 수 있을 것입니다."

"너는 이 일을 그리도 쉽게 말하느냐? 만약 파경노가 할 수 있는 일이라면 나라의 유명한 선비 가운데 한 명도 시를 짓지 못해 이 함을 나에게 맡겼겠느냐?"

"뱁새는 비록 작은 새지만 큰 매를 낳습니다.[8] 파경노가 비록 노둔하나 그가 큰 재주를 낼지 어찌 알겠습니까?"

그리고 파경노가 걱정하지 말라고 했음을 고하며 말했다.

"만약 그가 시를 지을 수 없다면 어찌 그런 말을 했겠습니까? 바라건대 파경노를 불러와 시험 삼아 시를 짓게 하십시오."

승상이 자못 그럴듯하다고 생각해 파경노를 불러 구슬렸다.

"만약 네가 함 속 물건을 알아내 시를 짓는다면 후하게 상을 줄 뿐만 아니라 마땅히 네 뜻을 이루도록 해 주겠다."

---

[8] 뱁새는… 낳습니다 : 《시경집전(詩經集傳)》〈주송(周頌)〉〈소비(小毖)〉주석에 "뱁새 새끼가 변해 독수리가 되었다(鷦鷯之雛, 化而爲鵰)"고 했다.

파경노가 거절하며 말했다.

"비록 후한 상을 준다 한들 어찌 능히 시를 짓겠습니까?"

나 소저가 이 말을 듣고 승상에게 말했다.

"살고 싶고 죽기 싫은 것이 인지상정입니다. 옛날 어떤 사람이 사형을 당하게 되었는데, 그에게 말하기를 '네가 만약 시를 지을 수 있다면 용서해 주겠다'고 했습니다. 그 사람은 일자무식이었지만 결국 그 명대로 했다 합니다. 하물며 파경노는 문학이 넉넉해 시를 지을 수 있으면서도 못하는 척하는 것입니다. 지금 아버님께서 파경노를 죽이겠다고 협박하신다면, 어찌 살고 싶고 죽기 싫은 마음이 없어 따르지 않겠습니까?"

승상이 그렇게 여겨 파경노를 협박해 말했다.

"너는 나의 종인데 내 말을 듣지 않았으니 그 죄는 죽어 마땅하다."

이에 다른 종에게 명해 파경노를 끌어내리고 베라고 했다. 파경노는 정말 죽임을 당할까 두려워 명령을 따르는 척했다. 잠시 후 파경노가 함을 가지고 나와 중문(中門) 밖에 앉아 혼자 중얼거렸다.

"이는 이른바 '적병이 들이닥치는데 참모를 죽인다'는 격이로다. 나 같은 사람 죽는 건 아깝지 않으나 승상께서 어찌 되실지 모르겠구나."

때마침 승상의 부인이 뒷간에 가다가 파경노의 말을 듣고 승상에게 나아가 말했다.

"파경노는 시를 지을 뜻이 없습니다."

하며, 엿들은 말을 고했다. 이에 승상이 유모에게 명해 파경노를 달래게 했다.

"네 학문이 넉넉해 시를 지을 수 있는데도, 무엇을 바라기에 죽기로 거부하느냐? 원하는 바가 있다면 나에게 감히 숨기지 말고 바로 말해라. 내 마땅히 너를 위해 방도를 찾아보겠다."

파경노가 한참 동안 말없이 있다가 말했다.

"승상께서 만약 저를 사위로 삼으신다면 기필코 시를 짓겠습니다."

유모가 들어가 승상께 아뢰자 승상이 화를 내며 말했다.

"어찌 하인을 사위로 삼는 이치가 있겠느냐? 네 말이 크게 잘못되었다."

이어서 다시 말했다.

"만약 네가 시를 짓는다면 내 즉시 딸의 얼굴을 그려 너에게 보여 주마. 그러고 나서 비슷한 여인을 구해 반드시 너를 장가보내 주겠다."

유모에게 명해 나가 이 말을 전하게 했다. 파경노가 웃음을 머금고 대답했다.

"비록 종이에 떡을 그려 놓고 종일 바라본들 어찌 배가 부르겠습니까? 반드시 먹은 후에야 배가 부를 것입니다."

그리고 발로 함을 밀치고 드러누워 말했다.

"내 비록 토막이 난다 해도 시를 지을 수 없습니다."

유모가 들어가 이 말을 고하자 승상은 말없이 한숨만 쉴 뿐이었다. 이에 나 소저가 승상에게 차분히 말했다.

"아버님께서 저를 사랑하셔서 파경노의 말을 듣지 않으신다면, 훗날 후회해도 소용없을 것입니다. 바라건대 파경노의 말을 따르시어 부모님께서 오래도록 부귀를 누리심이 마땅치 않겠습니까? 예부터 아낄 것은 오직 목숨뿐이라 했으니 달리 무엇을 아끼겠습니까?"

이에 승상이 말했다.

"네 말이 기특하다! 부모의 마음에 집안이 어울리는 사람과 인연을 맺어 주지 않으면 반드시 원한이 있을 것이니, 그런고로 지금까지 허락하지 않았던 게다. 그러나 네가 이를 돌아보지 않고 부모의 마음을 위로하려 이같이 말하니 진실로 효녀로다."

승상은 부인과 혼사에 대해 말했다.

"지금 파경노의 말을 듣지 않는다면 후회할 일이 생길까 두렵소."

"저 또한 생각해 보니 낭신 말이 옳습니다."

승상이 시비들에게 명해 물을 데워 파경노의 몸을 씻기고 비단 수건으로 닦은 후 비단옷으로 치장하게 하고, 마침내 날을 정해 혼례를 치렀다. 다음 날 아침 승상이 난방(蘭房)9)에 사람을 보내 시 짓기를 재촉했다. 사위가 즉시 대답했다.

　"시 짓기가 어찌 어려운 일이겠습니까? 생각해 보겠습니다."

　그리고 나 소저에게 명해 종이를 벽에 붙이게 하고 스스로 붓을 잡아 발가락에 끼고 잠들었다. 승상이 근심하다가 딸을 불러 말했다.

　"사위가 시를 지었느냐?"

　나 소저가 대답했다.

　"시는 짓지 않은 채 여전히 자고 있습니다."

　그러고는 돌아와서 책상에 기대어 선잠이 들었다. 꿈에 쌍룡이 하늘에서 내려와서 함 위에서 서로 교차했다. 그리고 오색 무늬 옷을 입은 아이 열 명이 함을 받들고 서서 노래하니 함이 저절로 열렸다. 문득 오색의 상서로운 기운이 쌍룡의 턱에서 나와 함 속을 관통해 비추었다. 그

---

9) 난방(蘭房) : 여인의 방. 난초 향기가 나는 방.

러자 붉은 옷을 입고 푸른 두건을 쓴 사람들이 좌우로 늘어서서 시를 지어 읊거나 붓을 잡아 글씨를 썼다.

글을 쓰는 중에 승상이 부르는 소리가 들려 깜짝 놀라 깨어나 남편을 흔들어 깨웠다. 신랑이 잠에서 깨어나 즉시 시를 지어 벽에 붙인 종이에 크게 써 놓으니, 용이 꿈틀대는 듯했다.

시는 이러했다.

둥글고 둥근 돌 속의 달걀은
반은 옥이고 반은 황금이네
밤마다 때를 알아 울려 하지만
정을 품을 뿐 소리 내지 못하네.

團團石中卵　半玉半黃金
夜夜知時鳴　含情未吐音

파경노가 이를 아내에게 주어 들여보냈다. 승상이 이를 보았으나 여전히 믿지 않았다. 그러나 나 소저가 꿈속에서 본 것을 말한 연후에는 이를 믿게 되었다. 드디어 시를 받들고 대궐에 나아가 왕에게 시를 바쳤다. 왕이 보고 매우 놀랐다.

"경(卿)이 어떻게 알고 시를 지었는가?"

"이는 신(臣)이 지은 것이 아니고 신의 사위가 지었습니다. 그래서 어떻게 알았는지 알지 못합니다."

왕이 사신을 파견해 시를 황제에게 바쳤다. 황제가 한참 보다가 말했다.

"'달걀' 운운한 것은 맞지만 '때를 알지만 정을 품었다'는 잘못된 것이다."

함을 뜯어 그 달걀이 병아리가 된 것을 본 연후에 비로소 '정을 품었다'는 것의 의미를 알게 되었다. 황제가 탄복하면서 말했다.

"이는 천하의 기재(奇才)로다."

학사들에게 보게 하니 모두 칭찬하며 글을 올렸다.

무릇 사람 소매 속에 들어 있는 물건을 알아내 시를 짓는 것도 드문 일입니다. 하물며 신라는 먼 변방 나라인데 중원의 작은 일까지도 능히 알아내 이러한 시를 지었으니 그 재능이 어떠하겠습니까? 또한 중하(中夏, 중국)의 나라가 비록 크더라도 이러한 기재를 얻기 어려운데 편협한 소국에 이러한 인재가 있으니, 생각건대 이로부터 소국이 장차 대국을 무시하는 마음을 갖게 될 것입니다! 바라옵건대 폐하께서는 이 유생을 불러

들여 이 어려운 것을 어떻게 알 수 있었는지 물으소서.

황제가 매우 그럴듯하게 여겨 즉시 신라에 알려 시 지은 이를 불러오도록 했다. 이에 신라왕이 승상 나업을 불러 말했다.

"지금 황제가 우리나라를 침략하고자 하고 시 지은 이를 부르는구려. 경의 사위가 가야겠으나 아직 어려 황제에게 보내기 어려우니 경이 대신 가야 하지 않겠소?"

이에 승상이 말했다.

"신 또한 생각해 보니 대왕의 말씀이 옳습니다."

드디어 집으로 돌아가 눈물로 집안사람들에게 말했다.

"지금 천자께서 조서를 내려 우리나라에서 시 지은 이를 불러들이라 했다. 사위가 아직 어려 보낼 수 없으니 내가 부득이 대신 가야 하겠어. 한번 가면 살아 돌아올 수 없으니 장차 어찌한단 말인가?"

이에 나 소저가 물러나 신랑에게 말했다.

"그대는 어떻게 시를 지었기에 지금 또 시 지은 이를 부르나요?"

하며 승상이 대신 간다는 말을 전하자 신랑이 말했다.

"나는 이미 알고 있었소. 승상께서 대신 가시면 돌아오지 못힐 뿐 아니라 필시 큰 화를 입게 될 것이오. 내가 갈 것이오."

"당신이 지금 나를 버리고 만 리 길을 가시면 돌아올 수 있을까요?"

하며 나 소저는 처연히 눈물을 흘렸다. 신랑이 위로해 말했다.

"당신은 모르겠소? 옛말에 '하늘이 내 재주를 내셨으니 반드시 쓸모가 있을 것'[10]이라 했소. 지금 중국에 들어가면 천자가 반드시 나를 쓸 것이니, 크게는 왕후(王侯)에 봉(封)하고 작게는 장상(將相)[11]에 명할 것이오. 그때 내가 돌아와 당신에게 영광을 보인다면 어찌 기쁘지 않겠소? 하물며 대장부가 천하를 돌아다님은 예부터 있어 왔던 일이오. 내가 이번에 가는 것 역시 대장부의 떳떳한 도리인데 어찌 돌아오지 못할 이치가 있겠소? 바라건대 그대는 의심하지 마시오."

그리고 승상이 대신 갈 수 없는 상황을 나열해 말했다.

"승상께 이를 아뢰고 내가 가도록 하는 것이 좋겠소."

나 소저는 알겠다고 응답하고 윗방에 들어가 승상께

---

10) 하늘이… 것 : 이백(李白)의 악부시 〈장진주(將進酒)〉의 한 구절.
11) 장상(將相) : 장군과 재상을 아울러 이르는 말.

말했다.

"신랑이 스스로 가기를 원합니다."

그 이야기를 자세히 전하니 승상이 그 말을 현명하게 여기며 말했다.

"사위의 그 말은 충효라 하리니 진실로 현명한 사람이로다!"

승상이 입궐해 아뢰었다.

"신은 사위를 보내고자 합니다."

왕이 말했다.

"경이 이미 사위를 대신해서 가겠다고 해 놓고 지금 다시 그를 보내려고 하는 것은 어째서인가?"

"신의 사위는 비록 어리나 재주와 학문이 신보다 열 배나 낫고 또한 함 속 물건을 알아내어 시를 지을 정도입니다. 그러므로 지금 황제께서 총애하셔서 다시 시를 짓게 하고자 하시는 것입니다. 이같이 시를 지은 사람을 부르시는데 신이 대신해서 갔다가 시를 짓지 못해 우리나라의 체통을 떨어뜨릴까 두렵습니다. 이런 까닭에 사위를 보내고자 하는 것입니다."

왕이 옳게 여겨 허락했다.

다음 날, 사위가 입궐해 왕을 알현했다. 왕이 물었다.

"너는 나이가 몇 살쯤 되었느냐?"

"열세 살입니다."

"네 나이가 이처럼 어리니 비록 중원에 들어간들 어떻게 하겠느냐?"

"나이와 몸집으로 말할 것 같으면 나라의 선비들은 모두 나이가 많고 몸집이 좋은 분들인데, 어찌 한 명도 상자 속의 물건을 알아내어 시를 짓지 못했습니까?"

왕이 놀라서 시험 삼아 물어보았다.

"네가 중원에 들어가면 어떤 생각으로 천자를 대하려느냐?"

"무릇 장자(長者, 어른)가 소자(小者)를 장자의 도리로 대한다면 소자 또한 소자의 도리로 장자를 섬기기 마련입니다. 그러므로 지금 중원이 장자의 도리로 소국을 대한다면, 소국이 어찌 감히 소자의 도리로 대국을 섬기지 않겠습니까? 이를 행하지 않고 도리어 소국을 침략하고자 석함에 달걀을 넣어 우리나라로 보내 시를 짓게 하고, 그 뒤에 도리어 시 지은 사람을 미워해 불러들이는 것은 무슨 뜻인지 알 수 없습니다. 대국의 도는 과연 이같이 번복되면서 소국에는 소자의 도로 섬기게 하려고 하니, 이는 자기는 선하지 못하면서 다른 사람의 선함을 질책하는 것과 같은 것입니다. 어찌 천자를 비난하지 않겠습니까? 신은 이러한 것들을 황제에게 말씀드리고자 합니다."

왕이 그 말을 크게 기특해하면서 용상(龍床)에서 내려와 손을 잡고는 말했다.

"네가 중원에 가면 처가에는 내 마땅히 그대가 돌아올 때까지 옷과 곡식을 내릴 것이다. 떠나는 길에는 무엇이 필요한가?"

나 승상의 사위가 절하고 사양하며 말했다.

"다른 물건은 원하지 않고, 다만 50척의 모자를 갖고 싶습니다."

왕이 즉시 그것을 만들어 주었다.

이에 나 승상의 사위는 절하며 사례한 뒤 궁을 나와 스스로 '신라 문장 최치원'이라 칭하고 중원을 향해 떠났다.

해변에 이르자 안개가 자욱이 끼어 있는데 인척들이 와서 술자리를 열어 전송하는 자리로 삼았다. 이에 나 소저는 헤어지는 슬픔을 이기지 못해 작별의 시를 지어 읊었다.

하얀 새는 쌍쌍이 바다 안개에 떠도는데
외로운 돛단배 하염없이 하늘에 닿을 듯
이별의 술과 노래에는 기쁜 뜻이 없으니
기나긴 날 근심 쌓여 밤엔들 어찌 자랴.

白鳥雙雙漂海烟　孤帆去去接靑天

別酒緩歌無好意　長年愁疊夜何眠

최치원 또한 시를 지어 아내를 위로하며 읊었다.

동쪽에서 밤마다 근심하지 마시오
고운 머릿결과 얼굴이 상할까 걱정이니
지금 가면 공명을 마땅히 얻으리니
그대와 부귀 누리며 기쁘게 살리라

東方夜夜莫愁苦　霧鬢花顔恐衰耗

此去功名當自取　與君富貴喜居邸

두 사람이 시 짓기를 마치고 최치원이 마침내 배를 띄워 떠났다.

첨성도(瞻星島) 아래에 이르렀는데 배가 돌기만 하고 나아가지를 않았다. 최치원이 정장(亭長)[12]에게 이유를 묻자 그가 말했다.

---

12) 정장(亭長) : 변경을 방어하기 위해 설치한 정(亭)의 책임자. 10리마다 정(亭)을 설치해 치안과 여행객의 관리를 맡았다.

"예전에 듣기로 용신이 이 섬 아래에 있다고 하니 이는 용의 소행인 듯합니다. 제사를 지내 기도하십시오."

최치원이 그 말을 따라 배에서 내려서 섬 위로 올라갔는데 문득 어린 유생이 손을 모으고 앉아 있었다. 최치원이 괴이하게 여겨 물어보았다.

"그대는 뭐 하는 자인가?"

그 유생이 일어나 공손하게 절하고 말했다.

"저는 용왕의 아들인 이목(李牧)[13]입니다."

"왜 여기에 왔는가?"

"지금 선생께서 천하의 문장가라는 말을 듣고 학문을 배우고 싶어 여기에 와 기다리고 있었습니다."

이어서 또 말했다.

"제가 사는 곳은 인간 세상과는 매우 달라서 공자의 학문이 없어 배움을 얻을 수 없습니다. 이런 까닭에 저는 항상 탄식하며, '내가 무슨 죄를 지었길래 이런 땅에 잘못 태어나서 공자의 도를 배우지 못하는가'라고 했는데, 우연히 천하의 문장가를 뵙게 되었으니, 어찌 하늘이 제게 성인의 도를 얻게 하심이 아니겠습니까?"

---

13) 이목(李牧) : '이무기'를 음차한 표현.

그리고 공경함을 더욱 지극히 해 용궁으로 초대했다. 최치원은 갈 길이 바빠 사양했으나 유생이 힘써 청했다.

"잠깐만이라도 머물렀다 가십시오."

최치원은 어쩔 수 없이 허락하고 유생에게 말했다.

"그대의 집은 어디에 있는가?"

"제 집은 물 아래에 있습니다."

"그렇다면 어디로 출입하는가?"

"제 등을 타고 잠시만 눈을 감고 계시면 들어갈 수 있습니다."

최치원이 그 말대로 하자 바위틈 아래로 해서 물속으로 가더니 이미 용궁에 들어가 있었다. 유생이 말했다.

"이미 도착했습니다."

최치원이 눈을 떠 보니 문 아래에 이르러 있었다. 문으로 들어가 계단에 서 있자 유생이 들어가 용왕에게 보고했다. 왕이 크게 기뻐하며 곧 나와서 절하고 궁전으로 맞이해 들어가서는 용상에 마주 앉았다. 술자리를 열어 최치원을 위로하려고 하자 최치원이 갈 길이 바쁘다고 사양하니 용왕이 말했다.

"문장가께서 우리나라에 와 주시어 며칠 머무르시기를 바라는데 급히 떠나려 하시니 제 마음이 슬픕니다."

용왕이 계속해서 말했다.

"제 둘째 아들 이목은 재주와 힘이 남들보다 뛰어나니 함께 가십시오. 큰 변고가 있더라도 능히 막을 수 있을 것입니다."

최치원이 허락하며 말했다.

"명하신 대로 하겠습니다."

마침내 이목과 함께 처음 만났던 곳으로 돌아왔다. 정장이 바위 아래에 배를 대 놓고 울고 있다가 갑자기 최치원을 보고는 기뻐하며 말했다.

"어디에서 오시는 것입니까?"

"선계(仙界)에서 오는 길일세."

"어제 명공(明公)14)께서 섬 위에서 제사를 지내려 하시는데 광풍이 갑자기 불더니 흰 파도가 세차게 몰아치고 바다가 깜깜해져서 낮인데도 어두웠습니다. 저는 속으로 제사가 효험을 얻지 못해 이런 큰 변이 생겼다고 생각하고 울고 있었습니다. 그런데 이제 뜻밖에 뵙게 되니 얼마나 다행인지 말로 다할 수 있겠습니까?"

그리고 물었다.

"저 아래에 있는 아이는 누구인지 모르겠습니다."

---

14) 명공(明公) : 높은 벼슬아치를 높여서 부르는 말.

"이는 용궁 수부(水府)의 현인(賢人)이네."

"그런데 왜 여기에 온 것입니까?"

"내가 중원으로 간다는 말을 듣고 나를 보기 위해 여기에 온 것일세. 어제 바람이 불고 낮인데도 어두워졌던 것은 이 유생이 와서 그렇게 된 것이라네."

드디어 배를 띄워 떠나는데 항상 오색구름이 돛에서 일어나 감쌌다.

위이도(魏耳島)에 이르니 마침 가뭄이 심하게 들어 만물이 모두 붉은 빛을 띠었다. 섬사람들이 최 문장이 왔다는 소식을 듣고는 다투어 뛰어나와 맞으며 애걸했다.

"이 섬사람들이 가뭄의 고통을 이기지 못하고 모두 굶어 죽었습니다. 다행히 죽지 않은 자는 떠나버려, 이 섬이 곧 텅 빌 판이었습니다. 다행히 천하의 큰 현인께서 오셨으니 이 섬사람들에게는 다시 살아날 기회입니다. 또 저희가 듣기로 무릇 현인이자 문장가인 분이 진실로 정성을 다해 기도하면 하늘이 반드시 응한다고 했습니다. 상공(相公)15)께서는 부디 글을 지어 비 오기를 빌어, 죽어 가는 수많은 목숨을 구해 주십시오. 명공께서 비를 내리게

---

15) 상공(相公) : 연소한 선비를 높여 부르는 말.

해 주시면 그 은덕을 어찌 헤아릴 수 있겠습니까?"

최치원이 이 말을 듣고는 이목을 돌아보며 말했다.

"용왕이 말하기를 그대가 재주가 많고 용맹하다 했지. 그대가 용맹하게 비를 내리게 해 이 섬의 죽어 가는 백성들을 구제해 주게."

이목은 그 명령을 따라 산속으로 들어갔다. 잠시 후 검은 구름이 해를 가리자 천지가 어둡고 깜깜해지더니 비가 쏟아붓듯 내렸다. 잠깐 사이에 물이 불어나니 섬의 백성들이 크게 기뻐했다. 이목이 산에서 내려와 최치원의 옆쪽에 앉았다. 잠시 후 구름의 기운이 다시 합쳐져 우레가 진동하고 비가 처음처럼 내렸다.

홀연 푸른 옷을 입은 승려가 붉은 검을 지니고 내려와 이목에게 말했다.

"나는 천제(天帝)의 명을 받들어 너를 처벌하러 왔다."

그리고 검을 휘두르며 다가오니 이목이 매우 놀라 최치원에게 말했다.

"제가 선생님의 명을 어길 수 없어 천명을 받지 않은 채 멋대로 비를 내리게 해서, 하늘이 저를 미워해 마음대로 비를 내리게 한 죄를 벌하려 하니 어찌해야 합니까?"

"그대는 걱정하지 말고 잠시 몸을 숨기게. 그리하면 화를 면할 수 있을게야."

이목이 그 말을 따라 뱀으로 변신해 최치원이 앉아 있는 자리 아래로 숨어들었다. 천승(天僧)이 최치원에게 말했다.

"천제께서 지금 저를 보내신 것은 이목을 처벌하려 하심인데, 그대가 숨겨 두고 내놓지 않으시는 것은 어째서입니까?"

"이목에게 무슨 죄가 있기에 상천(上天)께서 처벌하시고자 하는 것이오?"

"이 섬사람들은 부모에게 불효하고, 형제간에 화목하지 못하며, 가난하고 힘없는 자를 속이는 등 풍속이 매우 패악해, 천제께서 전혀 비를 내리지 않으셨습니다. 지금 이목이 천명을 따르지 않고 자기 마음대로 비를 내리게 했으므로 하늘이 그를 미워하시어 저를 보내 처벌하려 하시는 것입니다."

최치원이 말했다.

"제가 이 섬사람들을 위해 이목에게 비를 내리도록 명했으니 죄는 마땅히 저에게 있지 이목에게 있지 않습니다. 처벌하려거든 저를 처벌하는 것이 옳습니다."

천승(天僧)이 웃으면서 말했다.

"천제께서 제게 명하시기를, '최치원이 천상에 있을 때 조그만 죄를 얻어 인간 세계에 떨어진 것이지 본래는 인간 세계의 평범한 사람이 아니다. 네가 가서 이목을 목 베려 할 때 만약 최치원이 간절히 말리면 처벌하지 말고 그냥 돌아오너라' 하셨습니다."

그리고 하늘로 되돌아갔다. 이에 이목이 다시 인간으로 변해 최치원에게 물었다.

"선생께서는 하늘에 계실 때 무슨 죄를 지어 인간 세계에 떨어졌습니까?"

"나는 월궁(月宮)의 계수나무 꽃이 미처 피기도 전에 이미 피었다고 천제께 거짓으로 고해, 그 때문에 죄를 짓게 되었을 뿐이네."

이어서 이목에게 말했다.

"자네가 용왕의 아들이지만 나는 일찍이 용을 본 적이 없네. 자네가 나를 위해 한번 보여 주게."

"보고자 하신다면 어렵지 않습니다만 선생께서 놀라실까 두렵습니다."

"천승의 위엄에도 오히려 무서워하지 않았거늘 지금 용을 본들 무서워하겠는가?"

"그러시다면 제가 보여드리겠습니다."

하고는 산속으로 들어가 황룡으로 변한 뒤 치원을 불렀다. 최치원이 그것을 보고 정신을 잃고 쓰러졌다. 잠시 후 소생해 이목에게 말했다.

"나 혼자 갈 테니 자네는 속히 돌아가게."

"처음에 제 부친께서 선생님을 모셔서, 혼자 가시는 것을 위로하라고 하셨습니다. 지금 중원에 도달하지도 못하고서 어찌 갑자기 선생님을 버리고 돌아가겠습니까?"

"내 행차가 거의 중원 가까이에 이르렀으며 또한 할 일도 없으니 이만 돌아가는 게 좋을 것 같네."

"선생께서 억지로 돌아가라고 하시니 감히 명을 어기지 않겠습니다. 제가 비록 용맹한 힘이 있지만 한 번도 펼쳐 보지 못했으니 오늘 한 번 펼쳐서 선생님께 보이고 싶은데 괜찮겠습니까?"

최치원이 허락하자 이목이 자기 몸을 변화시켜 큰 청룡이 되어서는 뛰어올라 크게 울부짖어 천지를 진동하며 떠나갔다.

최치원이 절강(浙江)의 정사(亭舍)16)에 이르러 머물러 쉬고 있는데 어떤 할멈이 술을 가지고 와 먹이고 또 간장에 적신 솜을 주며 말했다.

"이 물건은 작지만 반드시 쓸 데가 있으니 삼가 잃어버리지 마시오."

---

16) 정사(亭舍): 역정(驛亭)의 객사(客舍).

최치원은 삼가 가르침을 따르겠다 인사하고 떠났다. 능원(陵原)17)에 이르자 길가의 한 노인이 탄식하며 말했다.

"지금 중원에 들어가면 반드시 큰 환이 있을 것이니 모쪼록 조심하시오. 만약 조심하지 않는다면 살아 돌아가기 어려울 것이오."

최치원이 절을 하고 그 연고를 물으니 노인이 답했다.

"이제 5일 동안 가면 큰 하천이 있을 것이고 그 물가에 어떤 여자가 왼손에는 명경(明鏡)18)을, 오른손에는 옥쟁반을 받들고 앉아 있을 것이오. 그녀에게 공경히 절을 하고 물으면 반드시 상세하게 가르쳐 줄 것이오."

최치원이 5일을 가니 과연 큰 물가에 한 미녀가 옥을 받들고 앉아 있었다. 이에 공경히 절을 하니 그녀가 최치원에게 물었다.

"뭐 하는 사람인가?"

"저는 신라 최치원입니다."

"어디로 가려는가?"

"중원을 향해 가고 있습니다."

---

17) 능원(陵原) : 왕릉의 언덕 부분. 여기서는 지명으로 사용됐다.
18) 명경(明鏡) : 매우 맑은 거울.

"무슨 일 때문에 가는가?"

최치원이 그 연유를 다 갖추어 고하니 그녀가 조심하라고 했다.

"중원은 대국으로 소국과는 아주 다르지. 이제 천자가 그대가 도착했다는 것을 듣고 반드시 문을 아홉 개 설치한 연후에 맞아들일 것이야. 그 문을 들어가면서 방심하지 마라. 큰 화가 미치리니."

또 주머니에서 부적을 내주며 경계해 말했다.

"네가 바깥문에 이르면 청색 부적을 던지고, 둘째 문에 이르면 적색 부적을 던지고, 셋째 문에 이르면 백색 부적을 던지고, 넷째 문에 이르면 황색 부적을 던지고, 그 나머지 문에 이르러서는 시로써 사람들의 말에 답을 해라. 이같이 하면 화가 사라질 것이야."

말을 마치자 홀연 보이지 않았다. 낙양에 이르니 어떤 학사가 최치원에게 물었다.

"해와 달은 하늘에 매달려 있는데 하늘은 어느 곳에 매달려 있는가?

"산과 내는 땅에 실려 있는데 땅은 어느 곳에 실려 있는가? 당신이 땅 실린 곳을 말하면 내가 하늘 매달린 곳을 말하겠소."

이에 학사가 대답하지 못했다.

황제가 최치원이 도달했다는 말을 듣고 그를 속이고자 셋째 문 안에 몇 길이나 되는 깊은 구덩이를 파서 악공들에게 그 안에 들어가게 하고 말했다.

"최치원이 들어올 때 일제히 악기를 연주해 그의 마음을 어지럽히도록 하라."

경계한 후 판자를 덮고 그 위를 흙으로 덮었다. 또 넷째 문 안에는 장막을 설치해 코끼리를 장막 안에 매복시킨 다음 최치원을 불렀다. 이에 최치원이 문에 들어서려니 쓰고 있던 모자가 문에 닿았다. 최치원이 탄식하며 말했다.

"비록 우리 소국의 문이라도 내 모자가 닿지 않았건만 하물며 대국의 문에 내 모자가 닿는단 말인가?"

하고 문 앞에 서서 들어가지 않았다. 황제가 그 말을 듣고 몹시 부끄러워하며 즉시 그 문을 부수게 한 후에 다시 불렀다. 그러자 최치원이 문에 들어섰다. 얼마 안 있어 지하에서 악기를 연주하는 소리가 들리자 즉시 청색 부적을 던지니 그 소리가 조용히 그쳤다.

넷째 문에 이르니 코끼리가 장막 안에 숨어 있는 것이 보였다. 최치원이 황색 부적을 던지자 그 부적이 누런 구렁이로 변해 코끼리 입을 감쌌다. 코끼리가 감히 입을 열지 못하니 그리하여 무사히 들어갈 수 있었다. 황제는 최치원이 넷째 문까지 무사히 들어왔다는 말을 듣고 매우 놀라 말했다.

"이는 진실로 하늘이 알아주는 사람이로다."

최치원이 다섯째 문에 이르자 학사들이 좌우로 나열해서서 서로 경쟁하듯 질문을 던졌다. 최치원이 그에 응답하지 않고 오직 시를 지어주었는데 잠깐 사이에 지은 시가 셀 수 없을 정도로 많았다.

최치원이 황제 앞에 이르자 황제가 용상에서 내려와 그를 자리로 맞이했다. 이내 황제가 물었다.

"경(卿)이 함에 있는 물건을 알아내서 시를 지었는가?"

"그렇습니다."

"경은 어떻게 알고서 시를 지었는가?"

"신(臣)이 듣자오니 무릇 현자는 비록 천상에 있는 물건이라도 통달해 안다고 합니다. 신이 비록 불민하지만 어찌 함에 있는 물건을 알아내 시를 짓지 못하겠습니까?"

황제가 매우 감탄하고 또 물었다.

"경이 셋째 문 안에 들어올 때 무슨 소리를 듣지 못했는가?"

"듣지 못했습니다."

황제가 셋째 문 안의 땅속에 있던 악공들을 불러서 종아리를 때리자 모두 말했다.

"우리들이 함께 악기를 연주할 때 청의(靑衣)·백의(白

衣)를 입은 자들 수천 명이 와서 우리를 묶으며 말하기를 '귀빈께서 오시니 악기를 연주하지 말라'고 하면서 몽둥이로 때리기에 감히 연주할 수 없었습니다."

황제가 매우 놀라 사람을 시켜 가 보게 하니 구덩이 속이 큰 구렁이들로 가득 차 있었다. 황제가 기이하게 여기며 최치원은 보통 사람이 아니라 하고 휘장·음식·시종을 배치하는 것이 모두 천자의 거처와 똑같이 했다.

하루는 황제가 최치원과 더불어 서로 말을 나누며 시간을 보냈는데 그의 언행과 행동거지가 통하지 않음이 없었다. 황제가 생각하기를, '지난번 일들은 비록 기이하지만 짐이 친히 보지 못했으니 다 믿을 수는 없고 짐이 직접 시험해 보리라' 하고, 식사 시간이 되자 먼저 독약을 밥 속에 넣었다. 최치원은 이미 그 사실을 알고 밥을 먹지 않았다. 황제가 그에게 까닭을 물으니 최치원이 대답했다.

"밥에 독이 들어 있어 먹지 않았을 뿐입니다."

"어떻게 알았는가?"

"장막 위 새소리를 듣고 알았습니다."

이에 황제가 웃으면서 말했다.

"짐이 경의 재능을 직접 보지 못해서 망설인 것이오. 이제는 미치지 못하겠소."

하고서, 더욱 후하게 대접했다.

마침 그해 가을에 천하의 유생들을 대대적으로 모아 과거 시험을 치르니 몰려든 유생의 수가 8만 5천 5백 68명이나 되었다. 최치원 또한 그에 참여해 장원으로 급제하니 황제가 놀라 말했다.

"최치원이 소국의 유생으로서 장원을 했으니 매우 귀하도다."

상으로 수만 금을 하사하고 급제한 유생들을 궁전 앞에 모아 시를 짓게 했다. 얼마 후 쌍룡이 하늘에서 내려와 최치원이 지은 시를 물고 하늘로 올라갔다. 이때 황제가 이를 보고 최치원을 불러 말했다.

"경이 어떤 시를 지었기에 하늘이 시를 가져갔는가?"

그리하여 최치원을 문신후(文信侯)에 봉했다.[19]

몇 년 후 도적 황소(黃巢)[20] · 이비(李俾) 등이 4만 명

---

19) 최치원을 문신후에 봉했다 : 최치원은 고려 현종 때 문창후(文昌侯)로 추증되었다. 《고려사》 참조.

20) 황소(黃巢, ?~884) : 당나라 말기 농민 반란 지도자. 당나라 말기에 난을 일으킨 왕선지(王仙之)를 따르다가, 그가 죽은 뒤에는 남은 무리를 이끌고 중국 땅 대부분을 침공했다. 한때 수도 장안을 점령해 스스로 황제라 일컫고 국호를 '대제(大齊)'라 했으나, 뒤에 관군에게 패해 자살했다. 최치원이 토벌군 총사령관인 고변(高騈)의 종사관으로 따라가 〈토황소격문(討黃巢檄文)〉을 지었는데, 황소가 이 격문을 보다가 너무 놀라 말에서 떨어졌다고 한다.

을 모아 군현(郡縣)들을 쳐 함락시켰다. 여러 해 조정에서 그들을 토벌하고자 했지만 이기지 못했다. 황제가 이 소식을 듣고 매우 놀라 최치원을 상장군(上將軍)으로 삼고 도적들을 토벌토록 했다. 최치원이 명에 따라 황소에게 가서 그들과 싸우지 않고 다만 적에게 글을 보내니, 적들이 마침내 항복했다. 이에 최치원이 괴수를 사로잡아 돌아오니 황제가 크게 기뻐하며 식읍(食邑)[21]을 더 봉해 주고 그 위에 또 황금 3백 일(鎰)[22]을 주는 등, 황제의 총애가 다른 신하들에게보다 각별했다. 이로 말미암아 대신들이 질시해 헐뜯었다.

"최치원은 소국 사람으로서 대국의 정치를 무시하고 있습니다."

황제는 크게 노해 최치원을 남쪽 바다의 섬에 귀양 보내고 식량을 끊어 버렸다. 최치원은 노파가 준 간장에 적신 솜을 지니고 있었는데 밤이면 항상 이슬이 맺혀서 그것을 마셨고, 그래서 죽지 않았다.

한 달이 지나 황제는 최치원이 죽었는지 알고 싶어서

---

[21] 식읍(食邑) : 왕족・공신(功臣) 등에게 주는 일정한 영지. 그곳에서 조세를 거둘 수 있었다.

[22] 일(鎰) : 무게 단위. 1일(鎰)은 24냥, 1냥은 10돈이다.

사람을 보내 이름을 부르니 최치원이 그 의도를 알고 미약한 소리로 응했다. 사자가 돌아가서 거의 죽어 간다고 보고했다. 대신들이 최치원을 조롱해 말했다.

"최치원이 소국 사람으로 중국에 와서 만단으로 황제를 속여 요행히 벼슬자리를 얻었는데 기세만 믿고 남을 깔보다가 도리어 화를 입고 굶어 죽는구나."

그때 마침 남국 사신이 조공을 받들고 원나라로 가다가 최치원이 유배된 섬을 지나게 되었다. 문득 보니, 섬 위에서 한 선비가 승려와 함께 앉아 독서를 하고, 천녀(天女) 수십 명이 나열해 노래를 부르고 있었다. 배를 멈추고 그것을 오래도록 보다가 그 선비에게 시를 청하자 선비가 시를 지어 주었다. 그리하여 사신이 원나라에 도착해 문사가 지은 시를 바치자 황제가 물었다.

"누가 지은 시인가?"

"제가 남해상의 섬을 지날 때, 그 위에 한 유생이 승려와 함께 앉아서 천녀 수십 명이 단란하게 노래 부르는 가운데 지어 준 시입니다."

황제는 신하들을 불러 시를 보여 주며 말했다.

"글의 뜻을 보니 최치원의 시와 같다. 그러나 3개월이나 식량을 끊었는데 어찌 살아 있을 리가 있겠는가? 필시 그의 혼령이 지은 것일 것이다."

황제는 이에 사람을 시켜 부르게 했다. 최치원이 큰 소리로 응답했다.

"너는 어떤 자이기에 매번 내 이름을 부르느냐?"

하고 야단치기를 마지않았다.

사자가 돌아가서 아뢰었다.

"최치원이 죽지 않았을 뿐만 아니라 큰 소리로 대답했습니다."

황제는 매우 놀라 말했다.

"하늘이 보살피는 사람이니 죽지 않을 것이다."

이에 사자를 보내 최치원을 부르게 하니, 최치원이 명을 받들어 낙양에 이르렀다. 황제가 선실(宣室)[23]로 불러서 물었다.

"경은 3개월이나 밖에 있으면서 어찌하여 꿈속에도 나타나지 않았는가?"

이어서 다음과 같이 책망했다.

"옛말에 '온 세상 백성 가운데 임금의 신하 아닌 자가 없고, 온 세상 토지 가운데 임금의 땅 아닌 곳이 없다'[24]고

---

[23] 선실(宣室) : 천자의 정실(正室).
[24] 온 세상… 없다 : 《시경(詩經)》〈소아(小雅)〉〈북산(北山)〉의 구절.

했다. 이 말에 따르면 경은 비록 신라 사람이지만 신라 역시 짐의 땅이요, 경의 군주도 짐의 신하이거늘 짐의 사신을 꾸짖는 것은 어인 일인가?"

최치원이 허공에 '한 일(一)' 자를 긋고는 그 글자 위에 뛰어올라 타고서 말했다.

"이곳 역시 폐하의 땅입니까?"

황제는 놀라서 용상 아래에 내려와 머리를 조아리고 용서를 빌었다. 최치원이 말했다.

"폐하가 소인의 헐뜯는 말만 듣고 신을 죽을 지경에 이르게 했기에 이제 우리나라로 돌아가려 합니다."

그리고 소매에서 '사자[獅]' 글자를 꺼내 땅에 던지자 곧 사자로 변했다. 최치원이 그 사자를 타고 구름 사이로 떠나가 버렸다.

신라 땅에 이르자 시냇가에 사람이 모여 있었다. 최치원이 그 사람에게 물으니 거짓으로 대답하기를, 신라왕이 유람하러 오셨다 했다. 그 말을 믿고 가서 보니 사냥꾼이었다. 그 사람에게 말했다.

"내가 네 거짓말에 속았구나."

그리고 나귀를 타고 동문 밖을 지나가는데 마침 신라왕이 유람 나왔다가 최치원이 나귀를 타고 지나가는 것을 보고서 사람을 시켜 잡아 오게 해 꾸짖었다.

"내 너를 죽이고자 하나 너의 공이 많은 까닭에 차마 벌을 주지는 못하겠으니 이 이후로는 내게 모습을 보이지 말라."

이 일로 최치원은 왕에게 죄를 얻게 되었다. 그래서 가족을 데리고 가야산에 들어갔는데 그 이후는 어찌 되었는지 알 수 없다.

박응교직간록(朴應敎直諫錄)
– 이름은 태보(泰輔), 자(字)는 사원(士元)

숙종 15년 기사년(1689) 4월 23일은 중궁(中宮)[1]의 생신이었다. 공상단자(供上單子)[2]와 백관단자(百官單子)[3]를 모두 물리치고, 진상한 음식을 후원에 묻었으며, 승전내시(承傳內侍)[4]를 가두고, 승지 신문(申璊)을 파출시켰다. 다음 날 오시(午時)에 폐모(廢母)[5] 조치가 있었다.

전(前) 응교(應敎) 박태보(朴泰輔)가 파직 중이어서 정청(政廳)[6]의 논의에 참여할 수 없고 간언할 길이 없으매 전날 뜻을 같이했던 선비들에게 알려 함께 상소를 논의했다. 전 판서 오두인(吳斗寅)이 지위가 높으므로 소두(疏頭)[7]로 삼고, 응교 자신이 친히 상소를 짓고 썼으며, 조정

---

1) 중궁(中宮) : 왕비를 높여 이르던 말. 여기서는 인현왕후(仁顯王后)를 가리킨다.

2) 공상단자(供上單子) : 지방에서 진상하는 물품의 문서. 단자는 부조나 선물 따위의 내용을 적은 종이로, 돈의 액수나 선물의 품목, 수량, 보내는 사람의 이름 등을 적어 물건과 함께 보냈다.

3) 백관단자(百官單子) : 관리들이 진상하는 물품의 문서.

4) 승전내시(承傳內侍) : 임금의 뜻을 전하는 내시.

5) 폐모(廢母) : 왕이 왕대비(王大妃)를 폐위시킴. 여기서는 국모인 왕비 인현왕후를 폐위시킨 것을 말한다.

6) 정청(政廳) : 이조나 병조의 관리들이 인사에 관한 일을 의논하고 처리하던 곳. 사헌부의 대사헌, 이조와 병조의 당상관 승지, 사관 등이 참여했다.

의 산반(散班)8) 신하 이세화(李世華), 유헌(兪憲), 김재현(金載顯), 이돈(李墪), 서문유(徐文裕), 조성보(趙聖輔), 이광하(李光夏), 윤평(尹枰), 심집(沈楫), 서종태(徐宗泰), 심사홍(沈思泓), 신여철(申汝哲), 이행하(李行夏), 이지웅(李志雄), 김홍복(金洪福), 유명재(柳命才), 홍수연(洪受演), 이동암(李東馣), 이의창(李宜昌), 심수량(沈壽亮), 박태순(朴泰淳), 김연(金演), 서종헌(徐宗憲), 김두남(金斗南), 김몽신(金夢臣) 등 70여 인이 2일 지나 상소를 올리고 대궐 아래에서 명을 기다렸다.

임금이 보고서 크게 노해 몸소 옥교(玉轎)를 타고 별감(別監)9)과 내신(內臣)10) 등 몇 명을 거느리고 인정문(仁政門)11)으로 갔다. 이에 승정원에서 의금부 당상(堂上)과 대신 몇 사람을 급히 불러 국문(鞫問)할 형구를 갖추라 명

---

7) 소두(疏頭) : 연명(連名) 상소문에서 맨 먼저 이름을 적은 사람.

8) 산반(散班) : 일정한 직무가 없는 벼슬. 또는 그런 벼슬아치.

9) 별감(別監) : 왕명의 전달과 대궐의 정원 관리 등을 맡은 액정서(掖庭署)의 구실아치. 대전별감, 세자궁별감, 중궁전별감 등과 같이 근무하는 처소나 소속되어 있는 부서에 따라 구분했다.

10) 내신(內臣) : 임금의 측근에서 국정을 보좌하는 신하.

11) 인정문(仁政門) : 창덕궁의 정전(正殿)인 인정전(仁政殿)의 정문.

했다. 임금의 위엄이 거듭 진동해 벼락 치듯 했고 불빛은 휘황하고 안팎이 소란했다.

당시 이미 밤이 깊어서 상소에 이름을 올린 나머지 사람들은 각기 집으로 돌아가고 오직 소두(疏頭) 오두인, 전 참판 이세화(李世華), 전 참의(參議) 심수량(沈壽亮), 전 목사(牧使) 이돈(李墪), 소를 지은 박태보, 전 수찬(修撰) 김몽신(金夢臣), 전 한림(翰林) 이인엽(李寅燁), 전 정언(正言) 김덕기(金德基)·조수태(趙壽泰) 등이 대궐 근처에 있었다. 오두인과 이세화, 김덕기는 의막(依幕)[12]에 들어 있었고 그 나머지는 한곳에 모여 있었다. 문득 대궐 안에서 진동하는 소리가 나자 서로들 말했다.

"이는 필시 우리들을 치죄하려는 움직임이다."

얼마 후 국문을 한다는 기별이 확실히 들렸다. 일시에 함께 모여 금호문(金虎門)[13] 밖에서 대죄(待罪)하고 모두 벌벌 떨며 필시 죽게 되었다고 생각했다. 오직 응교만이 말투와 낯빛이 태연한 채 옆 사람을 돌아보고 말했다.

"신하가 되어 이 같은 경우에 이르는 것은 예사인데 어

---

12) 의막(依幕) : 임시로 만든 막사.

13) 금호문(金虎門) : 창덕궁의 돈화문 서쪽에 있는 작은 문.

찌 경거망동이 이와 같소?"

해창위(海昌尉)14)가 대인(大人)15)께 아뢰었다.

"어전(御前)에서 답변할 말씀을 어째서 상의하지 않습니까?"

응교가 판서 오두인에게 말했다.

"대감이 어전에 들면 임금께서 반드시 소를 지은 사람을 물으실 것입니다. 바라건대 감추지 말고 바른대로 고하십시오."

판서가 말했다.

"내 어찌 차마 그대를 사지(死地)에 들게 하겠나?"

"무릇 임금을 섬기는 도리에 속여서는 안 되고 범할 수는 있으니16) 바라건대 바른대로 고하십시오."

이세화가 핍복(偪服)17)을 벗고 무릎을 만지고 길게 탄

---

14) 해창위(海昌尉) : 오두인의 아들 오태주(吳泰周).

15) 대인(大人) : 남의 아버지를 높여 이르는 말. 여기서는 오두인을 가리킨다.

16) 임금을… 있으니 : 《논어(論語)》〈헌문(憲問)〉에 나오는 말. 자로가 임금을 섬기는 일에 대해 묻자 공자가 말하기를, "속이지 말고 범해야 한다(勿欺也, 而犯之)"고 했다.

17) 핍복(偪服) : 남자들이 바지를 입을 때 행동하는 데 편리하도록 발에서부터 무릎까지 묶는 것. 행전(行纏).

식하며 말했다.

"30년 녹봉을 먹은 몸이 매질 아래 부서지게 생겼구나."

곧 나장(羅將)[18] 넷이 궐내에서 내려와서 급히 외쳤다.

"소두(疏頭) 오두인은 어디 있소?"

판서가 그 소리에 답했다.

"나 여기 있네."

즉시 삼목(三木)[19] 형틀을 머리에 씌워 들어갔다. 응교가 다가가서 옷깃을 붙들고 말했다.

"대감께서는 바라건대 바로 말씀하시고 숨기지 말기를 한결같이 제 말처럼 하십시오. 이 일은 대감께서 혼자 감당하실 바가 아니며 이 상소는 실로 저 혼자 스스로 짓고 쓴 것인데, 만약 숨기는 바가 있으시다면 저는 자결하고 말 것입니다."

두세 번 신신당부하고서 가죽신을 벗고 짚신을 신은 뒤 앉아 있노라니 곧 나장들이 달려 들어오며 또 물었다.

"이세화와 유헌(兪櫶)은 어디에 있소?"

---

18) 나장(羅將) : 의금부에 속해 죄인을 문초할 때 매질하는 일과 귀양가는 죄인을 압송하는 일을 맡아보던 하급 관리. 금부나장(禁府羅將).

19) 삼목(三木) : 죄인의 목과 손, 발에 채우던 세 가지 형구(刑具). 칼, 수갑, 치꼬를 말한다.

두 사람이 상소의 다음 차례였다. 이세화는 칼을 쓰고 들어갔고, 유헌은 신병(身病)으로 인해 문밖의 빈방에 있다가 이세화를 뒤따라 들어갔다. 다시 나장들이 달려 들어와 물었다.

"상소를 지은 이는 누구요?"

응교가 즉시 답했다.

"상소를 지은 박태보가 여기 있네."

이어 망건을 벗어 초배(草盃)[20]와 함께 하인에게 주면서 말했다.

"북당(北堂)[21]에 갖다 드려라."

큰 칼을 골라서 쓰니 상소에 이름을 올린 여러 사람이 손을 잡고 말했다.

"어찌 상의하지 않고 혼자서 감당하려 하시오?"

"저는 이미 뜻을 정했으니 상의할 일이 뭐 있겠습니까?"

"이 상소는 그대가 혼자 지은 것이 아니라 우리들이 상의해 함께 지은 것인데 어째서 혼자 감당하려 하시오?"

"이 상소는 실로 제가 지은 것이오. 여러분들이 어찌 함

---

20) 초배(草盃) : 미상. 덕흥서림에서 간행된 《박태보실기》에는 '담뱃대'로 되어 있다.

21) 북당(北堂) : 모친이 계신 곳으로, 모친을 가리킴.

께 벌 받을 이유가 있겠소? 살고 죽는 것은 오직 제게만 있으니 여러분들이 왜 근심하시오?"

별말 없이 의논하지 않은 채 가니 많은 이들이 말했다.

"사원(士元)[22]이여, 사원이여! 당신은 어찌 즐거운 곳으로 달려가는 것처럼 하며, 죽음 보기를 집에 돌아가는 것처럼 하시오?"

응교가 웃으며 말했다.

"이때를 당해 신하 된 자가 죽지 않고 무엇을 기다리겠소? 내 뜻이 이미 정해졌으니 어찌 피하길 도모하겠소?"

그렇게 낯빛이 변치 않고 태연하게 들어갔다.

이때 오두인이 공사(供辭)[23]를 드리고, 이세화는 장막 밖에 있다가 응교가 오는 것을 보고 슬피 말했다.

"우리들은 이미 나이가 많고 국은(國恩) 역시 깊으니 만 번 죽어도 괜찮네만 사원은 나이가 마흔이 안 되었고 형제들도 적지. 그대가 감당하면 반드시 죽음에 이르게 되네. 북당(北堂)의 학발(鶴髮)[24] 모친은 누구를 의지하

---

22) 사원(士元) : 박태보의 자(字).

23) 공사(供辭) : 범인이 자신의 범죄 사실을 진술하는 말.

24) 북당(北堂)의 학발(鶴髮) : 북당은 모친의 처소를 가리키며, 학발은 학처럼 하얀 머리칼을 뜻한다.

겠나? 규중의 청상과부는 참으로 가련할 것이네. 하물며 몸에 입은 국은이 우리에게 미치지 못하니 그대는 혼자서 감당하지 말고 우리에게 죄를 돌리게."

응교가 하늘을 보고 웃으며 말했다.

"아, 이것이 무슨 말씀입니까? 내가 할 말을 영감께서 어찌 지시할 수 있겠습니까? 신하 된 자가 이에 이르러 죽으면 그만이지 어찌 자기 마음을 속이고 임금을 속여 후세 사람의 웃음거리가 되겠습니까? 차마 그런 짓은 못하겠습니다."

정신이 늠름하고 말뜻이 절절하니 이세화가 마음으로 매우 기특하게 여겼다.

형구(刑具)를 끌고 들어가니 임금이 그를 보고 크게 노해 팔을 휘두르며 질책했다.

"너의 포악함을 안 지 오래되었다만 재능을 아껴 처벌을 미뤄 두었더니 뜻하지 않게 이번에 이런 악한 소리를 듣게 되었구나. 네가 이 간악한 부인(夫人, 인현왕후)을 위해 감히 나를 범해 멋대로 흉악하게 구느냐?"

응교가 옷깃을 가지런히 하고 꿇어앉아 정색하고 답했다.

"전하께서는 차마 어찌 그런 말씀을 하십니까? 군신 간의 의리는 부자간과 차이가 없기에 전하를 위해 깨우쳐 드리나이다. 만약 혹여 아비의 성품이 크게 지나쳐 무고하게 어미를 내쫓는다면 그 아들 된 자로서 살고자 하는 마음이 있다고 어찌 간언하지 않겠습니까? 이제 전하께옵서 이러한 전례가 없는 지나친 조처를 하옵시니 왕후의 지위가 불안해지는 즈음에 신(臣) 등이 망극한 정을 이길 수 없어 죽기를 무릅쓰고 대궐 아래에서 이렇게 말씀을 받들어 올리노니 이는 충정의 격발함이지 어찌 반역의 뜻이 있겠습니까? 중궁을 위함은 곧 전하를 위함이옵니다."

임금이 더욱 노해 말했다.

"저자를 빨리 묶어라. 네가 어찌 감히 나를 이같이 욕보이느냐? 역률로써 네 죄를 다스릴 것이다. 내가 너를 죽이는 것이 무엇이 어려우리오? 먼저 형문(刑問)[25]을 하고 다음에 압슬(壓膝)[26] 형구를 차리라."

응교가 아뢰어 말했다.

"청컨대 상소 중의 조목을 들어 물어보옵시면, 신이 일일이 조목대로 아뢰겠나이다."

---

[25] 형문(刑問) : 죄인의 정강이를 때리며 캐묻던 일.

[26] 압슬(壓膝) : 죄인을 기둥에 묶어 무릎을 꿇게 하고 무릎 아래 사금파리 등을 깔아, 무릎 위에 압슬기를 놓고 누르거나 무거운 돌을 얹는 형벌.

임금이 말했다.

"'참소[浸潤]'니 '다툼[相軋]'이니 '핍박[共逼]'이니 '무고[矯誣]'니 하는 말들27)은 무슨 말이냐?"

응교가 이에 조목대로 구구절절 아뢰었다.

"이런 말은 이러하옵고, 이런 말은 이러하오며, 이러저러한 말이옵니다. 여항간에 처와 첩을 둔 자가 처를 잘 대우하지 않고 천첩(賤妾)만 편애하면, 그 사이에서 서로 다투고 핍박하는 일이 있어 집안의 도리가 순조롭지 못한 일이 많습니다. 전하께서 수년 동안 후궁에만 전념하사 행위가 마땅함을 잃으시니, 신하들은 전하의 행하시는 바를

---

27) 참소[浸潤]니… 말들 : 박태보가 올린 상소 중에 다음 구절을 두고 한 말이다. "아아, 궐내의 일은 바깥사람으로서는 알 수가 없으니, 신들은 이른바 가탁(假托)해 무고했다는 것이 무슨 일인지 모르겠습니다. (…) 속담에도 '어리석지 않고 귀먹지 않으면 가장이 될 수 없다'고 했으니, 미더운 말입니다. 진실로 그렇지 않으면 불화가 서로 다투는 데에서 생기고 혐의가 서로 핍박하는 사이에서 일어나, 사랑하고 미워하는 말들이 그간에 난무하게 됨은 물론 참소가 점점 익어 가게 되는 것입니다. 다시금 잘 살피지 않으면 그 화가 미침을 이루 다 말할 수 있겠습니까(噫! 宮闈之事, 有非外人所知, 臣等未知所謂假托矯誣者, 果是何事, 而設令內殿微有過差, 夢想所記, 不過語言之失, 而未著於行事, (…) 諺曰 : '不癡不聾, 不可以作家長.' 信夫! 苟或不然, 釁生於相軋, 嫌起於相逼, 期間愛惡之說, 交亂於其間, 而浸潤稔熟, 不復究察, 則其禍之所流, 可勝言哉)?" 《숙종실록》 숙종 15년(1689) 4월 25일 기사에 보인다.

늘 괴이하게 여겼습니다. 이제 전하의 지나치신 행위를 보건대 이는 '다툼[相軋]'과 '핍박[共逼]'에서 비롯된 일이 아니겠습니까?"

임금이 매우 노해 말했다.

"네가 감히 그같이 말하느냐? 그렇다면 짐이 천첩을 편애해 집안을 망치는 부류라는 말이냐?"

이에 나장(羅將) 고의기(高義起)에게 친히 명해 특별히 중장(重杖)[28]으로 다스리게 하고, 새끼줄로 응교의 목을 묶어 무릎 아래 매어 머리를 들지 못하게 했다. 나장들이 좌우로 서서 한목소리로 외치니 그 소리가 궐내에 진동해 교동까지 들렸다. 그러나 응교의 안색이 변하지 않고 언사가 태연하니 비록 엄히 다스린다 하나 마치 허투루 치는 것 같았다. 이에 임금이 더욱 노해 말했다.

"네 일찍이 홍치상(洪致祥)[29]의 일을 보았을 터인데, 어찌 이렇게 뉘우치지 않느냐?"

---

28) 중장(重杖) : 곤장으로 몹시 쳐서 엄중하게 다스리던 형벌.

29) 홍치상(洪致祥) : 효종의 첫째 딸 숙안공주(淑安公主)와 익평위(益平尉) 홍득기(洪得箕)의 아들. 조사석(趙師錫)이 장씨(張氏) 친정의 청탁으로 재상이 되었다고 모함했다가 숙종 15년(1689) 윤3월에 국문을 받고 교수형을 당했다.

응교가 대답했다.

"홍치상은 비록 도리에 어긋나게 임금을 속인 일이 있지만 소신의 상소는 나라의 공론(公論)입니다. 전하는 어찌 소신의 마음을 모르시고 저의 상소를 홍치상에 비하십니까? 신은 진실로 슬픕니다."

임금이 더욱 노해 말했다.

"네가 음측(陰測)30)한 부인을 위해 이렇게 간악한 짓을 했으니 너의 죄는 만 번 죽어도 아깝지 않다."

응교가 상의 말씀을 듣고 놀라서 소리 높여 말했다.

"전하께서는 어찌 차마 그런 말씀을 하십니까? 무릇 부부는 인륜의 중대한 마디로서 성인께서 인륜에 있어 구별이 있음을 밝히셨습니다. 무릇 평범한 사람들도 부부의 의리를 중히 여기거늘, 모르신다는 말씀입니까? 중궁이 누구의 배필이십니까? 전하의 성품이 비록 과격하시나 어찌 성인의 밝은 가르침을 어기는 데 이르러 사리와 체면 잃음이 이와 같습니까?"

"네가 지만(遲晚)31)하지 않고 더욱 나를 심히 모욕하는

---

30) 음측(陰測) : 남모르게 넌지시 헤아림. 음흉하고 참혹하다는 '음참부인(陰慘婦人)'으로 표현된 곳도 있다. 박태보의 문집 《정재후집(定齋後集)》 권5 〈기사민절록(己巳愍節錄)〉 참조.

구나!"

"전하께서 친히 《주역》을 보셨음에도 건곤(乾坤)의 중한 의리를 모르시니 신은 진실로 답답합니다. 중궁께 비록 허물이 있다고 하더라도 명성왕후(明聖王后)32)께서 계실 때에는 특별히 사랑하셨어도 허물을 듣지 못했는데, 오늘날 원자(元子)33)가 태어나신 후에야 허물 있다고 하시니, 이는 교묘한 참소[浸潤之譖]34)가 아닙니까?"

임금이 극도로 화가 나서 할 말을 잃더니 다만 이렇게 말했다.

"다시 그것을 위한다, 그것을 위한다고 하니 이것이 무슨 말이냐? 너는 정녕 임금을 속이지 않았느냐. 지만하지

---

31) 지만(遲晚) : 너무 오래 속여서 미안하다는 뜻으로, 죄인이 자백할 때 이르던 말.

32) 명성왕후(明聖王后, 1642~1683) : 조선 현종의 비(妃)이자 숙종의 모친. 당파적 입장이 강했던 명성왕후는 당시 남인가의 여인이었던 장옥정(훗날 장희빈)을 궐 밖으로 내치기도 했다.

33) 원자(元子) : 이윤(李昀), 훗날 경종. 1688년에 장희빈이 낳았고 숙종이 원자로 정하고자 하나 서인들이 반대했다.

34) 교묘한 참소[浸潤之譖] : 《논어(論語)》〈안연(顔淵)〉에 나오는 말. 물이 수건에 스며들듯 점차 효과가 나타나는 참언이라는 뜻으로, 아주 교묘한 중상모략을 말한다.

않을 테냐? 너의 간악함은 김홍욱(金弘郁)35)보다 더하구나."

압슬(押膝)과 단근(斷筋)36) 형벌을 행하고 나장에게 명했다.

"태보의 말을 듣지 말라. 매질 횟수를 세지 말고 그 입을 매로 쳐라."

나장들이 명을 따라 행하나 응교의 무죄함을 애석하게 여겨 참작해서 매질하니, 비록 세게 때리는 듯하나 실은 중상을 입히지 않았다. 그 좌우를 치니 아래부터 푸르게 멍들었다. 응교가 형을 두 차례 받았는데, 한 차례가 정녕 세 차례 같았다. 다리 힘으로 판을 밀어내자 피가 흘러 얼굴을 덮었는데 응교의 안색이 한결같고 아프다고 전혀 호소하지 않았다. 임금이 극히 노해 말했다.

"급히 압슬 형벌을 행하라."

---

35) 김홍욱(金弘郁, 1602~1654) : 자 문숙(文叔), 호 학주(鶴洲), 시호 문정(文貞). 효종 5년 황해도관찰사로 있을 때, 인조 24년(1646)에 사사된 소현세자빈 강씨(姜氏)의 억울함을 상소했다. 효종은 즉위 초부터 그 문제에 대한 발언을 엄금했는데도 그 이야기를 꺼낸다고 격노해 중신들의 만류에도 불구하고 고문을 계속해 마침내 장살(杖殺)시켰다. 뒤에 이를 후회한 효종은 김홍욱을 신원했다.

36) 단근(斷筋) : 발꿈치의 힘줄을 끊던 형벌.

"신이 오늘 반드시 죽게 될 것을 알고 있으나 전하의 행하심이 이와 같을진대, 훗날 필시 망국의 군주가 되실 것이니, 신은 적이 전하를 위해 애통합니다."

"내가 망국한다 한들 너와 무슨 상관이 있느냐?"

"전하께서 비록 저와 상관이 없다 하시더라도 신은 교목세신(喬木世臣)37)으로서 국가와 고락을 함께하는 몸입니다. 고로 애통합니다."

임금이 사관(史官)을 돌아보며 말했다.

"태보의 이 말을 기록하지 말라."

이에 형을 거듭해 압슬 형벌을 두 차례 거듭 시행했다. 열세 번 고문하기를 한 차례로 하니 그 참혹한 형상을 차마 말하기 어려웠다.

"이런 혹형을 당하고도 아프다는 소리를 내지 않으니, 그 간악함이 실로 비할 바가 없구나."

다시 응교에게 물었다.

"상소 가운데 소위 '몽설(夢說)'38)이란 무엇이냐?"

---

37) 교목세신(喬木世臣) : 여러 대에 걸쳐 중요한 벼슬을 지낸 집안 출신으로, 나라와 운명을 같이하는 신하.

38) 몽설(夢說) : 인현왕후가 자신의 꿈에 선왕, 선후가 나타나 장희빈이 나라에 이로울 게 없다고 말했다는 것을 가리킴. 《숙종실록》 숙종

"몽설은 달리 들은 바가 없어서 자세히 알지는 못합니다. 전하의 비망기(備忘記)39) 중에 있었던 고로 알게 되었나이다."

"그렇다면 너는 짐이 거짓말을 하고 있다는 것이냐?"

"궁 안의 일을 명확히 알지 못하나 꿈이란 허황된 것입니다. 우연한 꿈이 비록 모두 부합하지는 않더라도 무슨 허물이 있겠습니까? 부부 사이에 꿈 이야기를 했다 한들, 이 역시 어찌 대단한 허물이겠습니까. 전하께서 이 일을 적발하사 죄목으로 삼으시니 이는 이전에 없었던 조처가 아닙니까? 비록 중궁께서 꿈을 믿는다 하더라도 전하께서도 평일에 대신들을 인견(引見)하실 때 여러 차례 꿈에 대해 말씀하셨거늘, 오늘날 꿈 이야기를 거론하셔서 중궁의 허물을 만들려 하십니까? 신은 적이 전하의 일을 받아들일 수 없습니다."

임금이 크게 노해 말했다.

"너의 소행이 이러할진대, 이는 간악한 부인이 너의 편당이라서 그런 것이로구나."

15년(1689) 4월 21일 첫 번째 기사에 보인다.

39) 비망기(備忘記) : 임금이 명령을 적어서 승지에게 전하던 문서.

"신이 입조(入朝)한 지 지금 10년이 되는데, 사람됨이 세인들과 합하지 못하는 고로, 평생 편을 짓지 않고 당을 만들지도 않았습니다. 일을 대하매 삼가고 말을 골라 했습니다. 만약 소신이 편당을 만들었다면 전하께서 과도한 조치를 취하는 때를 당해, 낯빛을 환하게 하고 그 뜻을 따르며 보내고 맞이함에 힘쓰지, 어찌 오늘 범안(犯顔)40)하는 이치가 있겠습니까? 하물며 이 상소는 한 나라의 공론입니다. 전하의 신하 된 자로서 전하의 허물을 간하지 않는다면 신하 된 도리가 과연 어디에 있겠습니까? 지금 전하의 말씀을 들으니 과연 신이 서인(西人)이라서 이런 참혹한 형벌이 있다고 생각됩니다."

임금이 크게 노해 말했다.

"그렇다면 내가 남인이란 말이냐?"

"전하. 전하의 마음으로 타인의 마음을 헤아리신다면 소신의 마음을 아실 것입니다. 무릇 아비가 무고하게 모친을 몰아낸다면 그 자식이 어찌 죽음으로써 간하지 않겠습니까? 이는 비난할 일이 아닙니다. 바라건대 전하께서 깊이 헤아려 주십시오."

---

40) 범안(犯顔) : 임금이 싫은 안색을 하는데도 바른말로 간함.

임금이 더더욱 노해 말했다.

"더욱 독한 말을 하니, 속히 화형(火刑)에 처하라."

응교가 무릎 꿇고 대답했다.

"전하께서 비록 참혹한 형벌을 명하시어 지만하게 하려 하시나, 신은 도를 어긴 바가 조금도 없거늘 어찌 지만할 이유가 있겠습니까?"

"독하구나, 태보!"

태보의 좌우에 있는 이들이 팔을 걷어붙이고 앉거나 일어서서 속히 화형을 시행했다. 화형의 참혹함은 압슬 형벌의 백배나 되어 그 참혹한 모양을 차마 형언할 수 없었다. 쇠와 돌 간장이 아닐진대, 이에 이르러 어찌 능히 안색이 변하지 않겠는가마는, 응교는 정색해 큰 소리로 말했다.

"신이 듣기로, 압슬과 단근 형벌은 역적을 다스리는 형벌입니다. 소신이 어떤 반역을 저질렀기에 이런 극형에 처하십니까?"

임금이 노해 말했다.

"너의 죄상이 역적보다 더하니, 참혹하게 화형에 처하는 것으로도 그칠 일이 아니다."

시위(侍衛)한 신하들이 모두 떨면서 안색이 바뀌었으나 응교는 정신이 변함이 없었으며 말하는 바가 태연했다.

임금이 말했다.

"스스로 옳다 하면서 끝내 지만하지 않으니 독하구나, 태보여! 짐이 너를 굴복시키지 못할 것 같으냐?"

응교가 말했다.

"자고로 신하를 귀히 여기는 것은 곧은 절개가 있기 때문입니다. 지금은 진실로 소신이 절개를 다하는 때이니 오늘의 죽음은 마땅한 것입니다. 위로는 하늘에 부끄럽지 않고 아래로는 사람에게 부끄럽지 않으니, 어찌 감히 주저하고 회피할 바가 있겠습니까? 지금 조사기(趙祠基)41)의 상소를 보니, 명성왕후를 모략하고 그 말한 바가 도에 맞지 않았습니다. 전하께서는 이런 사람은 다스리지 않으시고 죄 없는 신을 죽이려 하시니, 전하의 마음을 신은 정말로 모르겠습니다. 신이 전하에게 몸을 의탁한 지 10년 동안 범안(犯顔)한 일이 없었습니다. 오늘에 이르러 전하께서 전에 없는 과도한 분노를 일으키게 하니, 이는 소신의 죄입니다. 어찌 다른 죄가 있다고 거짓으로 지만하겠습니까?"

---

41) 조사기(趙祠基, 1617~1694) : 현종 20년(1672)에 효종의 복상(服喪) 문제로 상소를 올린 것이 문제가 되어 파직되었다. 숙종 20년(1694)에 송시열을 공격하는 상소가 선후(先后, 명성왕후)를 무고해 욕되게 했다고 문제가 되었을 때, 숙종은 조사기의 본심은 악하지 않았다고 해 처음에는 벌하지 않았다. 그러나 결국 조사기는 참형을 당하고 가산을 몰수당했다.

임금이 사관을 보고 말했다.

"태보의 이 말을 다 기록하지는 마라. 고금 천하에 이렇게 포악한 사람이 있는가? 포악함이 이와 같으니 나를 능욕함이 괴이할 바 없도다."

인하여 나장들에게 명해 응교의 몸을 두루 지지라 하니, 우의정 김덕원(金德遠)이 머뭇거리며 나아가 주저하며 말했다.

"자고로 화형에도 규정이 있습니다. 오늘 이렇게 하신다면 훗날 필시 허물이 될까 두렵습니다."

임금이 말했다.

"규정이 있더라도 옛날 것이다."

이에 형벌을 행하니 그 혹독함이 끝이 없어 보는 이들이 모두 떨며 참혹함을 차마 보지 못했다. 응교의 정신은 늠름하고 어조가 굳세어 이치에 맞으며 군신의 의를 조금도 잃지 않으니 좌우 나장들 가운데 탄복하지 않는 이가 없었다.

임금이 물었다.

"유헌은 상소를 알지 못하고 이세화가 너와 함께 상소를 지었다고 하는데, 그 말은 믿을 만하냐?"

응교가 대답했다.

"상소를 지을 때 유헌은 병이 들어 직접 오지 못하고 아들을 보내 대신 서명해, 상소에 쓴 말은 알지 못하나 상소의 본뜻은 모르지 않았을 것입니다. 이세화는 무사함을 애석히 여겨 함께 죽고자 할 뿐, 어찌 한마디 도움이 있었겠습니까?"

"너는 끝내 지만하지 않을 것이냐?"

"신의 목숨은 전하에게 달렸으니, 죽이고 살리는 것은 오직 전하에게 있습니다. 죽이고자 하신다면 속히 형을 집행하라 명하십시오. 어찌 구박함이 이 같으십니까? 대궐에 밤이 깊어 이슬이 아직 차갑습니다. 미천한 신은 만 번 죽어도 애석할 바 없으나 옥체가 상하실까 실로 두렵습니다."

또 말했다.

"신이 매질을 참지 못해 거짓으로 지만한다면 훗날 구천(九泉)에 갔을 때 온갖 혼령들이 능멸하리니, 만약 앎이 있다면 어찌 부끄럽지 않겠습니까? 소신의 아비가 올해 70세이고 어미는 올해 62세입니다. 반평생 봉양했으나 반포(反哺)[42]의 정성을 다하지 못했습니다. 이제 하직 인사를 드리지 못하고 갑자기 저승의 사람이 되니 그 불효가

---

42) 반포(反哺) : 까마귀 새끼가 자란 뒤에 늙은 어미에게 먹이를 물어다 주는 것에서 나온 말로, 자식이 자라서 부모를 봉양함을 뜻함.

이보다 큰 것이 없어 망극한 정이 실로 감당하기 어렵습니다만, 군신의 의는 중하고 부모의 은혜는 도리어 가볍습니다. 오늘 죽음이 결정되니 어찌 사사로운 정을 돌아보겠습니까? 아! 신이 죽은 후 넋이 구천에 돌아가면, 위로는 선왕께 절하고 아래로는 선대 신하들을 따라 지하에서 노닐 것이니 그것으로 만족합니다만, 전하께서는 어찌 되실지 모르겠습니다. 아! 사직의 존망이 이 하나의 일에 달렸으니 선왕의 덕에 누가 됨이 어찌 적지 않겠습니까? 만약 중궁께 투기심이 있었다면 원자(元子)가 탄생하기 전 주상께서 빈(嬪)으로 맞이하는 것을 어찌 보았겠습니까? 이제 교묘한 참소를 들으시고 이러한 전례 없는 잘못된 조치를 하시니, 소신이 아랫자리에 있어 구하지 못한다면 살아도 죽는 것만 못합니다. 바라건대 전하께서는 속히 죽여주십시오."

이후 눈을 가리고 입을 봉해 끝내 한마디도 하지 않았다. 임금이 크게 노해 판의금(判義禁)[43] 민암(閔黯)을 돌아보고 말했다.

"경이 친히 내려가 자복을 받지 않겠는가?"

---

43) 판의금(判義禁) : 조선 시대 의금부의 종1품 으뜸 벼슬. 판의금부사(判義禁府事).

민암이 즉시 당 아래 내려갔는데 두려워 어찌할 줄 몰라 말하지 못하다가 겨우 말했다.

"죄인, 죄인은 지만, 지만하라."

응교가 고개를 들고 정색하며 눈을 부릅떠 민암을 보고 말했다.

"내가 죄가 있어 지만하라는 것인가?"

민암이 묵묵히 물러나 임금께 아뢰었다.

"비록 여러 방법으로 형을 시행했으나 끝내 지만할 뜻이 없습니다."

임금이 속여 말했다.

"만약 네가 지만한다면 내 반드시 너를 놓아줄 것이다. 어찌 이리도 굽히지 않느냐?"

"신하는 임금을 기만하지 않고 임금은 신하를 기만하지 않으니, 이것이 현명한 군주와 어진 신하의 도리입니다. 지금 소신이 전하를 기만하지 않는데 전하께서 신을 기만하심이 이 같으니 신은 실로 자복할 수 없습니다."

임금이 응교의 참혹한 형상을 오랫동안 들여다보다가 마음이 불편해 일어나 궁으로 돌아갔다. 또 대신에게 명해 내병조(內兵曹)44)에 내려보내 다시 추국(推鞫)45)하라 하고, 대전별감에게 가서 보고 오게 했다. 응교가 죽지 않았나는 말을 듣고 임금이 말했다.

"독하도다, 태보! 이리도 지독한 것은 김홍욱보다 심하도다."

이때 나장들이 일시에 결박한 것을 풀자, 응교는 호흡이 비로소 통해 큰 소리를 내며 길게 숨을 쉬었으나 목이 말라 거의 기절할 듯했다. 비문(備門)46) 밖에서 한 아전이 차 한 그릇을 가지고 와 목을 적셔 주자 응교가 그의 깊은 은혜에 감사하며 성명을 물었으니, 철석같은 정신이 타인이 미칠 바가 아니었다. 내병조에 이르자 추관(推官)47) 목내선(睦來善)이 몹시 치라 했다. 응교가 큰 소리로 말했다.

"임금 앞에 있을 때는 천위(天威)가 진동하니 엄히 추국함이 가하나, 여기에 이르러서는 무슨 죄가 있어 이러한가?"

그리고 여러 나장을 돌아보고 말했다

"나장! 더욱 치라, 더욱 치라! 추관의 명이 저와 같은데

---

44) 내병조(內兵曹) : 궁궐을 지키고 임금을 호위하기 위해 병조에서 파견한 지부.

45) 추국(推鞫) : 왕명으로 의금부에서 중죄인을 심문하는 일.

46) 비문(備門) : 임금이 평상시에 거처하는 편전(便殿)의 앞문과 종묘의 상문·하문·앞전(殿)·뒷전을 통틀어 이르는 말. 차비문(差備門).

47) 추관(推官) : 추국할 때 신문(訊問)하는 관원.

어찌 더 매질하지 않는가? 내가 어찌 살겠는가?"

이 광경을 보는 이들 중에 눈물을 흘리지 않은 이가 없었다. 더욱 치라는 소리가 목내선의 입에서 끊이지 않았다.

25일 밤부터 26일 진시(辰時)[48]까지 형을 집행한 수가 형신(刑訊)[49] 세 차례, 압슬 두 차례, 화형 두 차례였으며 나머지 형벌은 모두 기록할 수 없었다. 골절이 모두 부서지고 근맥이 모두 끊어졌다. 상소에 함께한 이들은 모두 문밖에서 죄를 기다리다가 '몹시 치라'는 소리를 듣고는, 죽겠구나 생각해 가슴을 두드리고 발을 구르며 대성통곡했다. 잠시 후 나장이 맞은 데를 감쌀 것을 찾자 김몽신(金夢臣), 조태수(趙泰壽) 등이 옷을 찢어 보냈으나 부족했다. 응교가 나장에게 말했다.

"내 옷소매를 찢어 감싸게."

또 말했다.

"소매 안에 부채가 있는데 불편하니 내 집으로 보내 주게."

드디어 차꼬를 차고 의금부에 들어갔다. 금부의 군졸

---

48) 진시(辰時) : 십이시(十二時)의 다섯째 시, 오전 7~9시.
49) 형신(刑訊) : 형문(刑問). 죄인의 정강이를 때리며 캐어묻는 일.

들이 성대히 늘어서 위엄 있게 호송해 갔는데, 종질 박필순(朴弼純)50)이 무리들을 밀치고 들어가 옷자락을 헤치고 손을 잡으며 말했다.

"숙부님, 오늘 일은 매우 훌륭합니다. 다가올 일은 미리 정할 수 없으니 마음을 편히 하십시오."

응교가 빙그레 웃으며 말했다.

"내 뜻은 정해진 지 오래다."

드디어 의금부에 들어갔다. 응교의 부친이 도성 밖에 있다가 놀라 즉시 갔는데 응교가 이미 의금부로 들어갔기에 의금부 문밖에 앉아 있다가 응교가 목숨을 보전했음을 듣고 정신이 어떠한지 알고자 사람을 보내 말을 전했다.

"너의 필적을 보려 하니 몇 줄 글자를 적어 보낼 수 없느냐?"

응교가 부친이 왔음을 알고 망극한 정을 이기지 못해 울음소리를 삼키며 겨우 말을 전했다.

"역률(逆律)로 아들의 죄를 다스린다고 하니 부자(父子)가 문자를 통하는 것은 마땅하지 않습니다."

다음 날 다시 추국이 있었는데 영의정 권대운(權大運)

---

50) 박필순(朴弼純) : 박태보의 숙부인 박세견(朴世堅)의 손자.

이 상소를 올렸다.

"태보의 죄는 애석해할 것이 만무하나 다시 형신(刑訊)함은 잔인합니다. 전하께서는 참작해 주십시오."

임금이 추국을 그치고 절도(絶島)에 안치하라 명했다. 다음 날 새벽 응교가 편지를 써 아버지에게 보냈다.

"자식의 몸이 중형을 받았으나 잔명을 보존했으니 어찌 하늘의 뜻이 아니겠습니까? 엎드려 바라옵건대 심려하지 마시고 안심하십시오."

그 문필이 여전해 조금도 줄어든 것이 없었다. 옥졸이 와서 부친에게 고했다.

"예부터 형을 받고 하옥된 자는 살아난 이가 한 명도 없었는데, 응교가 지금 목숨을 보전한 것은 하늘이 충성에 감동해 이에 이른 것입니다."

그날 진도로 유배되어 의금부를 나서는데, 상하 백성들이 앞뒤로 옹위해 가며 그의 충성을 아름답게 여겨 한번 보기를 원해 저잣거리에 둘러싸 보는 자들이 억만을 헤아렸다. 응교가 빽빽이 늘어선 사람들 가운데서 친지를 보고 손을 들어 사례했으니 그의 정신이 얼마나 씩씩한가? 도성의 평민 오효인(吳孝仁)이 말했다.

"어질도다, 박태보여! 이 사람을 한 번 보는 것은 등용문과 같도다."

사람들이 이를 보고 대성통곡하기도 하고 애석해하며 탄식하는 자들이 많았다. 응교가 비록 몸은 부지했지만 열이 매우 높아 목숨이 경각에 있어 성안 빈집에서 잠시 쉬었다. 모친이 또한 이곳에 와서 모자가 비로소 상면했는데, 참혹하고 고통스러운 정황이 어떠했겠는가? 응교가 모친에게 절하고 말했다.

"근일 안부가 어떠하신지 모르겠습니다만 안심하십시오."

집안사람들과 조정의 친구들이 모두 말했다.

"날이 저녁이 되었고 병세가 이러하니 도성 안에서 하룻밤을 보내고 내일 문을 나서는 것이 어떻겠는가?"

응교가 말했다.

"비록 병세가 이러하나 왕명이 지엄한데 어찌 잠시라도 도성 안에 머물 수 있겠는가?"

곧 가마에 오르자 저잣거리 사람들이 다투어 가마를 들어 매며 말했다.

"어진 이가 탄 가마를 드는 것은 영광이지."

사방에 구름처럼 모여 앞뒤에서 힘을 쓰니, 비록 말세 인심이지만 진실로 귀히 여길 만했다. 남문 밖 촌가에 멈춰 부자가 상면했는데 정을 억누를 길 없었다. 모친은 곧 응교의 양모[51]다. 어렸을 때부터 응교를 거두어 길러 자기가 낳은 자식처럼 여겼으니, 형을 받아 참혹한 응교의 형상을 보고 대성통곡했다. 응교가 눈물을 흘리며 아뢰었다.

"대궐에서 형벌을 받을 때는 부모님을 못 뵌 게 한이었는데, 황천이 임하시어 내 정상을 불쌍히 여겨 가까스로 잔명을 보전하고 다행히 존안을 뵐 수 있게 되었으니 소원을 이루었습니다. 죽어도 무슨 한이 있겠습니까?"

여러 가지로 이야기하며 모친의 마음을 위로했으나 열이 매우 높아 정신이 혼미해졌다. 약과 미음을 목으로 넘기지 못하니 편작(扁鵲)52)이라도 어찌 그의 죽음을 구할 수 있겠는가? 좌우에서 보는 이들 중에 눈물을 흘리지 않는 이가 없었다.

응교가 말했다.

"형벌을 받고 남은 목숨이 지금껏 살아 있습니다. 하늘이 저를 도우시어 살길을 얻게 되면 만 리 유배 길에 마음을 달래기 어려우니 서책을 마련해 행장에 싸 주십시오."

부친이 말했다.

---

51) 응교의 양모 : 윤선거(尹宣擧, 1610~1669)의 딸. 윤선거는 김집(金集)의 문인으로 성리학과 예학에 조예가 깊었다. 윤선거가 금산(錦山)에 있을 때 박태보의 양부인 박세후(朴世㸌)가 그를 따라가 배웠다.
52) 편작(扁鵲) : 전국 시대의 뛰어난 의사.

"평생 독서해 오늘이 있게 된 것인데, '아침에 도를 들으면 저녁에 죽어도 좋으리라'는 성인의 가르침이 있기는 하다만 죽을 지경에 이르러 목숨이 위태로운 마당에 책이 무엇이냐?"

응교의 피눈물이 흘러내려 비가 내리듯 했다. 병세를 돌보고 길을 떠나고자 했으나 며칠이 지나도록 병이 더할 뿐 줄지는 않았다. 왕명이 엄중하매 지체하기 어려워 5월 1일에 길을 떠나 강을 건너서 동작(銅雀)에 이르렀다. 병세가 더욱 심해 길을 가기가 어려웠으므로 의금부도사가 임금께 아뢰어 병세를 살피고 가기를 청했다. 임금이 진노해 윤허하지 않고 가기를 재촉하매, 병이 비록 위중했으나 머물 수가 없었다.

부모가 애통해하신다는 말을 듣고 응교가 침으로 심한 독을 다스리니 그 고통이 비할 데가 없었다. 그러나 강한 기운으로 얼굴을 편안히 하고 한 번도 신음 소리를 내지 않았으며 때로 벗들과 더불어 말하고 웃고 농담하는 것이 완연히 평소와 같았다.

종질이 밖에서 들어오자 응교가 물었다.

"나랏일이 어떤 지경에 이르렀느냐?"

종질이 대답했다.

"중전께서 출궁(出宮)되셨습니다."

응교가 소리 내 탄식했다.

"아, 아! 이것이 어찌 된 나랏일인가?"

벗들이 지성으로 치료했으나 조금도 효과가 없었다. 그래도 아비와 자식, 온 집안사람들이 임금을 원망하는 말은 한마디도 없이 자기가 맡은 직무만 알 뿐이었다. 어찌 한 집안에 이처럼 현철한 이들이 많은가? 해를 꿰뚫을 만한 충성은 실로 다른 가문이 따를 수 없는 것이다. 벗들이 위로해 말했다.

"응교의 정신은 금석같이 굳어서 살길을 얻을 듯한데, 운명이 어찌 되겠는가?"[53]

그의 벗 최석정(崔錫鼎)이 손을 잡고 통곡하니, 응교가 그 부모의 안부를 묻고 인사를 하는 것이 평상시와 다름없었다. 여러 문하생과 벗들에게 또 말했다.

"양부(養父)의 초상화를 평안감사에게 부탁했으나 아직 완성되지 않았네. 바라건대 여러분들이 병든 벗을 생각하는 정으로 대신 유명숙(兪明叔)에게 청탁해 꼭 완성

---

53) 응교의… 되겠는가 : 《선희록(鮮稀錄)》에서 이 문장은 둘로 나뉘어 있다. "응교의 정신은 금석같이 굳어서 살길을 얻을 듯하니, 그 다행스러움을 어찌 말로 다하겠나?" 응교가 말했다. "주상께서 나를 살리고자 하시어 비록 관대한 처분을 내리시더라도 정신이 소신되어 살 길이 만무하네. 운명이니 어찌하겠나?"

되도록 기약해 주게. 어떠한가?"

나흘이 지나자 필시 죽을 것을 스스로 알고 옆 사람들을 돌아보고 말했다.

"내가 양친을 생각해서 억지로 침과 약을 받기는 했으나 이제 죽음은 이미 정해졌소. 어찌하여 이같이 괴로움을 받겠소?"

이후 침과 약을 물리치고 자리를 바꿔 누웠다. 집안일을 처리하고자 모친을 청해 아뢰었다.

"엄친의 화상을 마련하는 일은 거듭 고하지 않으면 자세히 알기 어려우므로 제가 명확히 말씀드리겠습니다."

부친이 말했다.

"이 일을 네가 말하지 않더라도 이미 알고 있다. 이 일은 놔두고 네게 다른 감회가 있다면 숨기지 말고 털어놓아라."

"양부의 비문에 몇 군데 빠진 것이 있으니, 바라옵건대 전날 아뢴 바와 같이 고쳐 써 주십시오. 형의 집안에 보관하고 있는, 제가 예전에 지은 것에 빠진 곳이 있으면 감사(監司) 형과 의논해 써넣으십시오. 후사(後嗣)는 담(聃)의 형제를 벗어나지 않을 것입니다."

담(聃)은 친형 태우(泰佑)54)의 아들이다.

또 말했다.

"저의 묏자리는 일찍이 김포 땅으로 정해 뒀으니 절대

로 타향의 외로운 넋이 되게 하지 마십시오."

그리고 어머니께 아뢰었다.

"이 자식의 죄악이 극히 무거워 부모님 앞에서 죽으니 불효 됨에 무엇이 이보다 크겠습니까? 그러나 이 또한 천명입니다. 엎드려 바라건대 지나치게 애통해 마시고 천만 보중하옵소서."

부친이 울음을 삼키고 오열하며 정신을 차리지 못했다. 벗들이 말했다.

"친구 사이에 혹여 할 말이 있는가?"

응교가 대답했다.

"가슴속에 쌓아 둔 바는 이미 다 했으니 무엇을 말하겠는가?

눈을 감고 잠시 있다가 말했다.

"이천보(李天甫)가 오셨는가?"

천보는 부친의 문하생이다.

벗 이인엽(李寅燁)이 말했다.

"응교가 하는 바는 다른 이에게 부끄러움이 없고 이번 충간(忠諫)은 이토록 지극한 데 이르렀으니, 혼이 지하에

---

54) 친형 태우(泰佑) ; 박태유(朴泰維)를 기리키는 듯함. 박태보의 가계에는 '태우'라는 이름을 가진 사람이 없다.

들더라도 필시 부끄러움이 없을 것일세."

응교가 대답했다.

"사람이 성현이 아닌 바에야 매사에 선할 수 있겠는가? 평생에 큰 허물은 없었는지 모르겠네."

이인엽이 말했다.

"나의 묏자리도 김포에 있으니 서로 따르고 함께 노세. 천지에 부끄럽지 않고55) 덕은 외롭지 않으니 반드시 이웃이 있는 법이네."56)

응교가 대답했다.

"젊은 사람이 어찌 말이 그리 지나친가?"

오촌 질녀의 남편 신통진(申通津)이 말했다.

"제가 오면서 국청(鞫廳)에 대해 들으니, 상소를 낸 것이 혼자 하신 일이 아니거늘 스스로 자신에게 돌려 이 지경에 이르렀다고 하던데, 그렇습니까?"

응교가 말했다.

"그게 누구 말인가? 과연 그렇다면 최석정, 이돈 두 사

---

55) 천지에 부끄럽지 않고 : 《맹자(孟子)》〈진심(盡心)〉에 나오는 말로, 군자의 세 가지 즐거움[君子三樂] 가운데 하나. "우러러 하늘에 부끄럽지 않고, 굽어 사람들에게 부끄럽지 않다(仰不愧於天, 俯不怍於人)."

56) 덕은… 법이네 : 《논어(論語)》〈이인(里仁)〉에 나오는 구절.

람을 끌어들이란 말인가? 이 두 사람이 상소를 만들어 왔는데 말뜻이 흐릿해서 내가 수정한 것이니 글이 어찌 다른 사람에게 미쳤겠는가? 혹시 그렇지 않다고 하더라도 이때를 당해 어찌 한마디라도 끌어들이는 일을 하겠는가?"

국청의 자초지종에 대해 분연히 말하려 하는데 열이 심하고 목이 아파 말을 이루지 못하니 신통진이 말했다.

"억지로 말하지 마십시오. 결국 듣게 될 것입니다."

다음 날 아침 대부인이 안에서 나오자 응교가 눈을 들어 세 번 보고 묵묵히 다른 말이 없었다. 처연하게 기색이 변하는 빛이 나타나자 그 부인이 곁에 있다가 눈물을 흘렸다. 응교가 부인을 돌아보고 말했다.

"아! 내 아내, 아내여! 살고 죽는 일이며 생계를 그대와 함께 약속하고 백년해로하며 장차 부모를 받들고자 했는데, 운명이 기박해 이 지경에 이르러 영결하게 되었으니 슬픈 마음이 또 어떠하겠소? 불효에 세 가지가 있되, 후사가 없는 것이 그중 큰데 나는 이른 나이에 후사가 없이 죽으니 훗날 구천에 들어가도 어찌 눈을 감을 수 있겠소? 우리 집안의 일은 오로지 당신에게 달렸으니, 바라건대 이 몸이 죽은 후 스스로 보중해 부모님을 잘 봉양하고 나의 후사를 정해 외로이 떠돌아다니는 혼이 되지 않도록 해 주시오."

부인이 이 말을 듣고 기절하려 하니 응교가 나무랐다.

"남자가 운명하매 여자의 손에 죽는 법이 없으니 속히 들어가시오."

그리고 종질에게 부축해서 모시고 들어가라 했다. 대부인이 가시다가 다시 돌아와 돌아보고 말했다.

"행여 남은 회한이 있느냐?"

응교가 대답했다.

"가징(家徵)[57]의 나이가 이미 장성하나 학업에 성취가 없으니, 바라건대 힘써 권해 집안의 명예를 떨어뜨리지 않도록 해 주십시오."

대부인이 영결하며 말했다.

"어찌 네가 살기를 바라리오? 한 번 살고 한 번 죽는 것은 사람이 면하기 어려운 것인데 너의 죽음은 죽음 또한 영광이라. 정은 비록 끝이 없으나 어찌겠느냐, 어찌겠느냐! 부디 조용히 죽음을 맞거라."

"삼가 명을 따르겠나이다."

대부인이 바라보지 못하고 통곡하며 나가니 보면서 눈

---

57) 가징(家徵) : 미상. 박태보는 형 박태유(朴泰維)의 작은아들 필모(弼謨)로 후사를 삼았다. 《선희록(鮮稀錄)》에는 '몽징(夢徵)'으로 되어 있다.

물을 떨구지 않는 이가 없었다. 응교가 매부를 시켜 부친께 전해 말했다.

"저희 형제 모두 아버지 눈앞에서 죽으니[58] 불효가 이보다 큰 것이 없을 것입니다. 평생에 어떤 죄가 있어 여기에 이르렀는지 모르겠습니다. 또 이 자식이 평생에 화려한 복식을 가까이하지 않고 이제 또 죄를 지어 죽음에 드니, 바라옵건대 장례를 치를 때 일체를 검소하게 해 자식의 마음을 따라 주십시오."

자리를 바로 하고 꼿꼿이 누우니, 5일 사시(巳時)[59]에 마침내 구할 수 없는 지경에 이르렀다. 오호, 슬프다! 오호, 슬프도다!

판서 박태보 사원(士元)은 박세당(朴世堂)의 둘째 아들이요, 박세후(朴世垕)[60]의 양자다. 갑오년(1654)에 태어나 이상국(李相國)[61]의 전실(前室) 딸을 아내로 맞고 을묘

---

[58] 저희… 죽으니 : 박세당의 장남 박태유(朴泰維)는 고산도찰방(高山道察訪)으로 좌천되었다가 1686년 풍토병에 걸려 죽었다.

[59] 사시(巳時) : 십이시(十二時)의 여섯째 시. 오전 9시~11시.

[60] 박세후(朴世垕, 1627~1650) : 박세당의 셋째 형. 박태보의 양부.

[61] 이상국(李相國, 1598~1660) : 완남부원군(完南府院君) 이후원(李厚源).

년(1675) 과장(科場)에 나아가 정사년(1677)에 장원을 하고 조정 관리로서 벼슬이 현달했다. 문호가 빛나고 명성이 자자했으며 부모를 모시는 데 힘을 다해 효가 끊이지 않았다. 임금을 섬기는 데 몸을 바쳐 충성이 해를 꿰뚫을 만했으니, 고금에 그와 같은 이가 없도다. 아깝도다! 중전 민씨가 출궁될 때 임금의 뜻을 거스르고 직간했다가 마침내 죽음에 이르렀으니 모진 바람 앞의 꿋꿋한 풀이요, 추위 속의 송백(松柏)이라. 오호, 안타깝도다!

남한일기(南漢日記)

우리 동방은 조종(祖宗)[1] 이래 무예를 숭상하지 않고, 오직 문치(文治)만을 일삼았다. 서북의 한 모퉁이가 금나라와 국경이 닿아 있어, 조석으로 틈을 살핀 지 오래되었다. 무오년(1618)[2]에 군사를 일으킨 후 이리같이 탐욕스러운 마음이 더욱 방자해 단 하루도 우리를 잊지 않았지만, 그래도 침입하지는 않았다. 그런데 천조(天朝, 명나라)를 섬겼으나 국운이 불행해, 적신(賊臣) 한명련(韓明連)의 아들 한윤(韓潤)[3]이 적에게 도망가서는 복수할 마음을 품고 본국의 사정을 누설하고 이익으로써 유혹했다. 호랑이의 위세를 부추겨 우리의 변방이 무방비임을 틈타 쳐들어왔으니, 때는 숭정(崇禎) 원년(1627) 정월이었다. 변고가 창졸간에 일어나자 여러 진(鎭)이 무너져 흉적의

---

1) 조종(祖宗) : 군주의 시조(始祖)와 중흥(中興)한 조상.

2) 무오년(1618) : 광해군 10년. 후금을 정벌하려는 명나라의 요청에 응해 조선에서 강홍립이 출정했다.

3) 한명련(韓明連)의 아들 한윤(韓潤) : 한윤의 아버지 한명련은 임진왜란 때 뛰어난 전략을 펼쳐 명장으로 명성을 날렸으나, 무고로 처벌을 받게 되자 이괄(李适)의 난에 가담했다가 부하 장수의 배반으로 살해당했다. 이에 한윤은 후금으로 도망했고, 후에 강홍립 휘하에 들어갔다. 금이 조선을 침공할 때 금나라 군대에 종군했고, 화의가 이루어진 뒤에도 조선의 위법을 지적해 재침하도록 오랑캐들을 부추겨 조선에서는 그를 '한적(韓賊)'이라 했다.

창칼을 막을 수 없었으니, 재앙을 헤아릴 수 없을 정도였다. 조정에서 계책을 마련해 오랑캐를 다독이고 화친을 맺어 물러가게 했다. 그 후로도 10년 동안 국방을 다지지는 않고 임시변통만 해, 구하면 주고 화를 내면 겁을 내며, 봄·가을에 사신을 보내어 그들이 바라는 대로 했다. 그들의 짐승 같은 노여움이 백 가지로 일어나서 탐욕이 한없으니 사람들이 모두 분통하고 당시 의론이 크게 변했다.

병자년(1636) 봄에 이르러서는 황제를 참칭(僭稱)[4]하고 용골대를 통해 편지를 보내어 우리를 위협했는데, 그 내용이 매우 패악했다. 조정에서 크게 노해 비로소 척화하자는 논의가 있었고 오랑캐의 사신을 박대했다. 오랑캐 사신들이 화가 나서 돌아가는 날에 하인들을 풀어 마을에 치달려 소와 말을 빼앗으니 도성에 난리가 났다. 피차간에 틈이 생기자 이에 조정에서는 적이 번성해 도발하고 재앙을 부를까 걱정했다. 그리하여 나덕헌(羅德憲)·이확(李廓) 등을 연달아 보내 회답을 해 관계를 끊지 않겠다는 뜻을 일단 보였다. 그런데 용골대가 돌아간 이후로 우리가 자신들을 거절한다는 것을 알고서, 두 사신을 불쾌하게

---

4) 참칭(僭稱) : 자기의 신분에 넘치는 칭호를 자칭함.

대했으며 심하게 모욕했다. 하물며 이때 칸(汗)이 스스로 대호(大號)5)로 나서서, 제단을 만들어 하늘에 고했다. 그들의 휘장이 구름처럼 이어지고 병사들의 위엄이 매우 성대했다. 두 사신을 협박해 오랑캐들의 무리 속에서 경하하게 했는데, 나덕헌 등은 한마음으로 대의를 좇아 죽음을 맹세하고 굴하지 않았으니, 호랑이의 위세로도 필부의 절개를 굽힐 수 없었다. 옥에 갇히어 여러 날 있다가 비로소 살아서 돌아올 수 있었는데, 언론이 과격하게 논해 군역(軍役)을 지도록 하자,6) 사람들이 모두 원통하다 했다. 이로부터 조정에서 더욱 노해 사신을 막고 화친을 끊고자 했다. 오직 최 상국(崔相國)7) 한 명만이, 안으로 힘이 없는데 밖으로 전쟁을 부르는 것은 국가의 계책이 아니라고 생각해 힘써 상소를 올렸으나 거듭 대관(臺官)8)의 비판을

---

5) 대호(大號) : 황제의 칭호.

6) 언론이… 하자: 조선 시대 양반은 군역을 지지 않으므로 군역을 지게 했다는 것은 큰 형벌을 가리킨다. 1636년(인조 14)에 춘신사(春信使)로 심양(瀋陽)에 갔을 때, 심양에서는 국호를 청(淸)이라 고치고 교외에서 하늘에 제사를 올리려고 할 때 춘신사 일행을 조선 사신으로 참여시키려고 했으나, 결사적으로 항거해 그 의식에 불참하고 돌아왔다. 조선에서는 그 사실을 잘못 듣고 선천에 유배시켰다가 뒤에 석방했다.

7) 최상국(崔相國) : 재상 최명길(崔鳴吉, 1586~1647).

받았고 핍박이 심했다. 사람들이 감히 말하지 못하니 지식인들이 이를 염려했다.

때는 12월 12일 저물녘이었다. 도원수 김자점(金自點)이 장계(狀啓)를 올리기를, 적병이 이미 국경을 지났다고 했다.

13일. 적병이 이미 안주(安州)9)에 이르렀다고 했다. 며칠 전에 이미 국경을 넘었다는 보고가 있었음에도 조정에서는 어떠한 조보(朝報)10)도 내지 않았기 때문에 사람들이 알지 못했다. 이로부터 선비들과 백성들의 인심이 흉흉해져 끊임없이 성 밖으로 도망했다. 오시(午時)11)에 장계가 급히 들어왔으며 저녁에 또 한 차례 들어왔는데, 적이 말달려 이미 중화(中和)12)에 당도했다고 했다. 종묘사직의 위패와 궁인과 왕자가 모두 강화도로 향하고 대가

---

8) 대관(臺官) : 사헌부(司憲府)의 대사헌(大司憲) 이하 지평(持平)까지의 관리. 또는 사헌부 자체.

9) 안주(安州) : 평안북도에 있는 지역으로, 평양을 지나 개성·한양으로 이어지는 군사적 요충지.

10) 조보(朝報) : 승정원의 발표 사항을 필사해서 배포하던 관보.

11) 오시(午時) : 십이시(十二時)의 일곱째 시. 오전 11시~오후 1시.

12) 중화(中和) : 평안남도 최남단에 위치한 지역.

(大駕, 임금 수레)가 뒤따르니, 때는 이미 신시(申時)13)였다. 대가가 남대문에 도착했을 때 한양에서 출전했던 병사 중 하나가 대가 앞에 당도해 말했다.

"적의 선봉이 이미 연서(延曙)14)를 지났다고 하옵니다."

임금이 문루(門樓) 위로 행차하니 관리들이 말을 타고, 훈련대장 신경진(申景禛)이 모화관(慕華館)15)에 진을 쳤다. 이때 임금과 신하들이 모두 당황해 낯빛을 잃고 어찌할 바를 알지 못했다. 이조판서 최명길(崔鳴吉)이 임금 앞에 나아가 말했다.

"신이 이경직(李景稷)과 함께 적진에 가 급히 화친을 청해 창칼을 잠재우도록 하겠습니다. 주상께서는 마땅히 이때를 타서 남한산성으로 들어가십시오."

임금이 그 아뢴 바를 가상히 여기고 즉시 말 머리를 돌렸다. 세자를 수행하는 자가 이미 도망치고 없어서 급히 다른 사람을 구했으나 찾지 못했다. 그 사이에 세자가 친히 말을 몰아 동현(銅峴)16)을 넘어 수구문(水口門)17)으로

---

13) 신시(申時) : 십이시에서 아홉째 시. 오후 3시~5시.

14) 연서(延曙) : 현재 서울시 은평구 역촌동에 해당하는 지역.

15) 모화관(慕華館) : 조선 시대 중국 사신을 영접하던 곳. 현재 서울시 서대문구 현저동 부근에 있었다.

나갔다. 허둥지둥 달려 나가는 궁색한 형상은 차마 표현할 수 없을 정도다. 앞뒤 사대(射隊)18)의 기고(旗鼓)와 의장(儀仗)19)이 어지러이 흩어졌으며, 성안 백성들과 어린 아이들이 맨발로 걸어 다녀 대가의 행차와 뒤섞여 번잡했다. 부모·자녀, 부부·형제, 노비와 주인이 서로 잃고 쓰러져 우는 소리가 하늘에 진동했다. 대가가 남한산성 아래에 도착했는데 날이 이미 저물었고 인마(人馬)가 굶주리고 피곤해 제시간에 맞추어 갈 수 없었다. 대가 앞에서 선도하는 이들은 단지 5, 6명이었다. 거의 성문 앞에 다다랐을 때 노루가 길을 지나는 것이 보이자 한 내시가 말했다.

"이는 길조입니다. 전하께서 오래지 않아 환궁하실 것입니다."

"어찌하여 길조라 하느냐?"

---

16) 동현(銅峴) : 구리개. 현재 서울시 을지로 입구 부근.

17) 수구문(水口門) : 광희문(光熙門). 사소문(四小門)의 하나로, 시신을 내보내는 문이라 시구문(屍軀門)이라고도 한다.

18) 사대(射隊) : 사격 부대.

19) 기고(旗鼓)·의장(儀仗) : 기고는 깃발과 북, 의장은 의식에 사용하는 무기.

"지난번 공산(空山)[20]에 행차하셨을 때 이런 기이한 일이 있었습니다. 지금 또한 이러한 까닭에 말씀드린 것입니다."

이경(二更)[21]이 되어서야 비로소 성에 들어갔다. 최 판서가 장계를 가지고 와서 보고했다.

"가서 화친하자고 이야기하니 오랑캐가 자못 순한 말로 대답했습니다. 또한 적의 기병이 이미 도달했으나 그 수가 많지 않다고 하옵니다."

조정에서는 대군이 이르기 전에 강화도로 옮겨야 한다는 논의가 있었다.

15일. 닭이 울자 대가가 즉시 남문 5리 밖으로 나갔다가 돌아왔다. 이는 빙판길이 매우 위험해서 임금께서 친히 걸어가다 넘어져서 옥체가 불안했기 때문이었다. 최 판서가 말했다.

"저들이 말하기를, '우리들이 온 것은 오직 화친을 논의하기 위함인데, 너희 나라 백성들이 분주히 흩어져 저잣거리가 비었고, 주상께서 파월(播越)[22]하셨으니, 마음에 불

---

20) 공산(空山) : 현재의 충청남도 공주. 인조 2년(1624) 이괄의 난 때 인조가 이곳으로 피신했다.

21) 이경(二更) : 하룻밤을 오경으로 나눈 둘째 부분. 오후 9시~11시.

안한 것이 있는 것 같다. 필시 화친을 원할진대, 반드시 왕자와 대신 및 척화인(斥和人)23)을 보내면 또한 우리는 마땅히 돌아갈 것이며 노략질하지 않겠다'고 했습니다."

조정에서 호부(戶部)에 명해 한양으로 들어가 부고(府庫)24)의 물건을 가져와 화친을 위한 진상품으로 삼게 했다. 또한 각사(各司)에서 두 명씩 부(府)로 들어가 지키도록 했다.

16일. 임시로 임명한 대신 심집(沈諿)과 왕의 동생 능봉군(綾蓬君)25)을 보내어 화해를 맺고자 했는데, 저들이 말했다.

"우리는 왕의 동생을 말한 것이 아니라 왕자를 말한 것이다. 반드시 왕자가 온 후에야 돌아가겠다."

심집이 말했다.

"왕자께서는 복상(服喪)이 끝나지 않았으니 멀리 갈 수 없소이다."

---

22) 파월(播越) : 임금이 도성을 떠나 다른 곳으로 피란함.

23) 척화인(斥和人) : 화친을 반대하는 사람.

24) 부고(府庫) : 나라의 재물이나 병기 등을 저장해 두던 곳.

25) 능봉군(綾蓬君) : 이칭(李偁). 실제로는 인조의 동생이 아니라 종친인데 동생이라고 속였다.

인하여 좋은 말로 달랬으나 이때 복병(伏兵)이 이미 남한으로 돌아와 오후부터 약탈을 시작했다.

17일. 오시(午時)26)에 적병이 이미 남문 밖에 이르렀다. 체부(体府)27)에서는 즉시 수어사(守禦使)28) 이시백(李時白)을 불러 척후병을 잡지 못했음을 질책하고, 문을 닫고 성을 지켰다. 임금이 친히 성을 돌아본 후 조정에서 또 좌의정 홍서봉(洪瑞鳳)과 한여직(韓汝溭)에게 두세 번 적에게 가서, 왕자께서 지금 강화도에 계시는데 돌아오게 해 보내겠다고 달래게 했다.

적이 말했다.

"반드시 왕자를 얻은 후에야 화친을 받아들일 수 있다."

사신이 돌아와 보고하니 세자가 눈물을 흘리며 임금에게 청했다.

"일이 급박하니 신이 마땅히 가야 합니다."

---

26) 오시(午時) : 십이시의 일곱째 시. 오전 11시~오후 1시.

27) 체부(体府) : 체찰사(體察使)가 군무를 보는 관아. 체찰사는 외적이 침입하거나 내란이 일어난 비상시에 설정하는 임시 직책이다.

28) 수어사(守禦使) : 조선 시대 남한산성에 설치된 수어청(守禦廳)의 으뜸벼슬. 수어청은 정묘호란 이후 후빙의 경계를 강화하면서 남한산성에 설치된 중앙군영이다.

임금이 대답 없이 눈물을 흘렸고 신하들은 분한 마음에 울지 않는 이가 없었다. 이때 성안의 훈련도감·어영청과 광주(廣州)·수주(水州)29)·이주(利州)30)·양주(楊州)·여주(呂州)31) 등에서 모은 군사가 1만 8천여 명이었다. 성이 험하기가 비할 데 없어 사람들이 모두 굳게 지키고 근왕병이 도착하기를 기다려 성을 등지고 한바탕 싸우고자 했으나 조정에서는 망설여 결정하지 못했다. 임금이 친히 성을 돌아보고서 망월대에 앉아서 말했다.

"내 몸소 군대를 이끌고 공격해야겠다."

이에 중론이 결정되었다.

18일. 장정들을 모집해 약간의 복병을 몰래 공격하게 했다. 임금이 오시(午時)에 친히 대문에 행차해 애통한 조서를 반포했다.

"한 구석의 외로운 성은 화친이 이미 끊겼는데 안으로는 의지할 세력이 없고 밖에는 개미 새끼 같은 구원병조차 없도다."

읽기를 마치니 백관들이 모두 통곡했다. 이에 적과 싸

---

29) 수주(水州) : 현재 경기도 수원(水原).

30) 이주(利州) : 현재 경기도 이천(利川).

31) 여주(呂州) : 현재 경기도 여주(驪州).

워 정벌할 계책을 내게 하니 심광수(沈光洙)가 들어와 품은 바를 말했다. 임금이 성을 순시하고 유백증(兪百曾)을 협수사(協守使)32)로 삼고 성가퀴를 관리들에게 나누어 지키게 했다. 이날 밤 적병이 곳곳에 모여 있어 연기가 끊이지 않았다. 성에서 3, 4리쯤 거리에 있는 용산창(龍山倉)에서 연기와 불꽃이 일어 하늘을 가렸다.

19일. 포수들을 모아 성을 나가 적을 요격해 5, 6명을 죽이고 말을 탈취해 돌아왔다. 산단제(山壇祭)33)를 지냈다.

20일. 북쪽 모퉁이에서 성가퀴를 지키는 자들이 자원해 출전했다. 청의 사신이 남문에 이르러 화친하고자 했다.

21일. 자원병이 나가 싸웠다. 임금이 전교했다.

"백관들은 낮에는 성첩을 지키고 밤에는 쉬면서 사졸들과 고락을 함께하라."

충청감사 정세규(鄭世規)의 장계가 들어왔고 꿩 세 마리를 바쳤다.

---

32) 협수사(協守使) : 성(城)의 사대부를 통솔하면서 성의 수비를 돕기 위해 만든 임시 관직.

33) 산단제(山壇祭) : 산에서 지내는 단제. '단제'는 사직단에 드리는 제사를 말한다. 《병자남한일기(丙子南漢日記)》에는 산난세를 시내고 백제 시조 온조에게 제사를 지냈다는 기록이 있다.

22일. 아무 일 없었다.

23일. 임금이 성을 순시했다. 군사를 모아 나가 싸워 적의 머리를 하나 베었다. 임금이 궁으로 돌아왔다. 삼경(三更)34)에 사방의 뭇별들이 큰 별을 둘러싸고 서로 한참 동안 다투다가 흩어져 서쪽으로 사라졌다.

24일. 큰 눈이 내렸다. 구름과 안개가 사방을 둘러싸 천지가 어두워져 지척도 분간할 수 없었다. 날이 개도록 신께 기원하라 명했다. 한 군졸이 임금 앞에 나아가 요청했다.

"이 적은 쉽게 해 볼 수 있는데 마땅한 장수가 없습니다. 비단옷을 입은 이를 장수로 삼지 않은 후에야 정벌할 수 있습니다."

임금이 말했다.

"밖에 나가 말하라."

임금이 침전(寢殿) 지의(地衣)35)와 의창군(義昌君)36)

---

34) 삼경(三更) : 하룻밤을 오경으로 나눈 셋째 부분. 오후 11시~오전 1시.

35) 지의(地衣) : 가장자리를 헝겊으로 꾸미고 여러 개를 마주 이어서 크게 만든 돗자리. 주로 제사 때 사용한다.

36) 의창군(義昌君) : 이광(李珖). 선조의 여덟 번째 아들로, 모친은 사헌부 감찰을 지낸 김한우(金漢祐)의 딸인 인빈김씨(仁嬪金氏)다.

이 진상한 산양 가죽으로 만든 이불을 장수와 군사들에게 나누어 주고 빈 가마니를 펴 놓고 향을 피워 하늘에 축원했다. 밤새 밖에 앉아 있어 홍포(紅袍)37)가 모두 젖었다. 승정원에서 들어가기를 청했으나 임금이 응하지 않았다.

"장수와 군사들이 굶주림과 피로에 시달리고, 피난 온 사람들 가운데는 혹 자녀를 버리기도 하니 참혹한 정상을 차마 볼 수 없구나."

25일. 임금이 친히 군사들에게 음식을 베풀고 말했다.

"나라에 쌓아 놓았던 것이 모두 없어져 술과 음식을 준비할 수 없었다. 비록 보잘것없지만 너희들이 모두 먹거라."

장수와 군사들 가운데 눈물을 흘리지 않은 이가 없었다.

26일. 관리에게 명하여 온조(溫祚, 백제의 시조)에게 제사 지내게 했다.38)

27일. 이기남(李箕男)을 시켜 소와 술을 청인(淸人)에

---

37) 홍포(紅袍) : 임금이 조하(朝賀) 때 입던 붉은빛 예복. 모양은 관복(官服)과 같으나, 깃·도련·소맷부리와 폐슬(蔽膝)의 가에 검은 선을 두른다.

38) 온조(溫祚)에게… 했다 : 남한산성은 백제의 시조인 온조가 도읍을 정할 때 세운 하남 위례성이 있던 곳이고, 군사가 주둔할 때는 반드시 그 지방 신에게 제사를 지냈으므로 온조에게 제사를 지낸 것이다.

게 보내게 했다. 청인들이 받지 않고 불경한 말을 많이 해, 이기남이 도로 가지고 돌아왔다.

28일. 체부(体府)에서 군대를 보내 싸우려 했으나 바람의 기세가 순조롭지 않아 그만두었다. 김상헌(金尙憲)과 동양위(東陽尉) 최내길(崔來吉) 등이 입시했다. 이때 두 사람이 적을 칠 수 있다고 했는데, 최명길은 홀로 불가하다고 했다. 소식을 들은 자들이 팔을 휘두르며 화냈다.

29일. 허척(許偶)[39]을 보내 화친을 청하려 하다가 잠시 멈추고 군사를 북문으로 보내니 적군이 후퇴하는 체했다. 적진을 불태우고 세 마리 말과 세 마리 소를 탈취했다. 회군하려 할 때 적병이 삼면으로 나뉘어 갑자기 말달려 곧바로 나아와 아군을 유린하니, 수백여 명이 피살되었다. 아군은 단지 적군 세 명과 말 두 필만 죽였고 체부 군관 지여해(池汝海)와 이원길(李元吉) 등 30여 명이 죽었다.

30일. 유도대장(留都大將)[40] 심기원(沈器遠)이 적군 수백을 무찌르고 행재소(行在所)[41]로 장계를 보냈다. 임

---

[39] 허척(許偶) : 《인조실록》을 참고하면 '허한(許僩)'의 오기인 듯함.

[40] 유도대장(留都大將) : 임금이 서울을 떠나 거동할 때, 도성 안을 지키던 대장.

[41] 행재소(行在所) : 임금이 멀리 거동할 때 임시로 머무르는 별궁.

금이 특별히 팔도도원수를 제수했다. 체부에서 밤기운이 음산하다고 번(番)을 나누어 성가퀴에 오르게 했다. 밤에 큰 눈이 내렸다.

정축년(인조 15, 1637) 정월 1일. 위산보(魏山寶)를 파견해 새해 인사로 선물을 보냈다. 또 김신국(金藎國)과 이경직(李景稷)을 보내 화친을 요청했다. 청나라 장수가 말했다.

"황제께서 이미 도착해 성을 순시하러 나가셨으니 진영에 돌아오시기를 기다렸다가 아뢰어 정해야 할 것이다. 내일 아침 다시 사람을 보낼 수밖에 없다."

이때, 적군이 각처의 군사와 포로를 모으니 탄천(炭川)[42]에 진을 친 군대가 20만 명이었다. 모두 한 소리로, "황제께서 이곳에 있다" 하며 양산을 펼치고 기치를 세우며 북을 울리고 피리를 불며 성 동문 밖에 이르러 주위를 돌다가 갔다. 흉악한 계략이 무엇인지 헤아릴 수가 없었다.

2일. 재상 홍서봉 등을 적진에 보냈다. 용골대와 마부대 두 장수가 말했다.

"정묘년(인조 5, 1627) 맹약이 여전한데 너희 나라가

---

42) 탄천(炭川) : 경기도 용인시에서 발원해 서울 송파구와 강남구를 거쳐 한강으로 흘러드는 하천.

먼저 배신했다. 우리는 잘못이 없다."

또 작년에 빼앗은 교지를 내보이며 말했다.

"'10년 전의 치욕을 씻을 수 있다' 했으니, 이제 씻을 수 있겠는가?"

그리고 흉측한 글을 써 보냈다.

완풍부원군(完豊府院君) 이서(李曙)가 병으로 죽었다. 임금이 그를 위해 통곡하고 비단 다섯 필과 관판(棺板)[43]을 하사했다.

---

43) 관판(棺板) : 관을 만드는 데 쓰는 넓고 긴 널빤지.

동물들의 송사

고양이와 개

여종 묘금의 소지(婢猫今所志)[1]

노비인 저는 어려서 어미를 잃고 주인에게 길러진 것이 지금까지 여러 해입니다. 식성이 채소를 좋아하지 않고 오로지 고기반찬을 좋아해, 주는 음식에 만약 고기 맛이 나지 않으면 물러나 앉아 먹지 않으며 고기반찬 없음을 탄식했더니,[2] 가자미나 대구 등을 갈아 가루를 만들어 밥에 섞어 먹기를 권하시온바, 주인의 은덕은 하늘처럼 끝이 없습니다.[3]

---

1) 소지(所志) : 관아에 올리는 소장, 청원서, 진정서 등을 통틀어 일컫는 말. 목차에는 '여종[婢]'이 있으나 본문 제목에는 보이지 않는다.

2) 고기반찬 없음을 탄식했더니 : 장협지탄(長鋏之歎). 전국 시대 풍원(馮瑗)이라는 자가 제(齊)나라 맹상군(孟嘗君)을 찾아갔다. 맹상군이 그를 문하에 두었지만 하위 식객으로 대접했고 집안 하인들도 그에게 채식만을 대접했다. 그러자 풍원이 기둥에 기대어 칼집을 만지작거리며 '칼집이여, 돌아갈까나. 고기반찬을 주지 않는구나'라고 중얼거렸는데, 맹상군이 이 소리를 듣고서 고기반찬을 주도록 했다는 내용이 《전국책(戰國策)》〈제책(齊策)〉에 보인다.

그렇게 자란 후에 점점 용맹하게 되어, 쥐 도적을 소탕하는 것을 제 임무로 여겼습니다. 밥을 훔치는 도적질이 부엌의 소반 아래에서 행해지면 현장에서 바로 잡아서 아침저녁의 먹이로 대옵고, 간혹 반찬을 훔치는 도둑이 창고에 출몰하면 엿보다가 잡아서 점심 먹을거리로 삼았사옵니다. 간혹 쥐 도적의 머리와 꼬리가 나올 듯 말 듯 하면, 날카로운 소리를 내고 돌아다니며 포효하면서 교활한 무리에게 스스로 그 자취를 거두도록 하면서, 도둑을 막는 계책에 있어 그 극단까지 쓰지 않은 것이 없습니다.[4] 주인께서 저를 얻은 뒤에는 옷이 찢길 염려가 없고 식사할 때 정결한 반찬이 유지되어, 당시 저를 대접하기를 다른 가축들과 달리해 방에 출입할 수 있게 하셨으니, 은혜와 사랑이 지극했습니다.

그러나 저 개똥이는 바깥뜰의 종으로서 맡은 바가 문을 넘지 않고 마루 아래 자빠져 있는 것뿐이니 찌꺼기 반찬이나마 얻으면 또한 행운이라 할 것입니다. 그러나 스

---

3) 하늘처럼 끝이 없습니다 : 호천망극(昊天罔極). 《시경》〈소아(小雅)〉〈요아(蓼莪)〉의 한 구절이다.

4) 그 극단까지… 없습니다 : 《대학(大學)》에 "군자는 그 극(極, 최선책)을 쓰지 않음이 없다(君子無所不用其極)"라고 했다.

스로 분수를 헤아리지 않고 오히려 부족하다고 여깁니다. 제가 주인에게 총애받는 것을 볼 때마다 항상 질투심을 내므로 저를 만나면 쫓아내고 으르렁거리면서 물어뜯으려 합니다. 그러나 저는 힘이 약해 맞서지 못하고 형세가 외로워 싸우지 못하며 허둥지둥 달아나 처마 위로 뛰어올라 간신히 죽음을 모면하곤 합니다. 백 번을 생각해 보아도 실로 마음이 아픕니다.

대개 제가 개똥이와 다른 부류라고 하나 이름이 같은 반열에 올랐고 일찍이 전생에 원망이 없으며 다툴 거리도 없으니 마땅히 동심협력해 주인을 섬길 것이거늘, 그저 대우가 조금 다른 것을 가지고 이처럼 시기하고 미워해 매번 해치고자 하니, 이 상황이 매우 통탄스러울 뿐만이 아닙니다.

원래 이놈의 심술이 불량해 어쩌다 이웃 아이가 불을 구하러 오면 불시에 뛰쳐나와 정강이를 물어뜯어 주인에게 욕이 미치는 일이 비일비재하오며, 식사 준비하는 여종이 조금이라도 지키는 데 소홀하면 틈을 타서 음식을 훔쳐 배를 불리고는 꾸중을 면하고자 재계(齋戒)하는 날이라 핑계 대고 마루 아래로 깊이 들어가 드러누워 일어나지 않습니다. 그 하는 짓이 못된 속임수가 막심할뿐더러, 아침저녁으로 주인이 밥을 대할 때마다 거만하게 뜰에서 고개를 들고 두리번거리니, 그 본심을 살펴보면 실로 음식을 뺏고자 하는 것이나 그렇게 하지 못할 뿐입니다.

오직 이와 같은 까닭에 번번이 욕먹고 쫓겨나는데, 매번 죄를 빌고는 원한을 저에게 옮겨 미움을 품고 해를 끼치려 함이 이르지 않는 데가 없습니다. 이 같은 못된 버릇을 징벌하지 않으시면 저로선 몸을 보존할 힘도 만무해서 극히 통탄스럽사옵니다.

위와 같은 사정을 두루 세세히 살피시어, 위에 적은 개똥이에 대해 각별하게 치죄하신 후에 의리로 문책하시고 그 마음을 깨우쳐 주시오면 피차가 화목하게 함께 집안일을 행하겠사옵니다.

노비 개똥의 원정(奴狗同原情)[5]

아룁니다. 저는 늘 마음에 평안치 못한 것이 있어 매번 주인께 송사(訟事)하려 했으나 그 방법을 얻지 못하고 늘 참으며 날을 보내옵다가, 이제 추문(推問)[6]하는 조치가

---

5) 원정(原情) : 억울한 일, 딱한 사정을 국왕 또는 관청에 호소하는 글.
6) 추문(推問) : 죄상을 추궁해 심문함.

있기에 원통함을 씻는 때로 삼고자 합니다.

저는 가축이기에 입으로 말하지는 못하나, 마음은 심히 밝아서 사람의 뜻을 잘 헤아려 부르면 가고 꾸짖으면 물러납니다. 더욱이 주인 섬기는 도리를 알아서 집을 지키는 책무를 자못 부지런히 하옵더니, 근래 흉측한 도적이 마음대로 돌아다니고 주인집의 울타리는 심히 엉성해 만약 도적맞는 환란이 생기면 책임이 저에게 돌아올 것입니다. 그래서 우려하고 또 걱정하는 마음을 더해 밤마다 울타리 밑에 앉아서 계속해서 사방을 돌아보아 눈을 깜빡이지도 않고 입으로는 계속해서 짖는 고통이 해가 뜰 때야 그칠 수 있사옵니다.

또한 주인께서 나이가 드시고 집안이 가난해 항상 입에 댈 반찬도 없어서 걱정입니다. 그런데 저는 본래 한로(韓盧)[7]의 후예로서 자못 조상의 풍모가 있어 사냥법에 익숙하므로 노비 응련(鷹連)[8]과 모의해 산과 들로 가서 꿩과 토끼를 사냥해 하나하나 갖다 바치고, 분주하고 힘든

---

7) 한로(韓盧) : 전국 시대 한(韓)나라에서 유명했던 털이 검은 개.

8) 응련(鷹連) : 매. 《성호사설》에 "매라는 새는 하나가 혹 병들어 죽으면 여러 매들이 잇따라 죽어 한 시렁이 모두 미워지게 되는 까닭에 응련이라고 일컫는다"는 기록이 있다.

일을 꺼리지 않고 주인의 마음을 기쁘게 해드립니다.

주인에게 충효를 겸비한 노비라 할 만하거늘, 공이 높아도 상이 없고 대하기를 심히 박하게 하시며 밥도 계속 주지는 않아서 이틀에 한 번 먹어 굶주리는 날이 오히려 많아 때로는 사람의 똥도 먹으며 굶주림을 다스릴 뿐입니다. 거적자리에 앉아 항상 땅바닥에 있고 털은 해져서 누더기 같아 사람들이 보면 남루함이 심한데도 오히려 애처롭게 여기지 않고 도리어 꾸짖어 물리침을 더하며 옆구리를 차서 쫓아내는 일을 당하기까지 한 일이 자주 있었습니다.

그러나 같은 노비인 묘금(猫今)은 소임이 쥐 잡는 일 하나에 불과하며 몸은 둔하고 마음은 게을러서 자는 것을 즐겨 습관이 된 지 오래되었습니다. 쥐 도적들이 자식들을 데리고 무리를 이루어 반찬을 훔치고 옷을 깨물어 찢으며 방자하고 거리낌이 없어도 심상하게 볼 뿐만 아니라, 고기반찬이 있는 곳을 미리 기억해 두었다가 틈을 타서 도리어 스스로 훔쳐 먹으니, '도둑으로 도둑을 지킨다'는 것이 이를 이르는 것인 줄 아뢥니다. 때때로 혹 병든 쥐를 운 좋게 잡으면 던지고 마음대로 주무르고 가지고 노는 것으로 일을 삼아 조금도 책임감이 없으니 마땅히 일에 태만한 죄벌을 받아야 합니다.

주인께서는 이러한 정상을 알지 못하시어 꾸짖음을 내

리지 않으시고 도리어 은혜로 대우하시어 좋은 밥에 맛있는 음식을 계속해서 먹이고, 비단 방석에 누울 수 있도록 하옵신 때, 저는 마루 아래에 웅크리고 앉아 혼자 제 이름을 부르며 자책했습니다.

"개똥아, 개똥아! 너는 주인에게 공이 있으면서도 예우를 받지 못하고, 저놈은 주인에게 덕이 없으나 은혜와 사랑을 받는구나. 어찌 팔자가 기박함이 이 지경에 이르게 되었는가! 생각건대, 저것이 모함했기에 일이 이렇게 되었으리라!"

생각이 이에 미치니 더욱더 묘금에게 분한 마음이 생겨 날이 갈수록 절치부심했습니다. 그러다 묘금을 익랑(翼廊)9) 한 구석에서 맞닥뜨려 입을 벌리고 앞으로 내달려 집어삼키려 할 때, 묘금은 후다닥 벗어나서 빠른 걸음으로 도망갔습니다. 뒤를 따라 쫓아 달려가서 거의 잡으려 했으나 그는 날렵해서 본디 '나는 까치'라 일컬어지기에 몸을 날려 한 번 뛰자 이미 처마 끝에 있사오니, 저는 고개 들어 바라만 보고 미치지 못하기에 어쩔 수 없이 물러났습니다. 그 후에 또다시 지난번의 분통함을 설욕하려

---

9) 익랑(翼廊) : 대문의 좌우 양편에 이어서 지은 행랑.

했더니, 묘금은 그 죄를 스스로 알아서 몸을 삼가 빳빳하게 털을 세워 두려워 애걸하는 모습을 보이니, 저는 본래 사나운 성품이 없어 저도 모르게 묵은 한이 사라져 물러서서 스스로 피하게 했습니다.

그런데 묘금이 또 도리어 저를 해치려고 주인에게 거짓으로 무고해 '두리번거리고', '욕이 미친다'는 등의 말로 죄목을 꾸며서 시비를 어지럽혀 저를 죄에 빠트리려 하니, 그 가증스러운 정황이 이처럼 극에 달했습니다. 차라리 솥에 삶아져 죽을지언정 묘금과 함께 살 수 없음을 아룁니다. 저의 원통한 상황과 묘금의 간교한 일에 대한 엄한 질문에 겁이 나 그 대강을 약술하오며 서로의 선행과 악행을 다시 조목조목 아뢰옵나니, 오직 바라건대 주인께서는 조목을 따라 자세히 살펴 주십시오.

전에 저는 주인을 모시고 출입할 때, 불행하게도 주인께서 취해 숲속에 쓰러져 들불이 퍼져 거의 불에 타 죽는 화를 입을 즈음에, 제가 풀을 밟아 불을 꺼서 마침내 주인을 구했으니 저의 충성과 지혜는 지금까지 칭찬받고 있습니다. 매번 주인께서 외출하시고 늦게 돌아오실 때마다 곧 꼬리를 흔들고 기쁘게 뛰어올라 문머리에서 맞이하니 주인을 사랑하는 마음 때문임을 알 수 있으실 것입니다. 주인집에 시종이 부족할 때는 매번 저에게 서잘을 전하고 명을 받들게 하셨는데, 왕래할 때의 빠르기가 번개와도 같으니 맡은 일에 부지런했음을 알 수 있으실 것입니다. 주인의 아이가 마루 아래 똥을 싸서 옷에 난잡하게 묻었을 때는 저의 혀를 놀려 닦아 내 거의 흔적이 없게 만들어 주인의 노고를 대신했습니다. 이웃집 닭이나 돼지가 때때로 혹 들어와 뜰 사이로 어지러이 돌진하면 으르렁거리며 물고 뜯어 즉시 몰아내어 주인의 마음을 기쁘게 했습니다. 몇 차례 이와 같은 일에 주인을 위해 충심을 다하지 않음이 없었으니, 고금의 큰선비가 반드시 '개와 말'10)로 자신을 표현하는 것은 진실로 이 때문입니다.

그러나 묘금은 그렇지 않아서, 몸은 도적을 잡는 임무를 맡았으나 마땅히 잡아야 하는 쥐 도적은 잡지 않고 이웃집에서 기르는 병아리를 계속해서 잡아먹어 주인을 욕되게 했으며, 또 권세 있는 집의 진수성찬을 자주 훔쳐 먹어 매번 주인에게 대가를 치르게 했습니다. 또 그 성품과 행실이 바르지 못하고 음욕이 걷잡을 수 없어서 초저녁부터 지아비를 부르기 시작해 시끄럽게 돌아다니는 짓을 새벽까지 그치지 않으니, 주인이 편안히 잘 수 없게 해 매우

---

10) 개와 말 : 자신을 낮추어 표현할 때 '견마(犬馬)'라고 함.

미워할 만합니다.

주인께서 밥을 드실 때마다 밥상 아래로 들어가 숨을 멈추고 몰래 엎드려서는 주인이 눈 돌리기를 기다렸다가 밥상 위 꿩의 다리를 발톱으로 낚아채어 입에 넣고 달아나니, 잡으려 쫓아도 소용없고 그저 화내고 욕만 할 뿐입니다. 주인의 침상 근처에 항상 똥을 누어 늘 고약한 냄새로 어지럽히니, 불경한 죄가 더욱 드러납니다.

이처럼 갖가지 폐를 끼치는 일을 일일이 다 들추어낼 수 없습니다. 자기가 낳은 자식을 도리어 잡아먹어 자신의 배를 채웠던바, 이런 짓을 한다면 무슨 짓이든 차마 못하겠습니까?[11] 해로운 물건이 됨이 이같이 심하니 무릇 간악하게 헐뜯는 사람을 반드시 고양이에 비유했던 것[12]은 그 의미가 있어서인즉, 피차의 선악을 따지지 않아도 알 수 있습니다.

주인께서는 선을 선하게 여기지 않고 악을 악하게 여

---

11) 이런… 못하겠습니까 : 《논어》〈팔일(八佾)〉에 나오는 한 구절.

12) 간악하게… 비유했던 것 : 당나라 고종 때의 간신 이의부(李義府)를 '인묘(人猫)'라고 불렀고, 당나라 현종 때의 간신 이임보(李林甫)를 '이묘(李猫)'라고 불렀다. 《구당서(舊唐書)》〈이의부전(李義府傳)〉과 《신당서》〈이임보전(李林甫傳)〉 참조.

기지 않으셔서 대우가 항상 실정과 반대니, 원통함이 실로 심하거늘 하소연할 길이 없었는데, 지금 명백하게 물으심을 받들어 숨김없이 사실대로 아룁니다. 방 안에 출입하면서 비단 자리에 앉고 눕는 일 같은 것은 저로서는 분수에 넘치는 일이라 감히 바랄 수 없습니다. 지금 이후로는 특별히 부엌데기에게 명해 아침저녁으로 밥을 때맞춰 주도록 해 예전과 같이 굶주리는 근심은 없게 하옵소서. 또 묘금은 맡은 일에 근면하지 않았으며 충성스럽고 진실한 이를 해코지한 죄를 각별하게 엄히 다스리고 내쳐서, 선을 권장하고 악을 벌주는 뜻을 보이실 것을 아울러 잘 헤아리시어 시행하시옵소서.

판결하노라.

헤아려 보니, 묘금은 안에 있으면서 쥐가 도적질을 범하는 것을 살피고 개똥이는 밖에 있으면서 도적의 환란을 막아서 안팎으로 임무를 나누어 함께 집안일을 행했기 때문에 서로를 동등하게 여겨 애증이 없었다. 그런데 서로 원통하다 해 이런 어지러운 송사가 있으니, 너희들이 싸우는 바는 실로 마땅치 않다. 이 문건을 살펴 그 사정을 헤아린즉, 묘금은 본디 성품이 탐욕스럽고 지우(知遇)13)에 어두워, 공적인 일 받듦을 작게 여기고 사사로운 욕심을 좇음이 많아서 여러 가지 음식을 종종 훔쳐 먹는 일을 저질렀다. 간혹 쥐 도적을 잡는 공이 있지만 실은 스스로 살찌우는 계략에서 나왔을 뿐만 아니라, 만약 주인과 며칠 떨어져 있으면 얼굴빛을 바꾸고 알아보지 못해 열 번을 돌아보고는 얼굴을 돌려 달아난다. 간혹 작은 죄를 저질러 매질하면 성난 눈초리로 입술을 달싹거리며 분하다고 생각한다. 그 하는 짓이 이미 과오가 극심하거늘 시빗거리를 제기하니 일찍이 전에 지은 죄를 이제 용서하기 어렵다. 황야로 내쫓아 영영 서용(敍用)14)하지 않는 것이 매우 마땅하나, 다년간 양육하다가 하루아침에 버리면 대인접물(待人接物)의 도리15)에 자못 포용하는 도량이 부족한 것이다. 이를 참작해 훈계하고 풀어 주나니, 지금 이후로는 각별하게 조심하고 예전에 하던 행동들을 하지 말고 이와 손톱을 갈아 오직 맡은 일에만 부지런하고, 닭을 엿보고

---

13) 지우(知遇) : 자기 인격이나 학식을 남이 알고서 잘 대우함.

14) 서용(敍用) : 죄를 지어 관직을 잃은 사람을 다시 등용함.

15) 대인접물(待人接物)의 도리 : 사람을 대하고 사물을 접한다는 뜻으로, 사람과 교제하고 세상에 대처하는 도리.

음식을 훔치는 등 버릇없는 일들은 다시는 생각하지 않도록 해 머리가 부서지는 근심이 없도록 해라.

개똥이는 부여받은 성품이 충직하고 밝은 눈과 귀로 도적을 막는 일에 부지런해 밤새도록 짖어 주인을 사랑하고 집안을 걱정하는 정성이 과연 공사(供辭)와 같아서 열사의 풍모에도 부끄럽지 않은데도, 오랫동안 대우하는 도리가 부족해 원통함이 그치지 않으니, 별도로 중한 상을 베풀어 그 마음을 기쁘게 하는 게 마땅하다. 그런데 가축은 본디 옷을 입지 않으므로 비단옷을 지급하는 것은 마땅하지 않은 듯하니 아침저녁 외에도 점심을 더 주도록 부엌데기에게 각별하게 분부한다. 너는 보살펴 준다고 해 조금도 그 마음을 늦추지 말고 더욱 채찍질하고 삼가 울타리를 지켜서 처음부터 끝까지 총애를 굳건하게 하는 것이 마땅한 일이다.

까치와 까마귀

나뭇가지 까치의 등장(枝頭鵲諫治等狀)16)

아뢰옵니다. 저희가 지극히 원통한 사정이 있어 매번 억울함을 호소하려 했으나 아뢸 곳이 없어 가슴에 품은 원통함을 드러내지 못하고 다만 스스로 통탄한 지가 몇 천 년인지 모르옵니다. 언뜻 듣자니, 신명님께서 하늘의 명을 받들고 땅의 공평함을 받들어 만물을 다스리며 사방을 출입하고 송사를 공평히 다스려 결단함에 사사로움이 없고 명령과 금지·상벌이 분명하다고 하옵는바, 저희가 마침 원통함을 펼 때를 맞아 천 리를 멀다 하지 않고 속히 날아들어 죽음을 무릅쓰고 우러러 아뢰옵나이다. 엎드려 바라건대 신명님께서 특별히 굽어 살펴 일일이 가려 주시옵소서.

아득한 옛날 나라를 열던 초기에 저희 시조께서 새벽

---

16) 등장(等狀) : 여러 사람이 같은 일로 연명해 관청에 고소하는 것.

에 울어 나라에 보답하니 천하가 크게 다스려졌습니다. 이에 첫 번째 공신으로 논해졌으며 간치(諫治)17)의 이름을 받아 후세 천 년까지 미쳐 지금까지 유전되었습니다. 저희 후손도 조상의 충성스럽고 어진 업적을 본받아, 성품은 곡식을 먹지 않고 인가의 물건을 해치지 않으며 충의의 뜻을 사모했습니다. 둥지를 지을 때는 반드시 길한 가지를 택했으니, 동쪽에 둥지를 틀면 반드시 밭농사와 누에치기에 부귀의 기쁨이 있고, 서쪽에 둥지를 틀면 항상 음식의 풍족함이 있고, 남쪽에 둥지를 틀면 이름을 드날리고 급제하는 경사가 있으며, 북쪽에 둥지를 틀면 여섯 가축18)이 흥성하는 상서로움이 있습니다. 울 때는 반드시 길한 때를 기다렸으니, 새벽에 울면 기쁘게도 기다리는 사람이 오고, 정오에 울면 반드시 미인의 마음을 얻고, 저녁에 울면 여자의 근심에 보답했으니, 저희가 대대로 이어온 충성스러운 뜻이 이보다 큰 게 없습니다. 따라서 하늘이 해하는 바가 없고 사람이 죽이는 바가 없는 것으로 불후의 큰 공이 됨을 보이셨습니다. 그렇지 않으면 짐승과

---

17) 간치(諫治) : 까치의 음차로, '잘 다스릴 것을 간언하다'는 뜻.
18) 여섯 가축 : 집에서 기르는 대표적인 여섯 가지 가축. 소 · 말 · 양 · 돼지 · 개 · 닭.

물고기들은 모두 사람이 먹는 바가 되었는데 오직 저희만 면했겠습니까? 이로 보건대 조상이 충성을 다해 나라에 보답한 공이 과연 크다 할 것입니다.

 그 충성을 다한 자취가 이에 명백히 드러났삽거니와, 같은 새 무리 중에 까마귀라는 자는 처음부터 영악하고 대대로 탐욕스러웠으며 열두 가지 울음소리에 하나도 들을 만한 것이 없습니다. 그중 '고악(姑惡)'[19] 소리는 매우 밉살스러우니, 만약 '고악'이라면 며느리는 시어머니가 되지 않는다는 것입니까? 며느리가 시어머니 되면 또 며느리가 있는 것이니, 그렇다면 어찌 시어머니가 악하며 어찌 며느리가 선하겠습니까? 정황과 도리를 살펴보건대, 실로 시어머니가 악하기 때문이 아닙니다. '고악' 소리는 도리어 새가 악하기 때문입니다. 그래서 만물이 새로 만들어질 때 나쁜 이름을 주어 '가마괴(加魔恠)'[20]의 호칭을 면하지 못했으며 추한 용모를 주어 어둠 같은 흑색을 벗지 못했거늘, 억만 년이 지나도 오히려 잘못을 고치지 못하고 사람과 물건을 상하게 하는 데 거리낌이 없으니 괴악(恠惡)[21]

---

19) 고악(姑惡) : 까마귀 울음소리를 형용한 것. '시어머니가 악하다'는 뜻.

20) 가마괴(加魔恠) : '까마귀' 음차로, '사악함을 더하는 도깨비'라는 뜻.

한 울음소리들이 모두 밉살스럽습니다. 가난한 집에 손님을 청하고 병이 있는 곳에 귀신을 부르니, 이 죄악은 매우 심할 뿐만이 아닙니다.

또한 억울한 사정은, 저희는 해마다 섣달 초에 길한 가지를 택해 둥지를 짓기 시작하니 험난함을 피하지 않고 방만히 하지 않았습니다. 다음 해 2, 3월까지 암컷과 수컷이 힘써 천신만고 끝에 겨우 둥지 형체를 만들면 새끼를 낳아 기를 때가 됩니다. 앞에 말한 까마귀 한 마리가 먼저 출발하면 원근에서 모두 모여 같은 악(惡)으로 서로 응하며 강함으로 약한 자를 범합니다. 둥지를 이루면 공연히 빼앗곤 하니, 저희는 본시 약하고 작은 몸으로 날개가 굳세지 못해 대적하지 못하고 두려워하며 멀리 피해 바라보며 슬피 울 뿐입니다.

이러한 재난이 비일비재한데 하늘이 구하지 않고 사람이 금하지 않아 다만 혼자서 괴로이 울 뿐 어찌할 수 없습니다. 슬픔과 원망이 실로 깊더니, 원통한 가운데 여러 번 생각하니 이로 말미암아 때를 놓치면 후사를 얻기 어렵고 마침내 가문을 뒤엎고 제사가 끊어지는 재난을 면하지 못

---

21) 괴악(恠惡) : 까마귀 울음소리를 형용한 것. '괴상하고 악하다'는 뜻.

할 것입니다. 암컷과 수컷이 다른 가지에 다시 둥지를 틀 것을 확실히 논의해, 늦게나마 대략 열 마리를 낳아 겨우 깃을 떨칠 때면 저들이 또다시 무리를 이루어 모두 잡아먹어 버립니다. 인간의 큰 악은 도적보다 심한 것이 없으나 도적은 간사함을 행할 때 오히려 주인이 알까 두려워하는데, 요사한 새 가운데 가장 나쁜 것이 방자하고 패악해 조금도 거리낌이 없으니, 어찌 이 지경에 이를 수 있습니까?

엎드려 바라건대, 신명님께서는 이것이 거짓으로 고함이 아님을 헤아리시어 속히 공명한 법을 보여 저들의 망측한 죄를 일일이 법률로 살피옵소서. 탐욕을 그치지 않아 다른 둥지를 약탈함은 도둑질에 비교되니 도둑질한 자는 삶아 죽이며, 살생을 꺼리지 않아 동류를 잡아먹음은 살인에 비교되니 살인한 자는 죽이고, 괴악하게 울어 인가에 화를 불러옴은 반역에 비교되니 반역한 자는 종족을 모두 죽이는 법입니다. 이러저러한 일들이 삼족을 죽이는 법률을 면하기 어려울 것입니다.

다시금 신명님께 비옵나니, 이 사면하지 못할 큰 죄를 잡아 법률에 따라 죄를 판단하시면, 저희와 같은 약하고 죄 없는 새들은 만고의 원수를 없앨 수 있으니 비록 죽더라도 살려 주신 은혜와 같사옵니다. 천만 바라옵건대 각별하게 헤아려 세상의 큰 나쁜 것을 제거하는 한편 만고의 충신의 후손을 보전하도록 해 주시옵소서.

산신(山神)께서 처분하신 제음(題音)22)은 다음과 같다.

소장(訴狀)의 말과 같다면 까마귀의 일은 극히 놀랄 만한 것이니, 불러 함사(緘辭)23)를 본 연후에 처치하리니, 다음에 대령시키는 것이 마땅하다.

까마귀(加魔怪)

아뢰옵니다. 이번에 까치가 올린 사연에 대해 숨기지 말고 사실대로 아뢰도록 추문(推問)하라 하시었습니다.

저희가 무고하게 소송을 당한 사연과 까치가 간특한 일을 행하고 무고한 죄를 일일이 조목별로 늘어놓아, 놈의 큰 죄악을 용납하지 않고 큰 간사함을 숨길 수 없도록 하겠습니다. 어찌 감히 한 터럭만큼이라도 사실이 아닌 것

---

22) 제음(題音) : 백성이 제출한 소장이나 청원서 · 진정서의 왼편 밑 여백에 써 주는 판결문

23) 함사(緘辭) : 서면으로 심문하고 서면으로 회답하는 일.

으로 지극히 존귀하고 엄하신 분께 속여 아뢰겠습니까? 산신께 엎드려 비오니 앞선 것으로 위주를 삼지 마시고 피차의 바르고 잘못됨을 두루 살피시어 각별하게 공정히 처단하시어 죄 있는 자는 처벌하시고 죄 없는 자는 용서해 주십시오.

대대로 내려오는 공적을 번거로이 아뢸 필요는 없으며 밝히 아시리라 생각하옵니다만, 저희가 그 대강만 간략히 들어 자초지종을 다시 아뢰겠습니다. 옛날 전 왕조의 대궐에 도적이 숨어들어 몸을 숨겨 거문고 갑 속에 숨어 있으면서 장차 큰 난리를 일으키려 할 즈음에 저희 시조가 그놈 마음의 기미를 알아차리고 '거문고 갑을 쏘라'는 울음을 아뢰어 한 분의 화를 면하게 하고 두 사람의 간특함을 드러냈습니다.[24] 이로써 나라가 평안하고 마침내 무사

---

24) 옛날… 드러냈습니다: 《삼국유사》〈사금갑(射琴匣, 거문고 갑을 쏘라)〉 이야기. 신라 21대 비처왕에게 쥐가 한 마리 나타나 까마귀가 날아가는 곳을 찾아가라 했다. 왕의 기사(騎士)가 까마귀를 따라가다 한 노인을 만나 편지를 받았다. 편지 겉봉에는 '이 편지를 열어 보면 두 사람이 죽고, 열어 보지 않으면 한 사람이 죽을 것'이라고 쓰여 있었다. 일관(日官)이 '두 사람은 보통 사람이고, 한 사람은 왕'이라고 해 왕이 거문고 갑을 쏘게 하고 열어 보니, 간통하던 중과 궁주(宮主)가 죽어 있었다. 이료부터 정월 보름날에 까마귀에게 찰밥으로 제사하는 풍속이 생겼다고 한다.

하게 될 수 있었으니, 선조의 공이 이보다 클 수가 없습니다. 이에 선조를 난리 평정한 공적으로 책봉하고 '가마고(家魔告)'25)라는 이름을 내렸습니다. 매년 정월 보름에 밥을 지어 덩이를 만들어 던져 준 것이 몇 천 년이나 오래되었는지 알 수 없고 지금도 행하니 실로 우연한 일이 아닌데 막중하게 사랑해 하사한 '가마고(家魔告)'라는 실명을 원고(元告)26)가 없애고 좋지 못한 글자로 고쳐 '가마괴(加魔怪)'라 욕되게 부르는 노릇이 통탄스럽지 않을 수 없습니다.

또한 간특하기가 막심한 것은, 그의 이름이 '간치(諫治)'가 아니라 '간치(奸侈)'27)라는 것입니다. 그 이름을 지은 것은 이유가 있어 그러한 것입니다. 전 왕조 때에 약속한 이가 있어 정인(情人)을 애타게 기다리는데 밤이 새도록 오지 않아서 촛불을 밝히고 새벽까지 슬퍼하며 울부짖으니, 깊은 한과 슬픔은 견딜 수 없을 정도였습니다. 그때 원고의 시조는 몰래 간통하고 함께 간악한 짓을 하면서 새벽이면 기쁜 소식이라고 울어 대고, 나라를 배신하고 간악

---

25) 가마고(家魔告) : '까마귀' 음차로, '집안의 재앙을 알린다'는 뜻.
26) 원고(元告) · 원고(原告). 소송을 제기한 사람.
27) 간치(奸侈) : '까치'의 음차로, '간사하다'는 뜻.

한 일을 돕는 것이 갈수록 심해졌습니다. 그 행적이 드러나 마침내 밝혀지매, 죄악을 가릴 수 없어 간치(奸侈)라는 이름을 주었으니 이는 고칠 수 없는 죄이옵거늘, 그 선조의 간악함을 숨기고 천고의 죄명에서 벗어나고자 해 아름다운 글자를 구해 간치(諫治)라고 함부로 칭한 노릇은 극히 통탄스러울 뿐만 아닙니다. 그의 조상이 새벽에 울어 나라를 다스린다는 설은 더욱 터무니없으니 만약 봉공(封功)28)하는 조처가 있었다면 어찌 혈식(血食)29)의 표식이 없겠습니까? 천고에 근거가 없는 일을 들어 스스로 공명을 과시하고 거짓을 꾸며서 무고하며 이치에 안 맞게 소송을 좋아하는 상황이 해와 달이 비추듯 명약관화하옵니다.

그러나 무릇 가슴 아픈 사연은 위에 아뢴 간치(奸侈)가 또한 대대로 간특한 종자로 그 조상의 간악함을 생각하지 아니하고 오히려 이전의 습성을 뒤쫓아 우리와 같은 공훈이 있는 자손들을 해치려는 마음을 내는 것입니다. 혹 '고악(告惡)'의 울음을 도리어 '오악(烏惡)'이라고 말하거나,30) 혹은 탐욕을 그치지 않고 살생을 싫어하지 않는다

---

28) 봉공(封功) : 임금이 신하의 공적에 보답하는 것.

29) 혈식(血食) : 피 묻은 산짐승을 잡아 제사를 지낸 데서 나온 말. 나라에서 제사를 지냄을 가리킨다.

고 말하거나, 또는 '괴악(怪惡)'하게 울어서 인가에 화를 부른다고 말하는 등 헛된 말을 지어내 충량(忠良)한 이를 모함하니, 저들이 말하는 '괴악'의 울음이 어찌 괴악의 울음이겠습니까? 이는 바로 '고악(告惡)'입니다.

이는 실로 선조가 나라를 위해 나쁜 일을 알리던 자취이온바 저희 후손은 선조의 업을 본받아 나쁜 일을 알리는 울음을 울어 사람들에게 화복을 미리 알도록 하는 것일 뿐만 아니라 저희가 우는 바에 아름답지 못할 것이 없습니다. 동쪽 나무에서 울음소리를 내면 즉 좋은 손님이 오고 즐거운 객이 이름이요, 서쪽 나무에서 지저귀면 좋은 술이 넘치고 좋은 안주가 족함이요, 멀리서 즐겁게 울면 주인이 명예를 얻음이요, 가까이서 슬프게 울면 집안에 질병이 있음이요, 급히 울면 빨리 이뤄짐이요, 천천히 울면 일이 느림이니 어찌 우리들의 울음이 좋지 않겠습니까? 능히 열두 가지 소리로 울어 인간 미래의 화복을 알리옵거늘, 세상에 음(音)을 아는 사람이 없어 분간해 듣지를 못하고 매번 나쁜 이름으로 칭하옵니다. 저희 노고가 공이 없어 항

---

30) 혹… 말하거나 : '고악(告惡)', '오악(烏惡)'은 까마귀 울음소리 형용한 이성어. '고악'은 '악행을 고한다'는 긍정적인 뜻이고 '오악(烏惡)'은 까마귀가 나쁘다는 부정적인 뜻이다.

상 원통함을 품고 있삽거늘, 어찌 오늘 조그만 간치(奸修)의 저 고소가 이처럼 더욱 심할 줄 생각이나 했겠습니까?

또 둥지를 협박해 빼앗고 새끼를 빼내 잡아먹었다고 하며 독을 품고 발악했는데, 가령 인간의 상벌하는 법으로 말하자면 나라를 그르치는 간신의 전택(田宅)을 빼앗아 나라를 위하는 충량(忠良)의 가문에 주는 것이옵고, 반역을 꾀한 대역죄인의 자손에 대해 일족 전체를 몰락시키는 법률을 쓰는 것입니다. 저 간사한 종자의 둥지를 우리 공훈 있는 후손들이 간혹 빼앗게 하는 것이 이치상 합당하오며, 저 간악한 것의 새끼 같으면 우리 공훈 있는 후손들이 잡아먹어 연명케 하는 것이 이치에 당연한 일입니다. 하물며 사람은 짐승에 대해 각각 먹는 것이 있습니다. 그래서 사람은 짐승과 생선이 있고 쌀밥과 비단옷은 소의 공이 아님이 없는데도 도살하기에 이르고 혹은 팔기도 하고 먹기도 하지만 오히려 잘못이 없습니다. 그러나 우리 공훈 있는 후손들은 1년에 한 번 먹이를 주는 것 외에는 달리 받아먹을 음식이 없습니다. 다만 이 간사한 종자가 낳은 것을 얻기도 하고 혹 잃기도 하면서 겨우 잔명을 보존하니 어떤 큰 죄가 있어 종족을 멸하는 법률에 이른다는 말입니까? 또 살생으로 말하면 저 역시 매미와 귀뚜라미 등 날것을 잡아먹으니 어찌 홀로 종족을 멸하는 법률을 면할 수 있습니까? 그 사정 하나하나가 원통하옵니다.

신명님께 엎드려 비옵니다. 특별히 엄령을 시행하시어 반좌(反坐)[31]의 법률로 다스려 엄하게 처단하시어 한편으로 뒷날에 충량(忠良)한 이를 해코지하는 폐단을 막으시고, 한편으로 간악한 자손이 이치에 맞지 않는 송사를 내는 일이 없도록 하옵소서. 아울러 고찰하신 후에 분간해 시행하시기를 천만 바라옵나이다.

판결하노라.

양측의 공사(供辭)[32]를 두루 자세히 조사하니 너희 서로가 잘못을 제기한 정황이 마치 검둥개가 돼지를 쫓는 것처럼 구분하기 어려우며, 각자가 공훈을 과장하는 형상은 석천(石天)[33]을 채우지 못하니 역시 믿기가 어렵다.

대개 까마귀란 놈의 살생은 까치 새끼에게 그치지 않

---

31) 반좌(反坐) : 거짓으로 죄를 씌운 자에게 그 씌운 죄에 해당하는 벌을 주는 것.
32) 공사(供辭) : 범인이 자신의 범죄 사실을 진술하는 말.
33) 석천(石天) : 미상.

고 인가에서 기르는 닭과 오리의 알까지 수시로 훔쳐 먹으니 그 죄가 가볍지 않으며, 탐욕이 까치에게 그치지 않고 인가에서 먹는 오곡을 훔쳐 먹으니 그 죄가 무겁다. 그뿐만 아니라 관청의 육지기[肉直者]34)가 고기로 포(脯)를 만들어 관원에게 바치려 하니, 훔쳐 먹고픈 마음이 있더라도 그것에 감히 마음을 내지 못할 것이거늘, 감히 이 고기 한 점을 두고 사납게 지저귀고 주지 않으면 독을 품고 욕을 하기를 "관노독(官奴毒)35), 관노독!" 하고 운다. 관노 또한 사람이라서 사람이 금수에 대해 귀천이 현저히 다르거늘, 이처럼 금수가 가장 귀한 사람을 꾸짖고 욕했다. 그 모질고 악해 헤아리기 어려운 정황이 낱낱이 탄로 났으니, 사람을 상하게 하고 만물을 해친 죄는 실로 면하기 어렵다.

까치라는 놈도 꼭 인가와 가까운 나무에 둥지를 짓고 머무니 그 생애에 사람의 은혜와 사랑 아닌 것이 없거늘, 자기한테 맞지 않으면 감히 불 지르려는 계략을 내니, 은혜를 배반하고 덕을 미워하는 정상은 극히 지나치고 심할 뿐만 아니다. 인가에 가장 귀하고 지극히 보배로운 목화

---

34) 육지기[肉直者] : 육고자(肉庫子). 관아에 육류를 바치던 관노.

35) 관노독(官奴毒) · 까마귀 울음소리를 형용한 것. '관노가 독하다'는 뜻.

를 이유 없이 쪼아 풀과 나뭇가지에 어지럽게 걸어 두고 바람에 날려가게 해 결국 못 쓰는 물건을 만든다. 목화가 까치에게 무슨 소용이리오. 먹자 해도 먹지 못하고 입자 해도 입지 못하니 보여도 보지 않는 게 이치에 합당하거늘 괜히 해코지해 사람 물자를 손실케 하니 더욱 극히 악하도다.

이로 미루어 피차의 죄를 두루 헤아려 보면 경중의 차이는 있다고 해도 차등은 없으니 당장 붙들어 중히 처치할 일이나 너희를 죽이자니 다 죽일 수 없는 것은[36] 허다한 까막까치를 일시에 멸종시키는 이치가 부당할 뿐더러, 막중한 범죄를 징벌하는 일을 혼자서 처리함이 또한 부당하다. 내가 하늘에 조회하러 갈 기일이 멀지 않으니, 천제(天帝)께 아뢰어 죄과에 맞게 처치하시도록 하겠다. 다시는 번거로이 송사하지 말고 모두 물러나 기다리면, 옳지 않은 일이 없도록 고찰해 시행함이 마땅한 일이다.

---

36) 너희를… 것은(矣誅之不可勝誅) : 《맹자(孟子)》〈양혜왕(梁惠王)〉의 "죽이자니 다 죽일 수 없다(誅之則不可勝誅)"라는 구절과 유사.

다람쥐와 쥐, 고양이

율목리 접오산37)의 소지(栗木里接鼯山所志)

저는 제 집 북쪽에 밤나무를 기르고 있는데, 금년은 거센 비바람에 꽃이 모두 떨어져 열매 수가 적어서 어렵사리 수확한 생밤이 모두 다섯 섬에 불과했습니다. 월동 식량으로 삼을 양으로 집 앞 땅속 창고 깊은 곳에 몰래 묻어 두었는데, 이번 달 초나흘, 수구동(水溝洞)38)에 사는 서대도(鼠大盜)가 무리를 이끌고 한밤중에 제가 자는 틈을 타 창고에 몰래 들어와, 저장해 놓은 생밤 전부를 훔쳐 달아났습니다. 제가 자취를 찾아 쫓아갔더니, 무리들을 믿고 오히려 해치려 해, 사방을 두리번거리며 도망쳤습니다. 서대도는 본시 도적의 마음을 품고서 훔쳐 먹는 것을 업으로 삼으니 그 죄가 무겁습니다.

---

37) 율목리(栗木里)·접오산(接鼯山) : 율목리는 밤나무골, 접오산은 다람쥐를 이름.

38) 수구동(水溝洞) : 하수구 마을.

포도청 감고(監考)39) 묘동(猫同)은 적을 만났을 때 큰 소리로 외쳤거늘, 듣고도 듣지 않은 척 그 자리에서 구원하지 아니하니, 감고라는 자리를 둔 의미가 달리 없습니다. 저는 또한 따로 저장해 놓은 곡식이 없어 연달아 굶어 죽을 위기에 처했으니, 정녕 지극히 민망합니다.

이와 같은 사정을 자세히 살펴 주십시오. 위에서 아뢴 서대도와 포도청 감고 묘동 등은 맹차(猛差)40)를 별도로 정해서 비밀리에 잡아들여, 철저히 추궁하고 엄히 다스린 후, 훔쳐 간 생밤을 하나하나 회수해 주셔서, 저희가 굶어 죽는 원통함이 없도록 해 주시기를 천만번 바라옵나이다.

서대도의 공사(鼠大盜供辭)41)

아뢰옵니다. 오산(鼯山, 다람쥐)의 소장 내용, 즉 생밤을

---

39) 감고(監考) : 궁가(宮家)와 각 관아에서 돈과 곡식의 출납과 간수를 담당하거나 지방의 공물 징수에 종사하던 관리.
40) 맹차(猛差) : 용맹한 차사(差使). 차사는 고을 원이 죄인을 잡으려고 보내던 관아 하인이다.
41) 공사(供辭) : 범인이 자신의 범죄 사실을 진술하는 말.

훔쳐 먹은 사연에 의거해 추고(推考)⁴²⁾하라 하시었습니다.

저는 비록 쥐 무리지만 젊어서부터 영특해서 지모가 많았습니다. 전에 우리나라와 적이 서로 싸울 때 우리나라가 어려운 상황에 놓이게 되었거늘, 저희 무리가 상대편 활과 화살 창고에 몰래 들어가 활시위를 깨물어 끊어서 마침내 전쟁에서 승리할 수 있었습니다. 그 공이 적지 않아 공을 논할 때 1등이 되어 이름이 육갑(六甲)⁴³⁾의 앞에 놓여서 지금까지 칭해지고 있습니다.

당초에 공을 논하고 상을 내릴 때 가장 공이 컸었는데, 저의 경우에는 가택과 토지를 하사할 것이 부족해 몸을 쉴 곳이 없고 먹고 살 방도가 없어서, 구멍을 뚫어 집을 삼고 자식은 노비가 되었습니다. 혹 민가의 밥을 훔쳐 먹거나 혹 관청의 물건을 도둑질해 먹어 연명하고 살았는데, 늙고 병들고 몸도 둔해져 운신할 수 없어 구덩이 집에 오랫동안 누워서 오로지 자식에게 의지해 남은 생을 보전하고 있었습니다.

마침 금년은 비와 날씨가 때맞지 않아 농사 흉작이 더

---

42) 추고(推考) : 허물을 추문(推問)해 고찰함.
43) 육갑(六甲) : 육십갑자. 그 처음이 갑자년으로 쥐의 해다.

욱 심해 집안 근심이 이어지고 질병도 거듭되어, 큰아들 아손(兒孫)은 병으로 죽고 차녀 아금(兒今)은 함정에 빠져 압사하니, 막내 아동(兒同)이 누이 없는 독자가 되었습니다. 저 역시 자녀가 죽은 뒤로 심신이 어지러워 마음 둘 곳을 알지 못해 죽을 날만 기다리고 있었기에 잠시라도 아들 곁에서 떨어지지 않았습니다.

예전 추목정(楸木亭)44)에서 모여 마시며 단란하던 때에 제가 거나하게 취한 사이, 오산이 함께 있었는데, 그 집에서는 여름에 부인을 맞이한 것이 아홉이나 됩니다. 집안에서 데리고 살다가, 가을걷이를 기다려 밤을 줍고 저장한 후에는 여덟 명을 도로 내쫓고, 다만 눈이 먼 한 명만 아내로 삼았습니다. 간사하고 불의한 형상이라 직언하고 꾸짖는 말을 했더니, 지난번 들어갔을 때부터 항상 절치부심하다가 충효를 다 갖춘 저희 부자를 해코지할 계획을 세워 생밤을 훔쳐 가져간 모양으로 수량을 부풀려서 거짓으로 소장(訴狀)을 올렸습니다. 적지 않은 생밤 다섯 섬을 90리나 떨어진 곳에 하룻밤 사이 모조리 훔쳐 온다는 것은 대단히 무리니, 무고임이 더욱 명백합니다.

---

44) 추목정(楸木亭) · 호두나무 정자.

설령 제가 굶주림과 추위에 눈이 멀어 먹을 것을 훔친 것이 분명하다 해도 나라의 곡식도 아니며 또한 현재 장물이 없는데도 간악한 오산이 소장을 올린 것입니다. 게다가 사실을 취한 것이 부정한데 원훈(元勳)[45]이 병에 걸려 거의 죽음에 이르도록 저를 이렇게 추운 겨울날 캄캄한 곳에 가두어 두니, 지극히 민망하옵니다. 고찰하신 후에 분간해 지시해 주십시오.

포도청 감고 묘동(捕盜監考苗同)

아룁니다. 오산(鼇山)의 소장 즉, 도적을 잡는 일에 부지런하지 못했다는 사연에 의거해 추문하라 하시었습니다.

저는 항상 맡은 일에 부지런하지 못한 것이 아닙니다. 근래에 도적 잡는 방책을 각별하게 신경 써서 밤낮으로 감시해 도적을 보는 족족 잡아 죽여 아침과 저녁의 식사로 삼았습니다. 이번 달 4일에는 마침 비와 눈이 번갈아 내려서 길이 아주 진창이 되었는데, 발바닥이 진창길에 닿으면

---

45) 원훈(元勳) : 나라에 큰 공이 있는 인물

사람의 옷이 어지럽게 밟힐까 염려되어서, 날이 저물 때까지 행랑 모퉁이에 앉아 있었습니다. 무료해서 졸던 때에 막내 묘덕(猫德)이 와서 말했습니다.

"지난밤 의창고(義倉庫)[46]에 쌀과 콩이 많았거늘 쥐 도적 백여 무리가 마루에 구멍을 뚫고 여러 가지를 훔쳐 달아났어요."

저희는 삼가 지키지 못했다는 근심이 있으니, 의당 속히 달려가 즉시 잡아 죄를 면해야 한다고 해, 놀라 일어나서 발이 땅에 닿지 않을 정도로 의창고로 달려가서 밤새 감시해 쥐 도적 백여 마리를 잡았습니다. 이 때문에 같은 날 율목리(栗木里)와는 거리가 멀어서 들을 수 없었습니다. 듣고도 듣지 못한 체했다는 것은 전적으로 애매합니다. 고찰한 후에 분간해 주십시오.

판결하노라.

오산(鼯山)의 소장을 재삼 조사해 보니, 오산은 사람이

---

[46] 의창고(義倉庫) : 평상시에 곡식을 저장했다가 흉년이 들었을 때, 저장한 곡식으로 빈민을 구제했던 구호 기관의 창고.

먹는 생밤을 자신의 가업으로 재배했다고 칭하고 다섯 섬 모두를 모조리 삼킬 계획을 세우고 몰래 주워 집에 감추었으니, 앞장서서 죄를 지은 것이다.

서대도(鼠大盜)는 비단 오산의 소장뿐 아니라, 전에도 공을 믿고 훔칠 생각을 해 자주 법을 어겼기에 간사하고 음흉함이 막심하다.

감고(監考) 묘동 또한 부지런히 도적을 잡았기에 평상시 저를 대접하기를 안팎은 물론 규방까지 출입하도록 했거늘, 이 뜻을 헤아리지 못하고 맡은 일을 느슨하게 했다. 그뿐만 아니라 4일에 비록 의창고의 도적을 잡은 것이 분명할지라도 위 항목에 있는 율목리의 경우에 도직(盜直)[47]의 본분을 제대로 하지 않아 도적을 마음대로 행동하게 해 도적 잡는 감고를 세운 본뜻에 매우 어긋나서 또한 부당하므로 아울러 추궁해 엄격하게 다스릴 만하다.

그러나 별다른 증거가 보이지 않고 또 현장(現贓)[48]이 없으며 간사한 오산의 소장은 사실을 논할 수 없으니, 모두 추문하지 않고 내보내는 것이 마땅하다.

---

47) 도직(盜直) : 도둑을 감시하고 지키는 사람.

48) 현장(現贓) : 드러난 장물.

소의 하소연

농우의 등장(農牛等狀)

삼가 사정을 아뢰옵나니, 저희들이 지극히 원통한 사정을 참을 수 없어 부득불 만 번 죽기를 무릅쓰고 섬돌 아래에서 우러러 말씀드립니다.

하늘이 저희를 내실 때 사람에게 속하게 했으니 그 뜻은 실로 우연이 아닙니다. 무릇 하늘의 지극한 위엄은 벼락보다 큰 것이 없고, 사람의 생활을 돕는 것은 곡식보다 나은 것이 없고, 군주의 다스림은 인의(仁義)에 더할 것이 없고, 신하가 몸을 보전하는 것은 충효를 넘을 것이 없으니, 이는 어째서입니까? 진실로 까닭이 있습니다. 무릇 바람과 비, 구름, 안개가 오히려 위엄을 보일 수 있으나 하늘과 땅 사이에 천둥을 쳐서 천하 사람들을 압도하는 것은 벼락보다 더한 것이 없습니다. 산짐승과 물고기가 족히 생활을 도울 수 있으나, 배 속을 채워 백 년의 목숨을 잇는 것은 곡식보다 나은 것이 없습니다. 영민하고 총명하며 공손하고 검소함이 나라를 다스릴 수 있게 하나 만민의 마음을 얻어 장구한 계책을 이루는 데는 인의보다 더한 것이 없습니다. 현명하고 어질며 지혜로움이 몸을 보전케 하나 일세에 명성을 떨쳐 만고에 공적을 드리우는 데는 충효보다 더한 것이 없습니다. 또 곡식을 불리고 자라게 한 것은 저희의 힘에서 비롯된 것입니다. 이는 일이 애매해 알지 못할 일이 아니며, 실로 명백해 쉽게 알 수 있는 것입니다.

아! 저희가 우마(牛馬) 무리에 속해, 비록 기묘한 공은 없으나 밭 가는 농부에게 몸을 굽히고 농부의 손에 목숨을 맡겨 넓은 들을 두루 돌아다니면서 내 몸의 고달픔을 잊고 밭을 이루었습니다. 밭을 이룬 후에는 백 가지 곡식을 심고 곡식이 익은 후에는 사람들이 함께 먹었습니다. 밭을 갈아야 할 곳을 가리킨 것은 비록 사람이지만 허다한 밭을 개간해 이룬 것은 어찌 저희 힘이 아니겠습니까? 밭에 백 가지 곡식을 심은 것은 비록 사람이지만 무궁한 식량을 돕는 것이 어찌 저희의 공이 아니겠습니까?

생각건대, 저희는 곡식을 훼손할 마음이 없고 또 사람을 해칠 뜻이 없으며, 여염집 외양간에 모로 누워 단지 산과 들에 무성하게 자란 풀을 먹으면서 혼자서 울고 누워 있을 뿐입니다. 고달픈 수고로움을 말하지 않고 빈손으로 왔다가 빈손으로 가며 오직 한 몸을 주인의 생활에 맡겼으니, 어찌 매우 가련하고 불쌍하지 않겠습니까? 슬퍼하고 지켜 주어도 오히려 저희 공에 필적하지 못합니다.

아! 천지간 만여 개의 나라와 온 세상 수많은 사람들이 모두 말하기를, 천만 가지의 맛 중 저희 고기만 한 것이 없다고 합니다. 이에 저희는 낮은 언덕에서 목숨을 잃게 됩니다. 아! 저희 수가 많더라도 새우의 만분의 일에 미치지 못하고, 고기가 드물게 맛있긴 합니다만 신선한 꿩고기의 뛰어난 맛에 미치지 못합니다. 길가에 늘어서 있는 가게에서 저희를 도살하는 것을 다 기록할 수 없고, 뭇사람들이 함께 먹을 뿐만이 아니라 금수 또한 저희 고기를 맛보니, 어찌 지극히 원통함이 심하지 않겠습니까? 슬픕니다! 무릇 저희가 비바람을 무릅쓰고 고생하며 춥거나 더운 때의 수고로움을 참고 눈서리를 무릅쓰고 배고프거나 배부른 때의 고통을 꺼리지 않는 것은, 저희가 비록 드러내어 진술하지 않더라도 훤히 아시리라 생각합니다. 이에 다시 번거롭게 하지 않겠으나 무릇 저희의 공은 진실로 얕지 않습니다.

예부터 성현께서 저희 등에 타고 사방을 다닌 것 또한 가상하고 특이한 일입니다. 저희의 상황을 살펴보면 너그러이 받아 줄 수 있는 게 있고, 저희의 공로를 살펴보면 더욱이 해로운 것이 없습니다. 사정이 정말로 이와 같은데 사람들은 일시 못하는 것입니까? 어지럽게 도륙함이 이같이 심한 것은 반역의 무리를 모조리 죽이는 것과 같습니다. 이는 모두 원통함을 만드는 것인데 하소연할 바를 모르겠습니다. 사람들이 나라를 걱정하는 성심(誠心)은 어려서부터 더욱 간절해지고, 사람을 사랑하는 마음은 늙을수록 더욱 굳세어지며, 죽기 전에 한없는 은혜에 보답하기를 기약합니다. 이는 진실로 칭찬할 만한 일인데, 무슨 죄가 있어 매번 살육당하는 것이 다른 것보다 가장 심합니까? 아! 성인군자는 살생을 참지 못해 부엌을 멀리했으니,[49] 이는 오늘날 마땅히 본받아야 할 것이 아닙니까?

서한(西漢) 때 병길(丙吉)이 나라의 재상으로서, 덕은 사해(四海)에 드러나고 현명함은 관리들 가운데 뛰어났는데, 사람의 병과 고통은 묻지 않고 소가 헐떡거리는 것을 위문했습니다.[50] 이것이 실로 전대의 귀감으로서 고금에 일컬어지니, 저희가 큰 은혜에 하례하고 감사의 눈물을 흘

---

49) 성인군자는… 멀리했으니 : 《맹자(孟子)》〈양혜왕(梁惠王)〉의 한 구절.

50) 병길(丙吉)이… 위문했습니다. 병길(丙吉, ?~BC 55)은 노(魯)나라 사람. 무고(巫蠱)의 옥사 때 여태자(戾太子)의 손자인 유순[劉詢, 후에 선제(宣帝)]을 구해, 유순이 제위에 오른 후 BC 67년 승상이 되었다. 수레를 끄는 소가 숨을 헐떡이는 것에서 날씨가 조화롭지 못함을 깨닫고 더욱 주의 깊게 정치를 했다.

리며 은혜에 보답하는 정성을 뼈에 새겨 지금까지 잊지 않고 있습니다.

옛날 제(齊)나라가 연(燕)나라 군대에 핍박당해 여러 해 동안 서로 싸웠습니다. 하늘은 돕지 않고 사람들은 협력하지 않아 큰 진영과 작은 보루가 연달아 무너지고, 내외 백성들이 모두 살해당했으며, 계책을 도모해야 할 신하들은 속수무책으로 정신이 없었으며, 병마를 이끄는 장수는 머뭇거리다가 산산이 흩어져, 피가 모래밭에 흐르고 뼈가 들에 쌓였습니다. 이에 70여 성이 점점 연나라 땅이 되었습니다. 이때를 당해 어떤 용맹한 사람도 실로 다시 일어설 마음이 없었는데, 오직 전단(田單)이 충성을 떨치며 칼을 빼어 의롭게 크게 울부짖으며 초야 가운데서 병사를 일으키고 용맹한 군사를 자기편으로 끌어들여 마침내 연나라 군대와 싸웠습니다. 저쪽은 많고 이쪽은 적어 기세가 끊기고 길이 막혔으며 병사들은 죽고 지쳐 연나라의 칼끝을 꺾을 희망이 만무해 부득이 저희 선조를 거두어 모아 돌격대로 삼았습니다. 저희 선조들 또한 전단이 나라를 부흥시킬 계획을 세운 데 감동해 몸에는 오색의 용 문양 옷을 걸치고 머리에는 창검을 묶고 꼬리에는 섶과 갈대를 묶고서, 그것을 불살라 노기를 발하며 연나라 성에 충돌해 신중에 어지러이 들어가 일시에 돌입하니, 만군이 흩어지고 눈 아래 상대할 것이 없었으며 시체가 도랑을 메우고 간과 뇌가 땅에 쏟아졌습니다. 전단은 이로써 승세를 타 마침내 70여 성을 회복해 일대에 명성을 드러냈으며 공적이 천고에 면면히 이어졌습니다. 이는 실로 드문 일로서 지금까지 칭찬하며, 성대한 일로 우러러 공경합니다. 당초 계획은 비록 전단이 낸 것이나 연나라를 파하고 제나라를 회복한 것이 저희 조상 아니면 누구겠습니까? 예부터 전쟁을 어찌 한계 짓겠습니까마는 공로가 뛰어남은 이보다 더한 것이 없습니다.

저희 조상의 큰 공적으로 보면 천지 일월 아래 어찌 빛나지 않겠습니까? 그 자손에게는 마땅히 만 년이 가도록 너그럽게 대해야 합니다. 그런데 바로 지금, 사람을 죽이는 호랑이를 잡지 않고 죄 없는 저희를 죽이며, 사람을 해치는 곰을 잡지 않고 공이 있는 저희를 해치니, 원통함이 점점 더해집니다. 아! 천하에 짐승이 없어 저희를 도살한다면 조금도 원통함이 없을 것이나 강과 바다에 쌓여 있는 물고기와 산과 계곡에 많은 짐승이 눈에 가득해 그 수를 헤아릴 수 없는데도 이를 먹지 않고 다만 저희를 죽이니 이에 저희의 원통함은 지극합니다. 아! 저희의 공적이 이같이 많으니 상을 주는 덕은 입지 못하더라도 혹 죽임을 당하는 화를 면한다면 실로 마른 뼈에 다시 살이 붙는 때

일 것이며 죽음에서 살아나는 은혜일 것입니다.

    엎드려 빌건대, 지극한 원통함을 펴지 못하는 사정을 특별히 살피시고 또 죄 없이 죽임을 당하는 상황을 불쌍히 여겨 저희를 도살하지 않도록 엄명으로 분부하시어 이 한 몸을 보전케 해 주시면 성덕(聖德)을 감축드릴 것입니다. 이전에 함부로 죽이던 것을 없애, 남아 있는 저희 무리의 근심을 없애 주시기를 천만 바라옵니다.

판결문.

    이 하소연한 것을 보니 나도 모르게 웃음이 나며 할 말이 없다. 천하 만물이 사람에게 주어져 혹 죽이기도 하고 기르기도 하는 것은 모두 하늘이 지시한 것이나, 너희들의 이 말은 진실로 이해할 만하다. 너희 조상의 공로가 뛰어나 청사(靑史, 역사)에 분명히 드러나며 너희들이 분주했던 상황은 길이 눈 안에 있으니, 너희가 비록 말하지 않더라도 저절로 밝게 알 수 있다. 대개 천지가 드넓고 만물이 눈에 넘쳐 허다한 것을 잡아먹는 것을 모르는 것이 아니다.

    다만 생각건대 너희의 고기는 만고에 드문 종류로 천 번 끓이고 만 번 구우면 맛이 너욱 입에 맞고 털과 피, 가죽과 뼈 또한 헛되이 버릴 것이 없다. 아침저녁으로 폐지하기 어려운 좋은 반찬이며 또한 사람의 몸을 편안히 하는 것 중 큰 것이기에, 뭇사람들이 한 번 먹으면 세간사를 잊고 밤낮으로 먹으며, 승려가 한 번 먹으면 사찰의 도리를 폐하고 밤낮으로 잊지 못한다. 저잣거리에서 어지러이 도살하는 것은 그럴 만한 까닭이 있는 것이다.

비록 그러하나 도리를 참작하지 않을 수 없으므로 지금부터 지나치게 도살하지 말고 가려서 살육하도록 분부할 것이니, 너희는 이렇게 알고 다시 번거로이 진술하지 말라.

임자강의 산송 상언(任自剛山訟上言)*

* 산송은 묘에 관한 송사, 상언은 백성이 임금에게 올리는 글.

삼가 아뢰옵니다.

신(臣)의 집안이 대대로 한미해 멀리 낙향했고 문벌은 쇠하고 복은 엷어져 몸소 논밭 일을 했습니다. 잔약한 자손이 세력이 없어 능멸을 받고 침범을 당하던 중에 2백 년 동안 대대로 내려온 집안의 터전을 하루아침에 토호(土豪)에게 빼앗겨, 산 자는 그 거처를 보존하지 못하고 죽은 자는 그 묘를 지키지 못하게 되었습니다. 유명(幽明)[1] 간에 원통함을 하소연할 곳이 없어서 천 리를 걸어 한 발 두 발 서울에 들어왔으며 죽음의 형벌을 피하지 않고 감히 벼락같은 위엄을 무릅쓰며 임금님 앞에 큰 소리로 급히 호소하옵니다.

지난 가정(嘉靖) 15년(1536)에 저의 6대조로서 부사용(副司勇)[2] 벼슬을 한 임우(任佑)가 본현(本縣) 북면의 빈 골짜기에 터를 가려잡았습니다. 나무를 심어 숲을 가꾸고 한쪽을 묘지로 만들어 산을 꾸몄으며 높은 데는 깎고 낮은 데는 메웠습니다. 터를 닦아 집을 짓고서 아래쪽에 샘을 파 우물을 만들고 땅을 개간해 밭을 만들었습니다. 자자

---

1) 유명(幽明) : 저승과 이승을 아울러 이르는 말. 생사(生死).

2) 부사용(副司勇) : 오위(五衛)에 딸린 종9품 무관.

손손 여기에 살고 여기에 묻혔으니, 산은 모두 임씨의 묘지요 동네는 모두 임씨의 마을입니다. 흙 하나 돌 하나도 임씨가 만들지 않은 게 없으며 나무 하나 풀 하나라도 임씨가 기르지 않은 것이 없습니다.

대대로 이 산에 장사 지내고 대대로 이 골짜기에 산 것이 이제 2백 년이 되었습니다. 외지 사람으로서 따라 들어와 산 사람은 많지 않습니다. 그래서 마을 이름을 여전히 '임자동(任子洞)'이라고 부릅니다. 당진(唐津) 북면 임자동이라고, 입 있는 이가 모두 말하고 귀 있는 자는 모두 듣습니다. 고금의 문서에 똑똑히 실려 있어 서울 밖에서 노소를 막론하고 역력히 알고 있으며 심지어 소인묵객(騷人墨客)[3]의 아는 체하는 말이 되었사옵니다. 사람은 비록 죽어도 동네 이름은 없어지지 아니합니다. 근래 사대부들이 세력을 믿어 법을 무시하고 다른 이의 못자리를 빼앗는 일이 드물지 않으나 이곳에 대해서는 욕심을 내지 못했던 것은 엄연히 이 산은 임씨가 지킨 지가 오래요, 엄연히 이 촌은 임씨가 경영한 것이 오래되었기 때문이었습니다.

본현에 사는 이전 부사(府使) 최주화(崔柱華)는 곧 저

---

3) 소인묵객(騷人墨客) : 시문(詩文)과 서화(書畫)를 하는 풍류객.

의 숙부인 고(故) 유학(幼學)[4] 임처인(任處仁)의 문하생입니다. 임처인이 살았을 적에 비록 과거 공부로 업을 삼지는 않았는데 문학의 넉넉함과 문장의 기발함이 한 고을에 이름이 났고 사방 이웃에 소문이 났습니다. 원근의 선비들이 책 상자를 짊어지고 모이지 않는 이가 없었는데, 최주화는 거처가 지척이어서 주야로 따랐습니다. 강보에 있을 때부터 사람됨이 뛰어나서 저의 숙부 임처인이 애지중지 기르고 가르쳤으며 10년을 이끈 끝에 그 재주가 이루어졌으니, 이야말로 은애가 부자와 같고 정이 골육보다 더한 것입니다.

임처인의 사당(祠堂)이 또한 이 골짜기에 있는데 무슨 뜻으로 이 사람이 이 산에 투장(偸葬)[5]하고 감히 이 골짜기를 점탈(占奪)[6]한 것일까요? 금년 6월에 최주화가 모친상을 당함에 홀연 간계를 내어서 저와 울타리를 격하고 있는 평민 김산(金山)을 위력으로 잡아다가 혹독하게 매질해 김산의 집터를 헐가로 강매(强買)한 후에, "우리 집 뒷산인데 누가 나를 막을 것인가?" 하고는, 마침내 저희 선

---

4) 유학(幼學) : 벼슬하지 않은 유생(儒生).

5) 투장(偸葬) : 남의 산이나 묏자리에 몰래 자기 집안의 묘를 씀.

6) 점탈(占奪) : 남의 것을 강제로 빼앗아 차지함.

영(先塋)과 같은 산줄기에 묘 구덩이를 파니, 인가와 거리가 매우 가까운 땅이옵니다.

제가 곡절을 갖추어 본현에 알리고 그 일을 맡은 노비를 붙잡았으나, 끝내 최주화는 나타나지 않고서 현감과 미리 몰래 의논하고서 교묘한 계책을 내어 밤을 틈타 일을 하고 일꾼들을 많이 모아다가 둘러서서 성처럼 에워싸니 비록 막고 싶었으나 형세가 어쩔 수 없었습니다. 달려가 본현에 아뢰고 그 죄를 다스리기를 청했더니, 현감이 거짓으로 놀라는 체하며 이치를 들어 문제를 논하며 말했습니다.

"이곳은 과연 당신의 선영이고 또한 인가에서 백 보 이내에 있으니 빼앗아 장사 지낼 수 없소. 즉시 조사를 하고자 하나 수군(水軍) 훈련에 가야 하므로 가서 살필 수가 없구려. 내가 수군 훈련에 다녀온 뒤에 마땅히 조사해 처치할 것이니, 그대는 잠시 물러가서 내가 관청에 돌아오기를 기다리시오."

제가 재삼 왕래하며 누누이 호소했으나 항상 미지근한 말로 답할 뿐 끝내 처치할 마음이 없었습니다. 겉으로는 공정한 체하고 뒤로는 사욕을 챙기는 그 태도며 말은 바르게 하면서 생각은 비뚜로 하는 모양이 형색에 드러났습니다. 저는 어찌할 방법이 없어 눈물을 감추며 돌아와서 사제(師弟) 간의 의리를 곡진히 말하고 관령(官令)이 이러함을 보였으나 최주화는 보아도 못 본 척, 들어도 못 들은 척 하며 등을 밀어 쫓아냈습니다. 거리낌 없이 밤을 잊고 일을 시켜서 장지(葬地)를 도둑맞고 훼손당한 집이 여러 호(戶)에 이르렀습니다. 저와 이웃 사람들이 연명(聯名)해 감영에 소장(訴狀)을 내어 본현에 이르렀는데, 본현은 역시 송사를 접수하지 않고 도리어 저를 두고 당상관을 능멸하고 흰 것을 가리켜 검다 하고 허무맹랑한 일을 날조했다 하며 강제로 태장(笞杖)7)을 내려 그 기세를 꺾으려 했습니다. 뿐만 아니라 묘지가 완성된 후 이곳에 와서 보고 다음과 같이 말했습니다.

"과연 다른 사람이 장사 지낼 수 있는 땅이 아니오. 그러나 이미 장사를 지냈으니 어쩔 수 없구려."

이미 말하기를, '다른 이가 장사 지낼 수 있는 땅이 아니다'라 해 놓고, 어찌하여 '어쩔 수 없다'고 하는 것입니까? 이미 장사를 지냈으므로 어쩔 수 없다고 말한다면 대대로 물려받은 산을 가진 자는 그 선영을 보전할 수 없고 투장(偸葬)하는 이들이 그 주인이 되며, 대대로 이어받은 집을 가진 자는 그 터를 보전할 수 없고 빼앗아 들어온 자

---

7) 태장(笞杖)· 메길. 태형(笞刑)과 장형(杖刑)을 아울러 이르는 말.

가 그 주인이 되는 것입니까? 정말 감사가 말한 바와 같다면 세상 만물 중에 어찌 주인을 정할 수 있겠습니까?

선조 임우(任佑)가 가정 연간에 처음 장사를 지낸 이후로 그 자손들이 계속해서 같은 산줄기 내에 묻힌 자들이 많아 10여 개 묘에 이릅니다. 그리하여 한마을에 있는 다른 문중도 결코 장사를 지내지 못하옵거늘, 이제 투장을 한 최가가 일개 무덤으로 이미 장사를 지냈으니 파헤쳐 쫓아낼 수가 없다고 한다면 백 년 전에 장사를 지낸 저의 선영은 파헤칠 수 있는 것입니까? 현감의 이 말은 실로 한 번의 웃음거리도 못 됩니다.

이는 세상에 공도(公道)가 없고 사정으로 이룬 것이 많기 때문이옵니다. 최주화가 한결같이 크게 주장하는 바는 현관(顯官)8)의 묘가 아니라면 법에 보수(步數)9)와 상관이 없다고 하옵지마는 진실로 이 말과 같다면 벼슬 없는 사람의 무덤은 용미(龍尾)10) 뒤와 섬돌 앞이 모두 장차 다른 이의 차지가 되는 것입니까?

송사(訟事)를 듣는 도리에 있어 단연코 이러한 이치가

---

8) 현관(顯官) : 높은 관직, 또는 그 관리.

9) 보수(步數) : 거리를 재는 걸음의 수효.

10) 용미(龍尾) : 무덤 뒤편을 꼬리처럼 만든 자리.

없을 뿐만 아니라, 일찍이 선왕께서 타인이 묏자리를 꾸민 땅 내에서는 보수(步數)의 많고 적음을 막론하고 장사 지내는 것을 불허한다고 수교(受敎)[11])에 명백히 있사옵니다. 최주화는 몸이 현관이 되어 지위가 3품에 이르렀으니 다른 사람과 구별이 있을 것이옵거든, 주인 없는 빈산이 어느 곳인들 없어 선왕의 가르침을 따르지 않고 스승의 선영에 투장을 하고 감히 스승의 선영을 빼앗는 것입니까? 사대부가 정녕 이와 같으니 인자하지 못함이 참으로 심하다 할 것입니다.

인가로부터 백 보 이내에서는 매장을 금한다는, 국가의 이 금석 같은 법을 예부터 지켜 와서 감히 범할 수 없습니다. 이제 최주화는 그 모친의 투장한 곳이 저의 집으로부터 십 수 보(步) 안쪽이며 그 스승 사당과의 거리가 너무도 가깝습니다. 그 밖의 동네 사람들의 집이 모두 백 보 이내에 있으며 저희 선영과의 거리는 먼 것이 6, 70보요, 가까운 것은 4, 50보니 모양이 마치 산등성이 위에 구슬을 꿴 듯합니다. 마치 친족의 묏자리처럼 보이니, 이러나저러나 모두 사대부가 할 일이 아닙니다. 최주화가 또한 집

---

11) 수교(受敎) : 임금이 내리는 교명(敎命). 법령과 같은 효력을 가졌다.

터 근처 땅을 사들여 매장할 수 있는 땅으로 만들었다고 하더라도, 집은 스스로 집이고 산이 스스로 산이며, 집주인이 그 집에 거하고 산주인이 그 산에 장사 지내는 것이 당연한 이치입니다. 뿐만 아니라 김산의 집터에서부터 투장한 곳까지의 거리가 거의 90보에 달하며, 김산의 집터 위에 저의 집이 있고, 그 위에 임처인의 사당이 있고, 그 위에 최주화가 투장했고, 그 위에 저의 선영이 있습니다. 90보 아래인 곳에 인가가 여러 호(戶) 되는데, 그 위력을 믿고 겁탈한 후 90보 위에 있는 남의 묘를 가리켜 우리 집 뒷산이라 하고, 강함을 믿고 약한 이를 능멸하며 손님이 주인 노릇을 합니다. 그 어미를 다른 이의 산소에 섞어 매장해 다른 가문끼리 한 언덕에 거하게 되었으니, 이 어찌 사람 도리로 참을 수 있겠습니까?

관가의 명령이 없다고 먼저 입장(入葬)하고, 때를 틈타 간교한 꾀로 집을 허물고 사람을 내보낸 것은, 송관(訟官)[12]의 도리로서 마땅히 벌로 다스리고 묘를 다시 파냈어야 하거늘, 송관이 사사로이 법을 다룸이 이같이 극심합니다. 이 어찌 밝은 날에 당연한 바이며, 가난한 집에서 천

---

12) 송관(訟官) : 송사를 맡아 다스리는 벼슬아치.

지에 사무치는 아픔을 장차 어디에 호소하겠습니까? 2백 년 임씨의 선영이 하루아침에 최가의 장지가 되었으며, 2백 년 임씨의 종가 터가 하루아침에 최가의 차지가 되었습니다. 이를 보고 들음에 조금이라도 혈기 있는 자라면 분하지 않을 수 없을 텐데, 하물며 저의 원통함은 어떻겠습니까? 저 언덕의 적막함을 바라보며 저의 서글픈 신세를 돌아보니, 창자가 꺾이고 간이 찢어지매, 그대로 곧장 죽어 버리고 싶습니다.

세도(世道)13)는 예전과 다르며 인심 또한 곱지 않으니, 도리에 어긋나게 힘센 자가 그 위세를 믿고 법을 어겨 큰 것으로 작은 것을 삼켜 버립니다. 바로 이것이 현재 고치기 어려운 폐단이거니와, 세상에 어찌 그렇게 무리하고 터무니없으며 거리낌 없음이 매우 심해 비할 바가 있겠습니까? 제 하소연한 바가 미덥지 못하다면, 소위 임자동이라는 명칭이 한성부(漢城府)14) 호적에 아직 있으니, 옳고 그름을 알 수 있습니다. 천위(天威)15)를 지척에 두고 어찌

---

13) 세도(世道) : 세상을 올바르게 다스리는 도리. 또는 세상을 살아가는 데에 지켜야 할 도의.

14) 한성부(漢城府) : 한양의 행정·사법을 맡아 보던 관아.

15) 천위(天威) : 제왕의 위엄.

속일 수 있겠습니까?

지금 밝으신 임금님 아래 그 사정을 살피시고 형세를 알아보아, 본도(本道)의 본관에게 맡기지 마시고 해당 관청에 특별히 명하사, 고금의 문서를 검토해 피차의 잘잘못을 명백히 밝히고 묘를 다시 파내고 그 죄를 엄히 다스리셔서, 이로써 국법을 드러내시고 공도(公道)를 분명하게 해 주십시오. 지방의 힘없고 가난한 백성에게 유명(幽明)간의 원통함을 풀고, 신명과 인간의 울분을 흔쾌히 풀어 주실 것을 바라옵니다.

이런 뜻으로 선계(善啓)16)하시기를 바라옵니다.

---

16) 선계(善啓) : 임금에게 서면으로 아뢰는 일을 높여 이르는 말.

동군*을 보내는 글(餞東君序)

* 봄의 신 청제(靑帝).

옛날, 무극옹(無極翁)[1]이 상제(上帝)께 말했다.

"하늘에는 사시(四時)가 있는데 그중 으뜸이 봄입니다. 땅에는 사방이 있는데 그중 제일은 진(震)[2]입니다. 진방(震方)은 만물이 생명을 이루는 땅이니, 왕을 두지 않으면 이를 교화할 수 없습니다. 청컨대 동군을 세우소서."

상제가 이를 옳게 여기셨다. 1월 1일에 동군(東君)이 비로소 즉위하시니, 목덕(木德)으로 왕이 되시고 무위(無爲)로 교화하시며, 국호를 '신(新)'이라 하고 스스로 춘신군(春信君)[3]의 후예라 칭하셨다. 동군께서 즉위하신 후 두세 달 동안 바람이 불고 비가 내리니, 무릇 해가 비치고 달이 임하는 때에 형체와 기운 있는 것들은 동군의 은혜를 입지 않은 것이 없다. 동쪽을 적시고 서쪽을 입혀 만방에 이르니, 동군께서 오시매 어찌 소생하지 않는 것이 있으리오?

---

[1] 무극옹(無極翁) : 무극을 의인화한 표현. 무극은 우주의 근원인 태극이 운동하기 이전의 상태를 이른다.

[2] 진(震) : 팔방, 즉 건(乾)·감(坎)·간(艮)·진(震)·손(巽)·이(離)·곤(坤)·태(兌)의 여덟 방향 중 하나로, 정동(正東)을 중심으로 한 45도 각도 안의 방향.

[3] 춘신군(春信君) : '봄 소식'을 뜻함. 전국 시대 초나라에 순자(荀子)를 비롯해 식객 3천 명을 거느리던 춘신군(春申君)이 있었다.

동군께서는 위의가 있으시고 또한 화려함을 좋아하셔서, 천하를 밝게 하시고 산천을 수 놓으셨다. 3단으로 된 화단에는 백의낭군(白衣郞君)4)이 향기로운 바람에 춤을 추고, 천 리 뻗은 수양버들5)에는 금의공자(錦衣公子)6)가 태평성세를 노래하니, 하늘과 땅 사이에 변화한 경치가 찬란해 볼 만한 것이 이때만큼 성한 때가 없었다.

　아! 하늘이 비록 위대하나 동군이 아니면 교화를 행할 수 없고, 사물이 비록 많으나 동군이 아니면 생성할 수 없다. 이렇게 보자면 벌레와 초목 등 무릇 구주사해(九州四海)의 모든 사물을 생겨나게 하는 공적은 천지가 아니라 동군의 것이다. 무릇 임금이 백성에게 덕을 베풀고 아래를 화합시키니, 마음이 화합하면 기(氣)가 화합하고, 기가 화합하면 형체가 화합하고, 형체가 화합하면 소리가 화합하고, 소리가 화합하면 천지간이 화응한다. 고로 백성을 편안히 다스림이 왕도의 시작이요, 만물을 길러 냄이 천도(天道)의 완성이다. 이로써 하늘과 사람 사이를 헤아리니,

---

4) 백의낭군(白衣郞君) : 흰 나비를 의인화한 표현.

5) 수양버들 : 원문의 '유막(柳幕)'은 휘늘어진 수양버들 가지를 비유적으로 이르는 말이다.

6) 금의공자(錦衣公子) : 꾀꼬리를 의인화한 표현.

이제야 동군의 덕이 지극하심을 알겠다.

아! 상제에게 빛이 있으니 그 빛이 넓고 커서 백성들은 능히 이를 표현할 수 없다. 그러나 사계절에 고르게 나누어 한 기운이 겸하기 어려우니, 천운이 순환하고, 세공(歲功)7)은 이미 이루어졌다. 고로 임금의 자리를 물려주고 늙어서는 정치에 관여하지 않았다. 나이 아흔에 청제(青帝)8)는 나라를 적제(赤帝)9)에게 전하고, 적제는 나라를 백제(白帝)10)에게 전하고, 백제는 나라를 흑제(黑帝)11)에게 전하니, 요(堯)가 순(舜)에게, 순은 우(禹)에게, 우는 탕(湯)에게, 탕은 문왕·무왕에게 나라를 전한 것과 무엇이 다르겠는가?

재위 중 3개월 동안 연호를 바꾸어 맹춘(孟春)·중춘(仲春)·계춘(季春)이라 했다.12) 90세에 돌아가시니, 스

---

7) 세공(歲功) : 해마다 철을 따라 짓는 농사. 또는 그것으로 얻는 수확.
8) 청제(青帝) : 봄을 맡고 있는 동쪽의 신. 동군(東君).
9) 적제(赤帝) : 여름을 맡고 있는 남쪽의 신. 적제장군(赤帝將軍).
10) 백제(白帝) : 가을을 맡고 있는 서쪽의 신.
11) 흑제(黑帝) : 겨울을 맡고 있는 북쪽의 신.
12) 여기까지 임제(林悌)가 〈동군을 보내는 글(餞東君序)〉의 내용과 동일하다. 이후의 구절은 이 글을 옮겨 쓴 이가 추가한 것이다.

스로 동군(東君)이라 하셨다. 봄을 아까워하던 궁녀가 눈물을 흘려 그릇에 가득 찼으니, 기이하다 할 만하다. 어찌 볼 만한 광경이 아니겠는가!

이순필·순정 형제의 송사를 해결함*
(解李順弼順貞兄弟之訟)

---

* 정철(鄭澈)의 문집 《송강집(松江集)》 잡저(雜著) 〈강원감사시 의송제사(江原監司時議送題辭)〉에 같은 내용의 글이 있다.

너희들이 문지기 하인과 입추(立錐)1)의 땅을 두고 다투는 사연인즉, 형제의 아름다운 의리가 원척(元隻)2)의 악명을 일컫게 되었고, 관사(官司)에서 여러 사람이 지켜보는 가운데 소매를 걷어 올리고 성난 눈으로, 마치 주먹다짐이라도 할 지경에 이르렀다. 아! 밝은 시대에 어찌 이런 일이 있는가? 너희가 비록 두 사람이지만 한 어머니에게서 났으니, 비유컨대 한 뿌리에서 난 두 가지이며, 한 몸의 사지와 같다. 어릴 적에 너희 두 사람은 함께 어머니의 젖을 먹었고, 함께 어머니의 무릎에 앉았다. 어머니께서 왼손으로는 형의 이마를 쓰다듬으시며 오른손으로는 동생의 머리를 쓰다듬으며, "너희 두 사람이 함께 자라났으니, 마땅히 화목해 능히 나를 봉양하고 나를 제사 지내라. 살고 죽음에 나의 뜻을 어기지 말라"고 하셨는데, 지금 너희들은 늙은 나이에 다투어 소송을 일으키고 원수와 같이 되었다. 만약 너희 어머니가 이를 안다면, 어머니의 혼이 슬픔을 이기지 못할 것이며 혹은 울음을 참지 못할 것이다. 혹 날이 흐리고 비가 내리는 밤에 쓸쓸히 의지하고 돌

---

1) 입추(立錐) : 송곳을 세움. 또는 송곳을 세울 만큼 비좁음을 가리킴.
2) 원척(元隻) : 원고와 피고를 아울러 이르는 말. 조선 내 소송을 제기한 사람을 원고(元告)라 하고 소송을 받은 사람을 척등(隻等)이라 했다.

아갈 곳이 없을 것이며 너희들이 비록 제사를 지내 어머니를 맞이한다고 하더라도 필시 머리를 흔들며 멀리 떠나 끝없이 광막한 곳에서 굶주림을 호소할 것이니, 너희들이 차마 이럴 수 있는가?

형의 나이 여든이고 동생은 일흔여섯이니, 가령 동생이 형에게 승소해 노비와 전답을 얻는다 한들, 일흔의 나이에 남은 날이 많지 않은데, 어느 세월에 밭에서 난 곡식을 먹고 하인을 부리겠느냐? 하물며 여든인 형이 이 일로 상처받고 하루아침에 죽는다면 너는 비록 형을 죽이지 않았으나 너로 말미암아 형이 죽는 것이다. 너 혼자 세상을 살며 밭에서 난 곡식을 먹고 노비를 부리면 마음이 편하겠느냐? 이것을 편히 여겨 즉시 물러나지 않는다면 태수가 문을 닫을 뿐만 아니요, 하늘의 재앙이 없다면 사람의 형벌이 있을 것이다. 너희들이 하늘의 재앙과 사람의 형벌을 감수하면서까지 서로 다투어야 하겠느냐?

옛날에 보명(普明) 형제3)들이 밭을 두고 다투다가, 태

---

3) 보명(普明) 형제 : 《소학(小學)》 〈외편(外篇)·선행(善行)〉에 나오는 인물. 소경(蘇瓊)이 남청하(南淸河)의 태수로 임명되어 갔는데, 을보명(乙普明) 형제가 땅 문제로 소송해 여러 해가 되도록 해결을 보지 못했다. 소경이 보명 형제를 불러서 타이르기를, "세상에서 얻기 어려운 것이 형제이고 구하기 쉬운 것은 땅인데, 땅을 얻는다 한들 형제의 정

수 소경(蘇瓊)이 거듭 타일러서 형제가 뉘우쳐 머리를 숙이고 물러났으니, 지금까지 미담으로 여긴다. 보명은 백성으로서 또한 별다른 지식이 없었으나 태수로 인해 감화된 것이다. 너희들 또한 하늘의 백성이요, 천리(天理)의 일단이다. 태수가 지성으로 타이르는 것을 끝내 듣지 않으면 관아에 전하는 바에 따라 형제의 상소는 옳고 그름을 따지지 않고 먼저 그 죄를 다스리는 법이니, 너희들이 뉘우치지 않는다면 징일여백(懲一礪百)[4]하는 것 또한 좋지 않겠느냐? 집으로 물러가 한밤중에 일어나 앉아 효와 우애에 대해 깊이 생각해 보아라. 형제는 천리에 근원을 두어 하루도 그칠 수 없다. 여전히 뉘우치지 않는다면 필시 화를 입게 될 것이다. 신중히 살펴라.

의를 잃으면 어떡하느냐?"며 눈물을 흘리자 보명 형제가 뉘우치고 돌아가 함께 살았다.
4) 징일여백(懲一礪百) : 한 사람을 징계해 여러 사람의 본보기로 삼음.

경문의 부친 경기의 전사에 대한 상언*
(慶文父豈戰亡上言)

* 백성이 임금에게 올리는 글.

삼가 제 사정을 아룁니다.

옛날에 한 병사의 고름을 빨아 삼군(三軍)의 마음을 움직이고,[1] 한 사내를 표창해 한 시대에 선비의 기풍을 분발시켰듯, 지금 우리나라가 충효를 우대하고 절의를 높이 보답해 정려문을 세우고 그 자손을 임용하는 것은 진실로 조종조(祖宗朝)[2]의 훌륭한 법이며 아름다운 뜻입니다. 그것은 인심을 감동해 분발시키며 선비의 기풍을 일으키는 데 더할 나위 없이 충분합니다.

저의 증조부 경기(慶豈)는 하늘이 낸 충효로 본래부터 절의를 지녔고 용력이 매우 뛰어나며 기백은 범상치 않고 죽음을 기러기 털같이 가볍게 여겼습니다. 대의(大義)가 정해져 붓을 던지던 날, 말가죽에 싸여 돌아오겠다는[3] 굳

---

[1] 한 병사의… 움직이고 : 전국 시대, 오기(吳起)가 장군일 때 군사들과 의식(衣食)을 같이하고 노고를 함께했다. 한 군사가 종기가 나자 오기가 빨아 주었는데, 그 군사의 모친이 이 일을 듣고는 통곡했다. 주위 사람이 "장군이 친히 종기를 빨아 주었다는데 왜 우는가?"라고 묻자 그 모친이 "예전에 오 공(吳公)이 그 부친의 종기를 빨아 주자 부친은 전쟁에 앞서 싸우다가 전사했지요. 이제 오 공이 아들의 종기를 빨았다고 하니 또 죽을까 우는 것이라오"라고 했다. 《사기(史記)》〈오기열전(吳起列傳)〉에 보인다.

[2] 조종조(祖宗朝) : 임금의 시조와 중흥한 조상.

[3] 말가죽에 싸여 돌아오겠다는 : 전쟁터에 나가 싸우다 죽는다는 뜻.

센 뜻을 처음 활을 잡을 때 스스로 결정했습니다. 일꾼에게 부탁해 망건에 이름을 새겼고 집안사람에게 명해 웃옷과 바지의 안팎에도 이름을 쓰게 했습니다. 보는 사람들이 그 뜻을 알지 못하니, 항상 다음과 같이 말했습니다.

"대장부가 무(武)에 투신했으면 마땅히 적을 죽이리라 기약해야 한다. 내가 이 망건을 쓰고 옷을 입는 것은 훗날 전쟁터에서 자손들이 시신을 찾을 때 표식으로 준비한 것이다."

이를 듣는 사람들 가운데 두려워하지 않는 이가 없었습니다. 백발백중이요, 굳센 힘은 대적할 자가 없었으니 더욱 먼 곳까지 미쳤습니다.

임진란에는 칼을 차고 신할(申硈)[4]의 군대에 들어갔습니다. 이때 신할의 군대는 임진현(臨津縣) 북쪽에서…[5]

후한(後漢) 광무제 때 복파장군(伏波將軍) 마원(馬援)이 "사나이는 변방에서 죽어 말가죽에 시체를 싸서 돌아와 장사 지내는 것이 마땅하다. 어찌 침상 위에 누워 아녀자의 손에 맡길 수 있겠는가"라고 말했다. 《후한서》〈마원전(馬援傳)〉에 보인다.

4) 신할(申硈, 1548~1592) : 조선 중기의 무신(武臣)으로 충장공(忠莊公) 신립(申砬)의 동생. 임진왜란 때 함경도병사가 되어 선조의 몽진을 호위한 공으로 경기수어사 겸 남병사에 임명되었다. 이후 도원수 김명원(金命元)과 임진강에서 9일 동안 왜적과 대치하다가 심야에 적진을 기습했으나 복병의 공격을 받아 그 자리에서 순절했다.

… 군대 전체가 모두 기백을 잃었으니 어찌하겠습니까? 신의 증조부는 분연히 몸을 돌아보지 않고, 홀로 나루에 나가 부서진 배에 의지해 편전(片箭)[6]을 쏘니, 활시위에 따라 적병들이 거꾸러지지 않음이 없었습니다. 목숨을 구한 자들은 부상자들을 부축해 황급히 멀리 도망가고, 마침내 선역(船役)[7]을 폐지해 감히 다가오지 못했습니다. 우리 군대는 이에 기대어 거의 적을 물리칠 기세였습니다. 어느 날 날아오는 탄환에 맞게 되자 주장(主將)이 매우 놀라 쇠고기와 술을 보내고 즉시 명령해 집으로 돌아가 조치하도록 했는데, 겨우 며칠 만에 임진현의 군대가 무너졌습니다.

 신의 증조부는 병으로 누워 있다가 이 소식을 듣고 실성통곡하며 상처를 싸매고 일어나 즉시 강화에 있는 창의사(倡義使)[8]에게 갔습니다. 창의사는 평소 증조부의 충효

---

5) 원본에서 줄이 바뀌고 공백이 있다. 누락 된 내용이 있는 듯하다.

6) 편전(片箭) : 총통에 넣어서 쏘는 화살.

7) 선역(船役) : 뱃일. 일본이 조선인을 뱃사공으로 부린 것을 일컫는 듯하다.

8) 창의사(倡義使) : 나라에 큰 난리가 일어나 의병을 일으킨 사람에게 주던 임시 벼슬.

에 대해 듣고 그 지조와 절개를 매우 좋아해, 드디어 돌격장으로 삼았습니다. 병사 수백 명을 거느리고 물길을 따라 김포에 이르러 시암(柿岩)9) 아래로 점차 내려가면서, 가는 곳마다 적을 모두 무찔렀습니다. 흩어진 적들을 사로잡고 베어 죽인 것이 매우 많았는데, 갑자기 대군을 만나 사면이 포위되어 공격받았습니다. 종일 힘써 싸웠으나 화살이 떨어지고 길이 막혀 맨주먹으로 칼날에 맞서 싸우다 전사했습니다. 이때가 임진년(1592) 9월 16일이었습니다.

신의 조부 경문(慶門)이 찾아가 보니, 전장이 모두 불타고 골육이 불타 문드러져 구별할 수 없었습니다. 사람의 자식 된 정리에 너무도 슬프고 참담함을 차마 말로 할 수 있겠습니까? 통곡 소리가 동서에 이르고 부르짖음이 천지를 끊는 가운데 한 짚방석이 불에 타지 않고 남았는데, 그 안에 시신이 있었습니다. 옷과 망건을 살펴보니 새긴 이름이 과연 모두 온전히 있었습니다. 짊어지고 돌아와 집 정원에 묻고서 피곤해 그 옆에 누웠는데 선잠이 깨기 전 홀연 공중에서 급히 경문을 부르며, '적이 왔다!'고 한 것이 세 번이었습니다. 놀라 일어나 올라가 바라보니

---
9) 시암(柿岩) : 현 경기도 김포군 하성면 시암리.

적군 한 무리가 몇 리에 쫙 깔려 있기에 포구 언덕으로 달아나 숨어 해를 면할 수 있었습니다. 이는 마을 전체와 소인묵객(騷人墨客)들이 드러내 놓고 하는 말이지 자손이 사사로이 말하는 것이 아닙니다. 지척에 천위(天威)10)를 두고 어찌 거짓을 아뢰겠습니까?

글자를 새기고 붓을 던지던 해에 이미 절개를 지켜 의롭게 죽고자 기약했고, 검을 쥐고 난리에 나아간 날에 자신을 잊고 나라를 위해 목숨을 바친 뜻을 볼 수 있었으니, 죽는 것을 집으로 돌아가는 것과 같이 여겼습니다. 당당한 큰 절개는 결코 평범한 전사자에 비할 바 아닙니다. 한 짚방석이 불에 타지 않고 시신을 온전히 한 것이 어찌 하늘의 뜻 아니겠습니까? 비록 세월이 멀고 사람이 미천하나 사적이 겉으로 드러나고 인구에 회자되어 일찍이 선대 조정에서 특별히 제수(祭需)를 내리셨으니 살아서나 죽어서나 임금의 은덕을 입음이 그지없습니다. 신이 비록 궁벽한 곳에 칩거해 벼슬길은 막혔지만 살아서는 목숨을 바치고 죽어서는 결초보은할 마음이 여전히 마음속에 밝게 빛나 끝내 사라지지 않을 것이옵니다.

---

10) 천위(大威) : 제왕의 위엄. 임금.

엎드려 생각건대, 선조가 남긴 업적을 실추시키는 것은 큰 죄요, 선대를 드날리는 것은 효의 뜻입니다. 이에 감히 만 번 죽을 것을 피하지 않고 이렇게 한마디 아뢰옵니다.

　엎드려 바라건대, 밝으신 임금께서는 해당 관청에 특별히 명하셔서 충효를 기려 풍속을 격려하고 정려문을 세워 조세를 면해 주는 등의 일을 조목대로 거행해 지하의 외로운 충신을 위하시기를 바라옵니다.

　이런 뜻으로 선계(善啓)[11]하시기를 바라옵니다.

---

11) 선계(善啓) : 임금에게 서면으로 아뢰는 일을 높어 이르는 말

이화실전(李花實傳)
-이름은 화실(花實), 자(字)는 영옥(瑩玉)

명나라 가정(嘉靖)[1] 원년 교남부(喬南府)에 이경원(李景遠)이라는 사람이 있었는데, 남주(南州)에서 대대로 이름난 가문의 후손으로 서울에서 각로(閣老)[2] 벼슬을 지냈다. 사직하고 고향에 돌아갔는데 집에 재물은 가득하나 자식이 없어 매번 부인 장씨와 더불어 탄식했다.

"불효에 세 가지가 있는데 그중에서도 자손 없는 것이 막대하오. 내 재산이 적으나 수만금보다 적지 않으니, 이를 모두 흩어 일점혈육이라도 얻을 수 있다면 조상 앞에 죄인이 되기보다는 차라리 굶어 죽어도 후회하지 않을 것이오."

장씨가 위로하며 말했다.

"한결같은 소원이 비록 절실하더라도 재산으로 아이를 생기게 할 수는 없으니 한탄한들 어찌합니까?"

부부가 마주해 슬픔을 가누지 못하는데 문득 시종이 와서 알렸다.

"문밖에 어떤 노승이 대감님 뵙기를 청하고 있습니다."

각로가 생각했다.

---

[1] 가정(嘉靖) : 명나라 세종의 연호. 1522~1566년.
[2] 각로(閣老) : 명나라 때에 재상을 이르던 말.

'내 비록 초야에 묻혀 있으나 이름이 사해 안에 널리 알려졌거늘 평범한 중이라면 어찌 감히 보기를 청할 일이 있겠는가?'

곧 중당(中堂)3)으로 나가서 들어오는 것을 허락하고 행동거지를 보니 활달 대범한 태도가 평범한 승려 무리와는 달랐다. 몸에는 칠보(七寶)4) 가사를 걸치고 목에 백팔염주를 걸고 손에는 백우선(白羽扇)을 들고 있었다. 각로 앞에 이르러 예를 갖추어 절하며 말했다.

"소승은 청강사(靑崗寺) 보살들의 재(齋)5)를 올리려는 화주승인데, 들어온 쌀·비단·종이와 초로는 태반이 부족해 일을 행하기 어려운 형편입니다. 대감의 인덕이 산야에 두루 미치고 남주에서 가장 부유하다는 말을 듣고 혹시 재에 쓸 비용을 보시하실까 해 감히 뵙기를 청했습니다."

각로는 속으로 보시할 마음을 품고 있던 터라 길게 탄

---

3) 중당(中堂) : 마루.

4) 칠보(七寶) : 불교에서 말하는 일곱 가지 보배.

5) 재(齋) : 재의 본뜻은 신업(身業)·구업(口業)·의업(意業)을 정제(整齊)해 악업을 짓지 않음을 말하는데, 후대에 뜻이 달라져 승려의 식사, 승려에게 식사를 공양하는 의식, 또는 그러한 의식을 중심으로 한 법회나 상사(喪事)에 관련된 의식법회를 뜻하게 되었다.

식하며 말했다.

"부족한 것이 얼마나 되며, 재 지내는 날은 언제요?"

노승이 대답했다.

"물건의 많고 적음은 처분해 주시기에 따라 달렸습니다. 상재(上齋)는 중춘(仲春)6) 보름이고 중재는 맹하(孟夏)7) 스무날, 하재는 중추(仲秋)8) 열흘입니다."

각로가 크게 한숨 쉬며 말했다.

"어지간한 집안 재물을 혹자는 부유하다 하는데 족보 하나 전해 줄 곳이 없어서 한이로소이다."

"대감의 족보가 전해지지 않는다니 무슨 말씀입니까?"

각로가 한을 머금고 답했다.

"나는 후손이 아직 없소. 돌아가서 선조의 혼령을 무슨 면목으로 대할지 한스러울 뿐이오."

"사람이 자식을 두는 것은 꽃이 열매를 맺는 것과 같습니다. 꽃이 지면 열매를 맺기 쉽지만 노인이 자식을 얻기는 어렵지요. 지나치게 상심하신들 무슨 소용 있겠습니까?"

---

6) 중춘(仲春) : 음력 2월을 이르는 말.

7) 맹하(孟夏) : 음력 4월을 이르는 말.

8) 중추(仲秋) : 음력 8월을 이르는 말.

그리고 돌아가겠다고 했다. 각로는 시종을 시켜 손님을 대접할 것을 준비하게 했다. 안채에서 다담상을 성대히 차려 속히 바깥채로 보냈다. 노승이 젓가락을 대려고 하다가 내려놓았다. 각로가 말했다.

"왜 젓가락을 대지 않소?"

"음식이 과분합니다. 빈승은 먹지 않겠습니다."

각로가 안채로 돌려보냈다. 시비가 다담상을 도로 내와서 부인께 아뢰었다.

"노승이 처음엔 젓가락을 대려고 하다 도로 내려놓았습니다. 무슨 이유인지 알 수 없습니다."

부인이 이상히 여겨 자세히 살펴보니 입에 맞지 않는 것이 없었는데, 문득 한 그릇에 고기반찬이 섞여 있는 것을 발견했다. 크게 깨닫고 뉘우치며 말했다.

"스님께서 드시지 않은 것은 과연 이러한 연유로구나."

마음에 안타깝게 여겼다.

이때 각로는 붓을 들어 보시 장부에 기록했다. 황지(黃紙)에는 '상재(上齋) 전 2월 10일 백미 3천 석, 자색 비단 3천 필, 장지(壯紙)9) 3천 속(束),10) 황초[黃燭] 3천 쌍'이라

---

9) 장지(壯紙) : 두껍고 질기며 품질이 매우 좋은 종이.

적고, 홍지(紅紙)에는 '중재(中齋) 전 4월 15일 백미 2천 석, 자색 비단 2천 필, 장지 2천 속, 황초 2천 쌍'이라 적고, 청지(靑紙)에는 '하재(下齋) 전 8월 5일 백미 1천 석, 자색 비단 1천 필, 장지 1천 속, 황초 1천 쌍'이라 적었다. 노승은 마음속으로 생각했다.

'이처럼 많은 보시는 일찍이 본 적이 없다. 다만 자식 하나 얻고자 하는 마음뿐이로구나.'

이에 대답했다.

"보시가 많습니다."

예로 묻고 답한 후 가겠다고 했다.

각로가 말했다.

"우리 부부가 몸을 정결히 하고 약속한 날에 물건을 싣고 갈 계획이오. 발원할 때를 기다려 부처님 전에 자식을 주십사 기도드릴 것이오."

노승이 대답했다.

"재물로써 자식을 얻을 수 있다면 어찌 자식 없는 사람이 있겠습니까?"

문득 인사하고 가더니 이내 간 곳이 없었다. 각로는 놀

---

10) 속(束) : 뭇. 묶음을 세는 단위.

라고 의아해서 안채에 들어가 노승과의 문답과 보시할 물건의 수를 하나하나 자세히 부인에게 전했다. 부인 역시 기이하게 여겨 그 이후로 집을 깨끗이 하고 지성으로 물건을 준비했다.

상재(上齋) 전 약속한 날에 청강사에 싣고 가자 승려들이 매우 놀라며 인사하고 말했다.

"상공(相公) 부부께서 행차하신 것도 의외인데 하물며 각종 물건을 싣고 오셨으니, 불공을 드리려 함입니까?"

각로가 말했다.

"이 절의 재를 마련하는 화주승이 일전에 와서 보시를 청했기에 약속한 기한이 되어 물건을 싣고 온 것이오."

승려들이 눈을 휘둥그레 뜨고 놀라 말했다.

"소승의 절은 본래 지극히 가난해 재를 올리지 못한 지가 지금 백여 년 됩니다. 재 올릴 일이 무엇 있겠으며 구걸하는 승려가 어찌 있겠습니까? 이는 필시 승려들 가운데 재물을 몰래 가지려고 계획한 자가 재를 빙자해 꾸며댄 것입니다."

승려들이 사실을 조사하느라 분분하자 각로는 도리어 머뭇거리다가 깨닫고 부인에게 은밀히 말했다.

"지난번에 노승이 보시를 받고서 계단을 내려서자마자 사라져서 나와 부인이 놀라 마지않았는데, 지금에 와서 생각하니 생불(生佛)이 이 가난한 절에서 재를 올리게 하고자 그 신이함을 보인 것이구려! 그렇지 않다면 어찌 즉시 신고 가려고 하지 않았겠소?"

부인이 말했다.

"진실로 그 말씀과 같으니 약속한 날을 따라 재를 올리고 돌아가는 것이 마땅합니다."

각로는 그 말대로 하고자 승려들을 불러 모아 물었다.

"모일은 상재고, 모일은 중재, 모일은 하재이지 않소?"

승려들은 모두 알지 못했다. 그 가운데 글자를 아는 승려가 살며시 자기 방으로 가서 택일하는 책을 자세히 보니, 여러 보살과 각 세존의 재일(齋日)이 과연 각로의 말과 같았다. 즉시 돌아와 각로에게 물었다.

"재일을 어떻게 상세히 아십니까?"

"그때 생불의 말을 황지·홍지·청지에 적었기 때문에 아오."

절 안의 승려들이 매우 기이하게 여겼다.

각로와 부인은 부처 앞에 절하고 재 올리는 마음으로 무수히 축원하고 공물을 모두 바쳤다. 재 올리는 날, 승려들에게 지성으로 축원하게 하니 세 번의 재가 한결같았다. 각로는 부인과 함께 부처님 앞에서 사례하고 물러나 곧 집으로 돌아갔다.

이날 밤 삼경(三更)11)에 부인 장씨(張氏)는 여행의 피로가 자못 심해 잠시 베개에 기댔다. 홀연 한 줄기 향기로운 바람이 어지럽게 온 뜰에 불어와 꽃들이 분분히 흩날려 떨어지니, 부인이 그 붉고 탐스러움이 애석해 안타까움을 이기지 못하다가 이내 깨어 보니 남가일몽(南柯一夢)이었다. 그 조짐이 불길해 각로에게 말하자 각로가 말했다.

"아름답도다, 꿈이여! 열매가 맺혀 꽃이 떨어지는 것은 당연한 이치요. 열매가 있는데 꽃이 없는 때가 있겠소?"

부인 또한 그렇게 여겼다. 종일 다정히 이야기하며 말년에 합궁하니 춘몽 같았다. 그때부터 태기가 있어 점점 더해졌다. 다음 8월 5일에 옥동자를 얻으니, 집에 기쁨이 가득했다. 각로는 부인과 더불어 그 즐거움에 겨워 말했다.

"이 아이가 태어난 날은 곧 청강사 재를 마친 날이오. 그때 화주승이 말하기를, '꽃이 지면 열매를 맺기 쉽다'고 했으니 지난번 꿈과 부합하오. 이로써 미루어 보면 과연 생불이구려."

이때 각로가 아이의 이름을 '화실(花實)', 자는 '영옥(瑩玉)'이라 지었다.

---

11) 삼경(三更) : 하룻밤을 오경으로 나눈 셋째 부분. 오후 11시~오전 1시.

화실이 성장하자 가을 물처럼 맑고 관옥(冠玉)처럼 아름다웠다. 글을 배운 후의 뛰어남이란 이백과 두보로도 논할 수 없었다. 세월이 지나 화실이 열세 살이 되었다. 하루는 각로가 길게 탄식하며 말했다.

"우리 두 사람 나이가 칠순을 지나 이 아이 하나를 늦게서야 얻었으니, 꼭 우리 아이와 같은 훌륭한 이를 얻어야 짝을 지을 수 있을 것이오. 눈앞의 재미를 빨리 보고 싶은데 그러나 세상에 어찌 그런 사람이 있겠소? 내가 찾아다니며 구해 보려 하오."

부인의 마음 또한 그러해 고개를 끄덕일 뿐이었다. 이에 각로는 바로 양식을 싸 들고 집을 나서 천하를 두루 돌아다녔다. 서울과 시골을 모두 살피고 마을 거리를 샅샅이 뒤졌으나, 세상에 그 짝이 없어 여러 해 동안 널리 구했으나 뜻에 맞지 않았다. 탄식하며 집에 돌아와 홀로 바깥채에 누워 있는데 문득 한 손님이 찾아왔다. 각로가 맞이해 자리에 앉은 뒤 그 손님이 먼저 각로에게 물었다.

"저는 서원부(西原府)의 김 진사라고 합니다. 근래에 들으니, 대감께서 늦게서야 뛰어난 아들을 얻어 다년간 신붓감을 구했으나 얻지 못하고 돌아왔다고 하기에 한번 보고 싶어 찾아왔습니다."

각로가 대답했다.

"어찌 외아들이라고 그러겠습니까? 기특해서 그러는 것이지요. 그런데 그대는 어떤 뜻이 있어 보기를 원하십니까?"

"내 팔자가 기구해 늦게 아들 없이 딸 하나를 얻었는데 아름다운 자질과 독보적인 지혜가 제일입니다. 배필을 구하려고 집을 나온 지 3년 만에 돌아가는 길인데 마침 댁의 아드님에 대한 말을 들었습니다. 그래서 보고 싶습니다."

각로가 매우 기뻐하며 말했다.

"진실로 존형(尊兄)의 말과 같다면 나 역시 구하는 바요."

즉시 화실을 불러 뵙게 하자 진사가 매우 기뻐하며 말했다.

"과연 소문대로입니다."

"그대 딸과 놓고 보면 누가 더 낫소?"

"둘이면서 하나이고 왼쪽, 오른쪽 같습니다."

각로가 기뻐하며 말했다.

"혼인을 맺으면 어떠하겠소?"

"좋습니다."

"집안의 빈부는 물을 필요 없고, 감히 묻건대 선조는 누구시오?"

"저는 전대 왕조 병오년에 북경 사신으로 갔을 때 오링

캐 왕을 꾸짖은 죄로 유배지에서 죽은 김상경(金相卿)의 5세손이며, 갑자년 알성과(謁聖科)12)에서 장원으로 급제해 한림학사를 지낸 김세현(金世賢)의 아들입니다."

각로가 듣고는 말했다.

"우리 만남이 어찌 이리 늦었소? 남주에서 서원부까지의 거리가 몇 리나 되오?"

"4백 50리입니다."

말을 마치고 각로는 술과 안주로 환대하고서, 안채로 들어가 아이의 혼사 정한 일을 부인에게 자세히 전했다. 부인이 대답했다.

"어찌 혼사를 그리 급하게 정하셨습니까? 4백 리 밖의 일을 분별하기도 어렵고 먼 곳의 규수 얼굴을 보지도 못했는데."

각로가 말했다.

"내가 직접 상객(上客)13)으로 건장한 하인 여러 명을 거느리고 갈 것이오. 어진 며느리를 얻으려 하는데 멀고 가까움이 무슨 관계겠소. 부인은 염려 마시오, 염려 마시오."

---

12) 알성과(謁聖科) : 왕이 문묘에 가서 제례를 올릴 때 성균관 유생을 대상으로 성적 우수자를 선발하는 시험

13) 상객(上客) : 혼인 때 가족 중에 신부나 신랑을 데리고 가는 사람.

각로는 즉시 바깥채로 나와 진사와 함께 택일하고 함께 갈 것을 굳게 약속했다.

출발하는 날이 되어 먼저 신랑을 치장하고 말에 오르게 했는데 흡사 선풍도골 같았다. 뒤에 각로는 상객으로 준비하고 가마에 오르니 의젓함이 남극노인성(南極老人星)14) 같았다. 속히 서원부로 향했다.

장 부인은 신행(新行)을 준비해 보낸 후에 먼 길 보낸 걱정이 밤낮으로 점점 길어졌다. 꿈 또한 불길해 문에 기대어 바라보매15) 어느 때도 절실하지 않음이 없었다.

각설. 김 진사 집의 규수 봉옥(鳳玉)은 진실로 경국지색(傾國之色)이라 세상에 짝할 만한 이가 없었다. 다만 거

---

14) 남극노인성(南極老人星) : 2월 무렵 남쪽 지평선 가까이에 잠시 보이는 별. 고대 천문학에서는 사람의 수명을 맡아보는 별이라 해 이 별을 보면 오래 산다고 믿었다.

15) 문에… 바라보매 : 의려지망(倚閭之望). 어머니가 자식을 기다리는 마음. 전국 시대 제(齊)나라 민왕(湣王)이 연(燕)·진(秦)나라의 공격을 받아 위(衛)나라로 도망갔는데, 제나라 대부 왕손가(王孫賈)가 서둘러 뒤따랐으나 결국 민왕을 찾지 못하고 돌아왔다. 그의 어머니가 "네가 아침에 나갔다가 늦게 오면 나는 항상 문간에서 너를 기다리고 한밤중이 되도록 돌아오지 않으면 마을 어귀까지 나가 기다리는데, 너는 왕을 섬기는 몸으로 왕의 행방도 모르면서 집에 돌아올 수 있다는 말이냐?"고 꾸짖었다. 《전국책(戰國策)》〈제책(齊策)〉에 보인다.

느리는 여종 막례(莫禮)가 평민의 딸로서 봉옥의 미색에 가까웠다. 막례의 성품이 강직했고 항상 소저와 크고 작은 일에 대해 논했다. 하루는 소저가 막례에게 말했다.

"아버지께서 내 혼사로 집을 떠나신 지 3년인데, 여태 소식이 없으니 걱정이로구나."

그리고 미소 지으며 말했다.

"금슬의 뜻 또한 따라서 더욱 즐겁겠지?"

그러자 막례가 대답했다.

"소저께서는 명문 집안의 정숙한 몸으로 부친께서 멀리 떠남을 근심하는 것이 옳지, 금슬을 생각하는 마음은 절대로 불가합니다."

봉옥의 얼굴이 매우 붉게 물들었고 막례가 도리어 그 민망함을 위로했다. 종일토록 이야기하는 가운데 문득 하인이 와서 알렸다.

"진사 어른께서 좋은 신랑을 얻어 이미 출발하셨다고 합니다."

그리고 진사의 편지를 바쳤다. 부인 박씨가 황망히 열어 보니 그 글은 이러했다.

남주(南州) 이 각로(李閣老)의 아들 화실이 나라의 기남자(奇男子)이기에 더불어 혼인을 맺고자 하오. 이제 신행을 떠나 중도에 이르렀소. 모레 해 질 무렵이면 10리쯤에 있는 남현령(南峴嶺)에 당도하오. 화촉 등 성례에 필요한 온갖 것들을 속히 준비해 성대하게 빛내는 것이 좋겠소.

부인이 다 보고 나서 어찌할 바를 모르다가 눈 깜짝할 새에 빠진 것 없이 모두 갖추고 소저 그리고 막례와 함께 간절히 기다렸다.

각설. 각로가 진사에게 물었다.

"귀하의 댁은 어디에 있기에 태산준령과 긴 길, 짧은 길을 여러 날 밟아 왔는데도 끝내 머무는 곳이 없으니, 진실로 걱정됩니다."

진사가 대답했다.

"이제 해 질 무렵에 남현령에 이르면 응당 횃불을 밝힌 곳이 있을 것입니다. 조금도 걱정하지 마십시오."

그러면서 험한 여정이 얼마 남지 않았음에도 도리어 따져 묻는 것을 괴이히 여겼다. 종일 말을 달려 해 질 무렵 남현령에 이르니, 10리에 이어진 불빛이 영롱하고 십자로에 사람의 그림자가 어지러이 흩어져 있었다.

이생(李生)이 의관을 갈아입고 서서히 들어가니, 좌우로 구경하는 사람들이 숲처럼 늘어서 다투어 말했다.

"백 가지 꽃떨기 가운데 옥 같은 이로세."

그 예를 행하는 절차와 행동거지가 입으로는 형용할 수 없고 이루 다 기록할 수 없었다. 입을 가진 자들이 모두 말했다.

"김 진사가 3년 동안 구해 신선을 얻어 왔구먼."

이생이 예를 마친 후 각각 자기 자리로 돌아갔다. 밤이 깊자 이생은 소저와 더불어 기쁘게 잠자리에 들었다. 청산이 무겁지 아니하고 녹수(綠水)가 도리어 얕은 격이니, 그 즐거움을 어찌 말로 표현할 수 있겠는가? 진사와 부인이 매우 기뻐하며 즐거워했다.

이생이 3일을 지내고서 멀리 어머니가 자식을 기다리는 마음을 생각해 곧 떠나고자 했다. 진사 부부는 길채비를 소홀하지 않게 하고 가마를 준비해 마부 백여 명에게 배행하게 했다. 소저가 떠날 때, 부인이 손을 잡고 작별하며 말했다.

"부인에게는 칠거지악(七去之惡)이 있으니, 모든 일에 삼가 받들어 행해 후회를 남기지 말아야 한다. 시비 막례는 곧 너의 심복이니 함께 데리고 가는 것이 좋겠다."

막례를 돌아보고 말했다.

"너는 성품이 충직하니 소저를 곁에서 모시면서 어긋남이 없도록 해라. 혹 예를 어기는 일이 있을 때는 선한 길로 깨우쳐 이끌고 이로써 가문을 빛내기를 바란다."

막례가 대답했다.

"삼가 가르침을 받들겠습니다. 부인께서는 보중하십시오."

이에 주인과 손님들이 헤어졌다. 떠날 때 김 진사 집안의 어른인 김 생원이 상객이 되어 길을 나섰다.

여러 날이 걸려 겨우 반쯤 이르렀을 때, 허다한 사람들과 말들이 피로함을 이기지 못해 큰길가에서 잠시 쉬는데, 문득 좌우의 가마꾼들이 말했다.

"길을 나선 후부터 힘을 다해 가마를 메고 가느라 등에 식은땀이 멈추지 않았는데 오늘은 마치 빈 가마처럼 가볍군."

막례의 가마꾼도 같은 말을 하자 옆에 있던 사람도 말했다.

"어제는 무겁다가 오늘 가벼우니 매우 이상해."

왁자지껄하게 떠드는 소리를 신부의 상객이 듣고 꾸짖었다.

"너희들이 배행하는 데 나태한 것을 오늘에야 알겠다. 발행한 지 며칠 내라면 혈기가 왕성해 무거운 것을 알지 못하고, 여러 날이 지나면 손발이 익숙해져서 민첩하게 잘하게 되기 때문에 무게를 가늠하기 어려워져 그런 것이지."

가마꾼들이 모두 그 말을 그럴듯하게 여겼다. 수십 리를 배행했을 때 두 가마의 가마꾼이 또 아뢰었다.

"빈 가마 같으니, 매우 괴이한 일입니다."

상객이 크게 화를 내며 가마꾼들을 붙잡아 들여 매우 꾸짖었다.

"어찌 그런 이치가 있겠느냐? 너희들이 이치에 맞지 않는 말로 사람들을 의심하게 만드니 그 죄는 용서할 수 없다."

가마꾼들이 모두 나아가 온갖 말을 했다.

"신부가 탄 가마 문의 자물쇠를 열 열쇠가 신랑에게 있습니다. 열어 보시면 그 허실을 분별할 수 있을 것입니다."

여러 가지로 의아해하던 차에 막례의 가마꾼이 급히 아뢰었다.

"갑자기 의혹이 심해져서 가마 위를 열어 보니 입고 있던 장옷만 있고 몸은 간 곳이 없습니다. 장옷만 입고 있던 그대로입니다."

동행한 사람들이 매우 놀라 말에서 내렸고 각로가 즉시 이생에게 열어 보게 하니 텅 빈 채 사람이 없었다. 좌우 사람들이 서로 보면서 낙담하니, 이는 진실로 일대 변괴였다. 신부의 친족들은 경악해 두 가마의 가마꾼과 시비들을 붙잡아 늘이고 매우 치며 엄히 신문했다.

"이 대낮 큰길가에서 가마 안에 있던 두 사람이 어찌 간 곳이 없을 리가 있느냐? 필시 너희들이 저지른 짓일 테니 두 사람의 거처와 너희들의 흉악한 짓을 빨리 바른대로 고해라."

매를 맞아 죽은 사람이 얼마나 되는지 알 수 없었다. 하인들이 극구 아뢰었다.

"신부 부인께서 가마 안 깊이 있었으니, 소적(小的)16) 들에게 물을 것이 아닙니다. 또 막례는 부인이 탄 가마의 앞쪽 행렬에 있다가 역을 지날 때부터 가마에 탔으며 옷을 입고 온 것을 여러 사람이 함께 봤습니다. 길에서 대소변 본다고 잠깐 피한 일도 없었으니, 형벌로 죽는 수밖에 어찌 감히 변명하겠습니까?"

아뢴 일이 매우 맹랑해 다시 묻지는 않았으나 행차 중에 어찌할 바를 알지 못했다. 아! 짝 잃은 외로운 기러기는 오히려 슬픔을 견딜 수 있지만 왕을 잃은 외로운 신하는 또 무슨 말을 하겠는가? 이 변괴를 한편으로는 서원부에 전해 교남부에 편지를 쓰게 하고, 여러 갈림길을 원근의 산야까지 두루 찾아보았지만 끝내 목소리, 그림자도 없었

---

16) 소적(小的) : 자신을 낮추어 이르는 일인칭 대명사. 소인(小人).

다. 나아가기도 어렵고 물러나는 것도 걱정이니, 숫양이 울타리를 받다가 뿔이 걸려 오도 가도 못하게 된 것보다 심했다. 맑은 하늘 대낮에 길 가는 모습이 괴이하고 또 참혹했다.

이때 서원부의 김 진사 부부는 이 변괴를 듣고서, 말을 타고 내달려 와서는 기절했다. 여러 약으로 구호하니, 진사가 깨어나 연유를 자세히 물었다. 대답하는 사람 또한 묻는 사람과 같으니 어찌할 것인가? 진사가 이생에게 큰 소리로 말했다.

"일의 이치로 말하면, 잃어버린 두 사람은 이미 자네 집안사람이 되었으니 살고 죽는 것이나 나가고 들어가는 것 모두 자네에게 달렸네. 이제 자네는 아내를 잃었으니 장차 어디로 가겠는가? 이 뜻을 이곳 감영에 급히 알리고 끝까지 찾아보는 것 외에는 달리 방법이 없네."

감영으로 가서 사건의 연유를 자세히 진술하자 감영에서 이생을 잡아 가두고 장계(狀啓)[17]를 올렸다. 비답(批答)[18]에는 "사람이 간 곳을 어찌 모를 수 있단 말인가? 엄

---

17) 장계(狀啓) : 왕명을 받고 지방에 나가 있는 신하가 자기 관하의 중요한 일을 왕에게 보고하던 일.

18) 비답(批答) : 상소(上疏)에 대해 임금이 내리는 답.

히 신문해 끝까지 실상을 조사해 의심이 없도록 하라"고 했다.

이생은 모진 장형(杖刑)19)을 당해 옥 같은 얼굴에 눈물이 떨어지니, 참혹해 볼 수 없었다. 이때 각로 부부는 만년의 액운을 탄식하니 또 어찌하겠는가? 이생이 혹독한 형벌을 참지 못해 기한을 정해 바칠 뜻을 고하니, 감사가 그 내용으로 장계를 올렸다. 그 회하(回下)20)에는 "1년 기한을 준다"고 되어 있었다. 이생이 공초(供招)21)를 바치고서 풀려난 후 하인을 거느리고 말을 타고 즉시 출발해 본가에 돌아가니, 각로 부부가 이생의 등을 어루만지며 말했다.

"우리 팔자는 어찌 이같이도 기구한가? 슬픔을 금치 못하겠구나."

부인이 크게 한숨 쉬며 말했다.

"당초에 혼인을 약속할 때 먼 곳이라서 놀랐습니다만, 사람 일이 이같이 험할 줄 어찌 헤아렸겠습니까?"

각로가 말했다.

---

19) 장형(杖刑) : 죄인의 볼기를 큰 형장으로 치던 형벌. 매질.

20) 회하(回下) : 신하가 올린 안건에 대해 임금이 다시 살펴서 답변을 내리는 일.

21) 공초(供招) : 죄인의 진술 내용.

"혼인은 이제 후회해도 소용없으나 두 사람 잃어버린 일은 고금에 들어 보지 못한 변고로다. 왕명이 지엄한데 어느 곳에 가 찾으려나?"

이생은 비통함을 이기지 못하고 아뢰었다.

"백발의 부모님께 소자가 이별을 고하니 천륜이 훼손되고 사람의 도리가 아주 없어집니다만 임금의 명이 이와 같으니 일시라도 피하기 어렵습니다."

말을 마치고 눈물을 줄줄 흘리니 옷이 모두 젖었다. 이에 나아가 말했다.

"불초 소자가 일찍 부모님 곁을 떠나오니 천지간의 큰 죄인입니다."

마침내 절하고서 아뢰었다.

"부모님께서는 보중하시고 보중하십시오."

곧 뜰로 내려가 하인과 말을 데리고 집을 떠났다.

이때 김 진사는 집으로 돌아가 말했다.

"이화실이 비록 기한을 정했으나 두 사람 간 곳을 어찌 찾겠는가?"

이에 부인과 함께 실성통곡하니 온통 상(喪)을 당한 집 같았다. 진사가 말했다.

"두 사람이 동시에 사라졌으니 살아도 한곳에 있을 것이고 죽어도 한곳에 있겠지."

부인 또한 탄식하며 말했다.

"한곳이라 해도 어느 곳에 있는지 모르지요. 얼음으로 된 몸이 아니니 뜨거운 태양 빛에 녹을 수 없고, 또 인형이 아니니 어찌 대낮에 변할 수 있겠습니까? 가마 안에서 사라지고 공중에서 잃어버렸으니, 천상의 선녀가 세상에 내려왔다가 도로 날아간 게 아닙니까? 양대(陽臺)의 운우(雲雨)라서 아침에 모였다가 저녁에 흩어졌단 말입니까?[22] 괴이하기 그지없습니다."

각설. 이화실이 집을 떠난 후 향할 바를 알지 못해 말을 끄는 하인에게 말했다.

"동서남북 어느 곳으로 간단 말이냐? 말이 가는 곳을 따라 잠시 몸을 의탁하고자 하니 말에게 갈 곳을 맡기고 이끌지 마라."

하인이 명을 듣고 뒤를 따를 뿐이었다. 말은 곧장 서쪽 누대를 향해 여러 날을 갔다. 서쪽으로만 향하니, 하인과 주인이 매우 기이하게 여기며 여러 날 동안 뒤를 쫓았다.

---

22) 양대(陽臺)의… 말입니까 : 전국 시대 초나라 회왕(懷王)이 꿈에 무산선녀(巫山仙女)를 만나 양대(陽臺)에서 사랑을 나누었는데, 그 선녀기 떠날 때 "아침에는 구름이 되고 저녁에는 비가 되어 양대 밑에 있겠다"고 했다. 초나라 송옥(宋玉)의 〈고당부(高唐賦)〉에 보인나.

해 질 무렵 한 곳에 도착했는데 큰 바다가 앞에 있고 말이 나아가지 않았다. 날짜를 계산해 보니 스무날이고 걸은 거리는 3천 5백 리였다. 이생이 말에서 내려 물가로 가 목 놓아 크게 울었다.

"집은 3천 리 밖에 있고 몸은 큰 바닷가에 던져져 있으니 돌아갈 기약은 막연한데 사람 그림자는 비로 쓸어 낸 듯 없구나. 백발의 부모는 주름진 얼굴을 눈물로 덮을 것이며, 외로운 나는 피눈물이 솟는구나."

곧바로 물에 몸을 던지려 하니, 하인이 부둥켜안고 울기에 일단 멈추었다. 이같이 하기를 여러 번 반복했다. 이생이 부모에게 편지를 부치려고 짐 꾸러미를 뒤졌는데 종이와 붓이 없어 입고 있던 옷을 찢고 손가락을 깨물어 피를 냈다. 옷을 종이로 삼고 손가락을 붓으로 삼고 피를 먹으로 삼아 단숨에 써 내려가니 곧 한 장 편지가 되었다. 말의 귀에 묶고서 하인을 돌아보고 말했다.

"너는 오늘 일을 부모님께 돌아가 아뢰어라."

거듭 통곡하니, 말이 비록 미물이나 사람에게 감동한 듯 발을 구르며 눈물을 흘리고 뛰어오르며 길게 울었다. 이때 음산한 비가 내려 사방에 가득하고 해가 빛을 잃자 하인이 이생을 부축해 말리고서 말했다.

"이제 공자께서는 어디로 가시렵니까?"

"너는 이 말을 잘 몰아 속히 고향으로 돌아가 서신을 전하는 것이 좋겠다. 나도 조만간에 돌아갈 것이다."

하인이 그 기색을 보니, 자결하지 않으면 물에 몸을 던질 것 같아 울며 말했다.

"소적(小的)이 엎드려 바라건대, 죽으나 사나 함께 가겠습니다."

이생이 화를 내며 말했다.

"난 나라의 죄인이다. 어찌 너와 함께 죽어 부질없이 부모님께서 소식조차 듣지 못하게 하겠느냐? 빨리 돌아가라."

하인이 그 뜻이 굳음을 알고 감히 다시 묻지 못하고서 말을 끌고 집으로 돌아가는데 걸음걸음 뒤돌아보며 차마 버리고 가지 못했다.

이생은 바닷가 언덕에 우두커니 서서 멍한 채 정신이 산란했다. 해 질 녘 나그네의 갈 길이 적막했다. 이생이 남은 정신을 수습해 길을 따라 내려가노라니, 억새와 갈대가 우거지고 밤이 이미 깊었다. 조금씩 나아가 몇 리를 가니, 홀연 촛불이 갈꽃 사이에서 어둠 가운데 은은히 비추었다. 이생이 혼자 말했다.

"큰 바다의 갈대 가운데 웬 사람의 거처가 있어 촛불 그림자가 새어 나올까?"

한참 동안 주저하다가 살며시 들어가 그곳에 차츰 가

까이 가서 바라보니, 서너 칸 초가집이 바닷가에 우뚝 서 있었다. 생이 매우 기뻐 곧바로 문에 다다르니, 한 아이가 잠깐 쳐다보고 들어가 주인옹에게 고했다.

"웬 신선께서 문밖에 와 계십니다."

주인옹이 말했다.

"네 말과 같다면 즉시 나가서 맞아 모시는 게 옳겠다."

아이가 돌아 나와 절해 맞으며 말했다.

"늦은 밤에 멀리서 오시느라 고생하셨지요?"

살가운 정이 잘 아는 사람 같았다. 이생이 황망히 응대했다.

"너의 아버지는 어떤 분이지?"

"어린 제가 어찌 그것을 알겠습니까?"

아이가 이생을 이끌어 방으로 들어가자 백발노인이 맞아 앉게 하며 물었다.

"이 땅은 곧 서역 바닷가로 세상과 뚝 떨어진 땅이오. 선생께서 어디에 사시는데 깊은 밤에 멀리까지 오셨는지 알 수 없군요."

이생이 무릎을 꿇고 대답했다.

"소생은 본래 운명이 기구한 사람으로 평소 정처 없이 부평초처럼 떠돌다가 귀댁에 흘러들어 왔습니다. 감히 문답을 나누게 되니 황공함을 이기지 못하겠습니다."

주인옹이 웃으며 말했다.

"그대의 이 행차는 짝 잃은 외로운 기러기 아니겠소?"

이생이 매우 기이하게 여기고 사실을 숨기기 어려워 전후에 변고를 만난 일이며 성명과 거주를 일일이 자세히 고하자 주인옹이 손가락을 꼽아 보고 나서 말했다.

"그대의 사주는 처음에는 막혔다가 나중에는 편안해지는 운수요."

"무슨 말씀인가요?"

주인옹이 탄식하며 말했다.

"17년 전에 고기반찬을 내와 생불(生佛)을 대접한 일 때문에 처궁(妻宮)23)이 막히게 된 것이오."

생이 고기반찬에 관한 이야기를 전혀 알지 못한 채 이어 물었다.

"소생의 처와 여종의 생사와 거처를 알 수 있을는지요?"

주인옹이 등불의 심지를 자르고 단정히 앉아 손으로 한참 헤아려 보고 말했다.

"자연히 알게 될 것이오."

문답을 끝내고 각자 잠깐 베개에 기댔는데 동녘이 이

---

23) 치궁(妻宮) : 처첩궁(妻妾宮) 십이궁(十二宮)의 하나로 처첩에 대한 운수를 점치는 기본 자리다.

미 밝았다. 주인옹이 이생을 몹시 아껴 하룻밤 사이에 정이 깊어져 친하기가 부자지간 같았다.

원래 주인옹은 수도하는 이로 번잡한 마음을 다 없애고 신선이 될 연분이 멀지 않은 십주(十洲) 삼산(三山)24)의 선인(仙人)이었다. 종종 이 집에 드나드는데 장 도사(張道士)라고 불렸다. 이제 이 장 도사가 적송자(赤松子)25)를 따라 노닒을 바라지 않을 줄 어찌 알겠는가. 이런 까닭으로 홀로 세상 밖에 처하면서 도가 천지에 통했다. 적막한 가운데 마침 이화실을 만나 그를 애석히 여겼다. 이때 이생은 자탄하며 속으로 생각했다.

'내 한 몸을 생각하면 동서로 떠돌아다니면서 돌아갈 기약이 없으니 바라건대 이 노인을 따라 함께 지내며 세월을 보내는 것이 마음에 간절하지 않은 바 아니다. 그러나 임금 명에 복종하지 않을 수 없고 어버이의 근심은 위로하지 않을 수 없으니, 마음의 근심을 억제하기 어렵고 나그

---

24) 십주(十洲) 삼산(三山) : 신선이 산다는 곳. 십주는 신선이 사는 열 군데의 섬, 삼산은 바다 위에 있다는 삼신산(三神山)으로 방장(方丈)·봉래(蓬萊)·영주(瀛洲)를 말한다.

25) 적송자(赤松子) : 신농씨 때 우사(雨師)로서, 뒤에 곤륜산에 들어가서 신선이 되었다고 한다.

네 시름이 깊어지는구나.'

주인옹이 그 사정을 살피고 가련히 여겨 위로해 말했다.

"그대가 잃어버린 두 사람은 필시 서원(西原) 대려국(帶礪國)의 구중궁궐 안에 있을 거요."

이생이 매우 놀라 말했다.

"서원까지는 거리가 얼마나 되나요?"

"3만 5천 리이며, 큰 강 아홉 개가 가로놓여 있소. 가는 길에 하늘에 닿은 큰 산이 사방을 에워싸고 있고 태산부터 도성까지의 거리가 3천 7백 리인데, 사방이 다 그렇다오. 너른 들판 가운데 철옹성이 있으니 그 안의 사방 거리가 각각 90리고, 용맹한 장수와 강한 병사가 몇 천, 몇 만이 되는지 알 수 없소. 그 나라 우두머리가 스스로 황제라 칭하니, 좌우의 모든 나라들이 감히 엿보지 못하고 대려국왕이라 칭할 뿐이오. 재주와 용력이 또한 만고에 장사라오. 곁에 태사(太史)[26]가 있는데 본래 맹인으로 천문지리는 귀신이 예측할 수 없고 신통하고 비밀스러운 계략은 천하에 독보적인 자라, 강국을 쳐부수기를 손바닥 뒤집듯 하며 남의 물건을 약탈하는 술수가 대낮이라도 아무도 알 수

---

26) 태사(太史) : 기록을 맡아보던 벼슬아치.

없다오. 그대 같은 부류는 아홉 번 죽었다 열 번 깨어나도 지형을 보지도 못하고 죽고 말 것이니 날개가 없다면 어찌 능히 날아서 넘어가겠소? 나와 함께 머물며 세월을 보내는 수밖에 따로 다른 방법이 없겠소이다."

이생이 이 말을 듣고 비록 두 사람이 죽지 않았다는 것을 알았으나 의지가 꺾이니 어찌하겠는가? 그러나 군명이 지엄하고 모친의 기다림이 간절하기에 이어서 물었다.

"아홉 리 아홉 개 강에 오가는 배가 있습니까?"

주인옹이 말했다.

"배가 있긴 하나 건너편에 매여 있으니 다시 물어 무엇하겠소?"

이생이 울며 말했다.

"서원 길로 향해 가다가 죽더라도 어쩔 수 없습니다. 앉아서 상심하며 일신만을 도모하느니 가 보고 싶습니다."

주인옹이 그 마음이 매우 간절함을 알고 말리며 말했다.

"내 그대를 위해 가서 동정을 살피고 오겠소."

즉시 동자를 불러 백미 한 말을 찧고 꿀을 밥과 조금 섞어서 포대에 넣게 했다. 또 도끼, 숫돌, 갈고리, 칼, 정 등의 물건을 한 등짐으로 꾸리니, 주인옹의 행장이 가볍지 않았다. 이생이 걱정스레 물었다.

"도끼며 갈고리 따위의 물건들은 무엇에 쓰이는 겁니

까?"

"아홉 개 강에 아홉 척의 배를 만드는 데 쓰일 것이오."

이윽고 길을 떠날 때 이생에게 말했다.

"돌아올 때가 늦을지 이를지 예상할 수 없으니 저 동자를 데리고 집을 잘 지키고 계시오."

이생이 문밖에 나가 거듭거듭 사례하며 말했다.

"선생께서는 먼 길에 가고 오실 때 보중하고 또 보중하십시오."

홀연 눈 깜짝할 사이에 도사가 이미 공중으로 떠가고 있었다. 이생이 매우 신기해하며 방으로 들어갔다. 동자가 남은 음식을 조금 내와서 이생이 쌀 한 톨 정도 먹었는데 3일이 지나도록 배가 불러 따로 먹지를 않았다. 이생이 매우 신기해 동자를 시켜 그 쌀을 가져다 보니 알알이 둥글둥글하며 꼭 둥근 진주와 같았다. 이름은 미곡(米穀)[27]이지만 맛이 기이하고 오랫동안 배부르니 세상의 곡식에 비할 바 아니었다.

각설. 서원 대려국 왕은 성질이 본래 음란함을 탐해 천하 미색을 곳곳에서 잡아 오고 오래되면 싫증을 내었다.

---

27) 미곡(米穀) : 쌀. 벼에서 껍질을 벗겨 낸 알맹이.

매번 태사와 함께 미색이 있는 곳을 점을 봐서 알아내었다. 이때 태사가 점을 치고 말했다.

"천하 미색인 봉옥이 그 시비 막례와 함께 대명국(大明國) 서원부의 길을 지나가니, 바로 교남부 청강사의 제3불(佛)이 점지한 자식인 이화실의 처입니다. 그 부처가 이씨 집에서 고기 권한 것을 노여워하고 봉옥의 음란 사특함을 미워해, 장씨는 액을 당하게 하고 김씨 여식은 참혹함을 당하게 하니 이를 가져올 수 있습니다. 그러나 동서의 거리가 4만여 리가 되니 실로 다녀오기가 어렵습니다."

호왕(胡王)이 말했다.

"비록 10만여 리라고 해도 내가 취하고자 하니 너는 비책을 내어라. 지체하지 않는 게 좋을 것이다."

본래 태사는 그의 성질이 난폭함을 평소 알고 있었기에 가혹한 형벌을 입을까 두려워 7일을 목욕재계하고 밤이면 《옥추경(玉樞經)》[28]을 읽고 낮이면 팔괘(八卦)[29]를 점쳐 사방의 신장(神將)을 일시에 불러 앞에 늘어서게 했다. 태사가 동방신장에게 명해 말했다.

---

28) 《옥추경(玉樞經)》 : 도교 경선. 굿에서 신장굿을 힐 때 독송힌다.
29) 팔괘(八卦) : 복희씨(伏羲氏/伏犧氏)가 지었다는 여덟 가지의 괘.

"서원부 가는 길의 이화실 아내와 하인을 누가 산 채로 잡아올 수 있겠느냐?"

신장이 대답했다.

"저 동쪽 열(列)의 다섯 번째 귀신이 할 수 있습니다."

"그렇다면 즉시 일으켜 보내는 것이 좋겠다."

잠시 후 다섯 번째 귀신이 곧바로 가서 두 사람을 데리고 성문 밖에 대령시켜 두었다고 했다. 태사가 그 신장을 물러가게 하고 곧바로 들어가 왕에게 고했다.

"두 미인을 납치해 왔습니다."

왕이 크게 기뻐하며 위의를 성대히 갖추고 데려다 궁중에 놓아두고, 막례는 시비라서 거처를 따로 하게 했다. 이때 막례는 혼비백산해 꿈속에 있는 듯하다가 비로소 정신을 차리고 보니 곧 어떤 궁궐이었다. 다음 날 아침 연유를 알고자 해 몰래 궁중에 들어가 부인을 찾아보니, 머리에 구름 같은 가체를 이고 몸에는 진주와 비단을 걸친 채 유리창 주렴 뒤에 앉아서 농염하게 화장하고 있었다. 막례가 울며 고했다.

"우리 두 사람의 몸이 누구의 소행 때문에 이곳에 와 있는 건가요? 여기가 어디쯤 되는 곳인지 알 수 없으나 그 화려함을 보니 제왕의 궁궐이 아닐는지요? 이것이 무슨 일이며 어찌 된 사정인가요? 하물며 소저께서 치장하고 계신 것은 무슨 뜻인지요?"

봉옥이 돌연 얼굴을 붉히며 말했다.

"나의 황제께서는 천고에 뛰어난 성인으로 땅이 천 리나 되시며 궁에 미인들을 두셨는데 나를 첩으로 삼으셨다. 나의 일신이 영화롭고 귀한데 네가 감히 치장 여부를 묻는 것이냐?"

막례가 탄식하며 말했다.

"소저는《내서(內書)》[30]를 보지 않으셨습니까? 규중의 발걸음은 중문을 나서지 않는 것이며 추파(秋波)[31]는 낮은 담장도 넘지 않아야 하거늘, 하물며 여자의 몸으로 원행(遠行)은 꿈에서조차 하면 안 되는 것입니다. 두 명의 군신을 섬기고 두 명의 지아비를 섬긴다니, 이를 차마 볼 수 있으며 차마 들을 수 있겠습니까? 옛 주인은 어디 계시고 이 상공(李相公)은 어디 가셨는지요? 차라리 죽어서 보지 않는 게 낫겠습니다."

봉옥이 분노하며 말했다.

---

30)《내서(內書)》:《내훈서(內訓書)》. 조선 성종의 어머니 소혜왕후가 여성의 행실과 도리를 가르치기 위해《열녀전(列女傳)》과《여교(女敎)》,《명감(明鑑)》,《소학(小學)》등에서 필요한 대목을 뽑아 만든 책.
31) 추파(秋波) : 여자의 눈길을 이르는 말.

"네가 죽는다고 누가 불쌍히 여기겠느냐? 이후에는 궁중에 출입하지 말아야 할 것이니라."

아! 막례의 정절은 세상이 바뀌어도 매한가지니 지극히 애석하도다. 봉옥은 일순간에 두 지아비에 대한 정이 이처럼 현저하게 달라지는구나. 이를 통해 본다면 이불을 벗어난 부인을 지아비가 어찌 믿을 수 있겠는가? 그 음란하고 사특한 바가 매우 통탄할 만하다. 막례는 슬픔과 분노가 솟아올랐으나 이생을 생각해 더 이상 묻지 않고 그 방을 나와 자신의 거처에 누웠다. 분통이 골수에 사무쳐 죽고 싶은 마음뿐이었다. 혼잣말로 말했다.

"오륜의 시작은 즉 천지를 가리켜 정하는 것이다. 그녀는 명가의 외동딸로 부모의 명을 받들어 이씨 가문에 몸을 맡겼거늘, 지금 하룻밤 사이에 비록 간교한 술책에 빠진 것이기는 하나 잠깐 그 말을 들어 보니 그 죄가 무겁다. 부모를 돌아보지 않아 천명을 어긴 것이며, 이생을 삽시간에 잊었으니 사람의 도리가 끊어진 것이다. 지아비를 배신하는 것조차도 어려운 것이거늘, 하물며 또한 치마를 걷으니 개와 돼지의 음탕함에 비하겠는가? 나는 양가의 여자로서 불행히도 그녀의 시비가 되었는데 하인과 주인의 의리를 돌아보니 이생의 일이 더욱 애처롭구나."

이러한 사이에 마음을 진정하지 못하고 한 달 남짓 곰

곰이 생각하다가 홀연 깨달아 말했다.

"내가 죽은 후에 누가 자취를 알겠는가?"

이에 서릿발 같은 마음을 품고 많은 약물로서 스스로 몸을 치료하고 오직 이생을 한 번 만나는 것을 소원으로 여겼다.

원래 노옹은 지혜와 용맹이 뛰어나 수만 리 밖에 있었지만 채 한 달이 되지 않아 첫 번째 강변에 다다랐다. 사방에 배 한 척이 없으니 어찌 강기슭을 오르내리겠는가. 다만 겹겹이 둘러싼 낙락장송만이 울창하고 빽빽할 따름이었다. 도끼를 꺼내어 한 번에 나무를 베고 두 번에 다듬어 배를 만드니 삼시간에 큰 배 한 척을 완성했다. 배를 만들어 강을 건너고 강을 건너고는 또 새로운 배 만들기를 아홉 번 반복했다. 한밤중에 곧바로 성 아래 다다랐다. 성의 사방이 철통같고 성문이 견고하게 닫혀 있어 몸에 날개가 없으니 감히 성안을 들여다볼 수도 없었다. 성 밖을 두루 다녀 보았으나 헛되이 기력을 소진할 뿐이었다. 그러다가 문득 성 아래에서 고개를 들어 올려다보니, 큰 대나무들이 숲을 이루었고 그 성 안쪽으로부터 대나무 끝이 바람이 불 때마다 성가퀴 밖에서 절하듯 흔들리고 있었다. 그래서 날그림자를 틈타 훌쩍 뛰어올라 순식간에 대나무 끝을 잡고서 내려가 대나무숲에 숨었다.

대나무 잎은 종이만큼 컸고 곁에 돌우물이 있었는데 바위가 사방을 둘러싸고 있고 돌 뚜껑이 그 우물 입구를 덮고 있었다. 힘으로는 여닫을 수 없었으나 목마름이 매우 심했기에 간신히 우물 뚜껑을 열고 대나무 잎을 말아 통을 만들어 물을 마셨다. 물맛이 특이했는데 정신과 기력이 전보다 갑절은 더했으니 참으로 선액(仙液) 같았다.

또한 궁궐의 갖추어진 모양을 보니, 지붕 위 사방에 창과 검을 지니고 눈을 부릅떠 지켜보고 있는 자들이 있었는데 모두 소상(塑像)32)으로 그 기세가 흉악했다. 잠시 후 푸른 개 두 마리가 사람 냄새를 맡고서 매우 으르렁거리자 장 도사가 다시 우물물을 마시고 손으로 세게 쳐서 한 마리를 즉시 죽여 대나무 뿌리 밑에 묻었다. 다른 한 마리는 겁을 내어 도망가 다시 돌아오지 않았다. 만약 약한 이가 이러한 일을 당했다면 곧바로 물어 뜯겨 죽었을 터였다.

밤새 몸을 숨기니, 비록 아무도 눈치채지 못한다 하나 간장이 타는 것 같았다. 새벽닭이 울어 젖히고 동방이 점점 밝아 오자 홀연히 한 미녀가 나타났다. 머리에는 옥 항아리를 이고 손에는 은으로 된 두레박줄을 들고 있었다.

---

32) 소상(塑像) : 정제한 점토로 만든 형상.

우물 뚜껑을 열고 물을 길어 옥 항아리에 담고는 다시 뚜껑을 닫고 항아리를 뚜껑 위에 내려놓은 후 무릎을 꿇고 앉아 손을 모으고 기도했다.

"하늘에 이생을 축원합니다. 교남부가 멀리 떨어져 있는데, 살아 있나요, 죽었나요? 이생의 원통함은 하늘이 알고 계시니 반드시 보응이 있을 것입니다만 소식이 끊기고 멀리 떨어져 있으니 심회가 아득해 한바탕 통곡하고 돌아갑니다."

이때 노옹이 이 광경을 보고 듣고 매우 기이하게 여겼다. 그 기도하는 말로 재빨리 점괘를 보니, 그녀는 이생이 잃어버린 처의 시비였다.

'시비의 지극정성이 이미 하늘에 통했으리니, 아마도 나의 구원을 기다려 다시 만나지 않겠는가? 하늘이 반드시 감동하사 마땅히 시기를 놓치지 않을 것이다.'

노옹이 속히 돌아 나와 아홉 강을 건너서 수개월 후에 집으로 돌아왔다. 이생이 놀라 문밖으로 나오자 주인옹이 이생의 손을 잡고 말했다.

"그대가 잃어버린 두 사람은 과연 대려국 궁궐 안에 있소. 애석하오, 그대의 사정이! 호랑이 입이요, 늑대 굴인 곳에 어떻게 가겠소?"

그리고 아홉 강에서 배를 만들어 건너간 일이며, 시비

가 기도한 것을 듣고 점괘를 풀어 본 일을 자세히 전하자 생이 대경실색하며 거듭 말했다.

"어찌해야 합니까? 선생께서 좋은 방도를 가르쳐 주시기를 바랍니다."

노옹이 말했다.

"막례가 그대를 한 번 만나기를 원한다고 기도했으니, 하늘이 감응했소. 그대의 뜻은 어떠하오?"

"비록 도중에 죽는다 해도 가야겠습니다."

노옹은 그 길흉을 알고 있었기에 말리지 않고 떠날 채비를 해 주었다. 밥을 지어 먹을 쌀 서 말을 포대에 담아 주며 말했다.

"식량은 부족할 듯하나 하루에 먹는 양을 한 숟가락 정도로 하면 적당할 것이오. 또한 그곳에 도달하면 밤에 움직이고 낮에는 몸을 숨겨 흔적을 드러내지 않도록 조심하시오. 그러면 자연히 감응해 도움을 주는 것이 있을 것이오."

이생은 그 포대를 가지고 작별을 고한 후 길을 떠났다.

각설. 막례는 분노를 표출한 후 자결하려 했으나 차마 그렇게 하지 못했고 이후 매일 기도했으나 조금도 감응이 없었다. 그래서 스스로 목숨을 끊으려 해 칼을 들어 스스로 목에 댄 것이 두세 번이었다. 하루는 내궁에서 급히 부르는 명이 있어 귀신같은 졸개들이 와 재촉하는데 그 수를 헤아릴 수 없었다. 막례가 지난번에 책망한 것 때문이라 생각해 궁중에 들어가 보니, 봉옥과 호왕이 손을 잡고 마주 앉아 있었다. 호왕이 말했다.

"너의 죄상을 들은즉 실로 용서하기 어려우나 돌아보건대 네가 결혼하지 않았고 자색이 있으니 죄를 묻지 않겠다."

그리고 겁탈하려고 했다. 막례가 그 음탕함을 피할 수 없음을 잘 알고 있어 거짓으로 교태로운 말과 낯빛을 지으며 말했다.

"신첩이 정신을 잃은 후 어지럼증이 아직도 나아지지 않습니다. 밤낮으로 매우 아프니 조금이라도 낫기를 천천히 기다려 행해도 오히려 늦지 않을 것입니다."

왕이 그렇게 여겨 때를 기다리기로 했다.

막례가 그 방에서 돌아 나오니, 슬픔에 눈물이 비 오듯 쏟아졌다. 의식을 잃고 이부자리 옆에 쓰러져 눈물이 흘러 얼굴을 적셨다.

홀연 노옹이 나타나 머리를 쓰다듬으며 말했다.

"네가 죽지 않는다면 반드시 이생을 만날 것이다."

막례가 이 말을 듣고 소리를 길게 내지르고 말했다.

"노인의 말씀은 다시 이생을 만날 수 있다는 것입니까?"

재차 물으려 하는데, 노인은 온데간데없었다. 헛소리

를 해 대다가 점점 정신이 들었다. 시간이 좀 지난 후 혼자 말했다.

"이는 아닌 게 아니라 항상 마음속에 바라던 바이니, 꿈속에서 감응했구나. 기이하도다!"

장 도사가 막례의 기도에 감동해 이생을 보낸 후 별도로 제단을 쌓고 몸을 깨끗하게 해 이생의 길흉을 점치더니 자연히 막례의 꿈에 감응해 그렇게 된 것이었다.

각설. 이생이 길을 떠난 후, 죽을 둥 살 둥 조금씩 나아가 겨우 아홉 개 강의 강변에 도착하니 나룻배가 모두 이쪽 강변에 정박해 있어 겨우 배에 올라 어렵사리 아홉 강을 건넜다. 점점 앞으로 나아가 성 아래에 이르렀다.

"이미 날이 저물었구나. 성을 둘러보니 비록 날개가 있다고 해도 넘어갈 수 없겠다."

사람들에게 발각될까 두려워 날이 밝기를 기다렸다가 산에 올랐다. 산 위에 석함(石函)이 하나 있었는데 뚜껑이 덮여 있었다. 뚜껑을 열어 보니 몸 하나 족히 들어가 앉을 수 있었다. 다시 그 뚜껑을 덮었는데 뚜껑 가운데에 구멍 하나가 뚫려 있었다. 눈을 대고 멀리 바라보니 성안이 눈앞에 있는 듯했다. 여기에 있으면서 낮에는 석함에 숨어 있고 밤에는 성 밖을 돌아다니면서 울며 막례를 불렀지만 어찌 찾을 수 있겠는가? 이러한 것이 여러 달 지나 가지고 있던 음식이 이미 다해 남은 것이 없어 굶주림을 이길 수 없었다. 혹 산나물을 캐기도 하고 칡을 뽑기도 해 입에 풀칠했다. 머리카락은 길게 자라 곧 한 마리 돼지 형상을 이루었으니 가련한 신세가 매우 통탄스러웠다. 곧바로 성안으로 들어가 두 사람을 빼내 돌아가고 싶었지만 깊은 구중궁궐이라 구름 낀 첩첩산중 같고, 달빛 아래 갈대밭에 묻힌 학이라 어느 곳에서 찾을 수 있겠는가? 기력이 쇠진하고 괴로움이 매우 심해 혼미한 가운데 갑자기 하늘이 움직이고 땅이 흔들리는 소리가 나더니 무엇인가 공중에서 내려와 앞에 이르러 물었다.

"넌 사람이냐, 귀수(鬼獸)냐?"

이생이 매우 두려워하며 눈을 구멍에 대고 자세히 살펴보니 곧 한 마리 큰 날짐승이었는데 말을 할 수 있었다. 겨우 소리를 내어 대답했다.

"어찌 귀수겠습니까? 저는 사람입니다."

큰 새가 말했다.

"사람이라면 내 등 위에 올라와 양손으로 두 어깨를 단단히 잡고 두 눈을 감아라."

이생이 이상하게 여기며 다시 물었다.

"말씀대로 따르겠습니다. 그런데 존호를 알 수 있겠습니까?"

큰 새가 말했다.

"나는 천간단(天干端) 지지상(地支相)의 네 악산(嶽山)을 순행하는 백휴호(白鵂胡)33)다. 우리 장수께서 분부하시기를, '대려국 남산 위 석함 속에 한 기이한 물건이 있어 밤에는 들에서 울고 낮에는 함 속에 엎드려 있으니 빨리 가 죽여라. 만약 그것이 사람이면 구해 오라'고 하셨다. 이에 명을 받들어 왔으니 어느 곳으로 가기를 원하는가?"

이생이 말했다.

"성안 대나무 밭입니다."

백휴호가 재촉하자 이생이 그 말대로 등 위에 올라 눈을 감고 어깨를 잡았다. 백휴호는 순식간에 공중을 날아 곧바로 성안 대나무밭에 가더니 이생을 내려 두고 갔다. 이생이 흩어진 정신을 수습하고 자세히 살펴보니 곧 도사가 머물던 곳이었다. 도사가 가르쳐 준 대로 바로 댓잎을 말아 우물물을 들이마시니 정신이 황홀해지고 기력이 갑절 더해졌다. 전날 침범했던 푸른 개는 겁을 먹어 오지 않았다.

다음 날 새벽, 한 여자가 와서 우물가에 앉아 물을 길며

---

33) 백휴호(白鵂胡) : 흰 부엉이.

축원했다.

"교남부 이 공자는 살아 계신가요, 돌아가셨나요? 천지가 적막하고 꿈같은 그리움은 암담하기만 합니다."

또 일장통곡하고서는 돌아가려 할 때 이생이 막례임을 알고 대숲에서 가만히 불러 말했다.

"막례야, 막례야! 내가 왔다, 내가 왔다."

막례가 듣고 매우 놀라며 말했다.

"이는 내가 원하는 바니, 자고로 지극하면 반드시 이뤄진다더니 이생의 영혼이 와서 감응한 것이로구나. 어찌 육신이 이곳에 올 리 있겠는가?"

끝내 믿기지 않는 마음으로 통곡했다. 이생이 다시 불러 말했다.

"어찌 귀신이 오겠느냐? 난 이생의 육신이다."

막례는 놀라고 기이하게 여기며 안으로 들어가 자세히 살펴보니 목소리와 형용이 곧 이생이었으나 머리를 보니 돼지 같았다. 이에 서로 붙들고 통곡하는데 막례는 거의 미친 듯했다.

"만 리가 험한데 어찌 찾아오셨으며 머리는 또 어찌 몸을 덮었습니까?"

이생이 전후 본말을 이야기했으나 머리의 형상과 굶주린 이유를 이루 다 말하지 못했다. 막례는 곧 자기 거처로 돌아가 땅을 팔 도구를 가지고 와서 대나무 뿌리를 뽑고 풀을 베어 대나무밭을 몇 길쯤 되도록 넓게 팠다. 그 안에 자리를 펴고 병풍을 사방에 두르고 촛불을 밝히니 방 안에 있는 것 같았다. 음식의 맛은 이루 표현할 수 없고 대나무 발로 위를 덮고 땅을 파서 메운 후 대나무를 심어 놓으니, 수 길 땅 아래 사람이 있는 것을 누가 알 수 있겠는가? 이생은 그 안에서 몸을 마음대로 펼 수 있었고 음식의 맛은 진실로 선액(仙液)보다 더 좋았다. 촛불을 밝게 돋우고 굶주리면 먹고 배부르면 그만두며 지내길 여러 날 되었다. 터럭이 모두 빠지자 완연히 평상시와 같이 되었으나 두려워하며 말했다.

"비록 막례가 지시하는 대로 따르기는 했으나 일개 여자에 불과하다. 하물며 내 몸은 수 길 땅 아래 있으니 지하의 일을 알 길이 없다. 호랑이 굴에 있는 것과 같으니 무덤 속 외로운 혼과 다르지 않구나."

막례가 땅속에 이생을 감춘 것은 남이 알고서 죽일까 두려워함이니 그 뜻이 매우 깊었다. 막례는 한 번 이생을 본 후로 마음속은 바다와 같고 즐거운 마음이 넘쳐 자주 물을 길으러 갔다. 그러나 목소리를 통해 안부를 물을 뿐, 어찌할 줄 몰라 끝내 한 계책도 얻지 못하고 애태우며 지냈다.

어느 날 호왕(胡王)이 급히 태사를 부르자 막례는 속으로 놀라며 의아해했다.

'이생이 있다는 것을 저들이 알면 모두 죽는 재난을 면치 못할 것이다.'

급히 성문으로 가서 태사가 오기를 기다렸다. 잠시 후 태사가 오자 막례는 은밀히 그의 손을 잡고 말했다.

"인간 세상에서 사람을 살리는 게 옳습니까, 죽이는 것이 옳습니까?"

태사가 매우 놀라 눈을 희번덕거리며 말했다.

"낭자는 이 무슨 말이오?"

"나로 점을 쳐 보면 알 수 있을 것입니다."

태사가 오랫동안 손가락을 꼽아 보더니 말했다.

"수 길 땅 아래 살아 있는 사람이 있구나."

"과연 그러합니다."

"그렇다면 어찌할 것인가?"

"엎드려 바라건대 존공께서는 삼가 남이 모르게 하시고 기묘한 꾀를 보여 주시면 내 혀를 존공의 신 바닥으로 삼고 내 머리털로 존공의 신을 만들겠습니다."

"왕명이 시급하니 다시 논의해도 늦지 않다."

곧바로 궁중에 들어가니 막례가 뒤를 따라가 엿들었다. 호왕이 태사에게 물었다.

"근일 꿈에 불길한 것이 많더니 또 남만국(南蠻國) 자객으로 이름난 자가 죽이겠다고 위협했고, 깨고 보니 등이 땀으로 흠뻑 젖었다. 남만국은 반드시 우리나라를 도모하려 하니 내 가서 싸워 파하리라. 이것의 길흉 여부와 귀환이 더딜지 빠를지 각별하게 점을 치라."

분부가 지엄했다. 태사는 묵묵히 왕의 말을 듣다가 막례가 사람을 매복시킨 탓인 줄 알고 왕의 운수를 점쳐 보니 비록 남만을 파하나 오래지 않아 살해당할 것을 알았다. 이에 마음속으로 생각했다.

'내가 평소 왕에게 많은 원한이 맺혀 있다. 하물며 문득 낭자의 말을 듣고 자연히 마음에 느끼는 바가 있으니, 반드시 그간에 오묘한 일이 있으리라.'

이에 겉으로는 손가락을 꼽는 것 같은 태도를 보이고 속으로는 왕을 해칠 마음을 품고서 속여 대답했다.

"내일 발행하면 한 달 내에 전쟁에서 이기고 돌아오시겠습니다."

왕이 매우 기뻐하며 바로 그날 군대를 일으키니 천군만마가 끓는 바다와 같았다. 왕은 궁 안으로 들어가 봉옥과 작별하고 남만을 향해 떠났다. 이에 막례는 마음속으로 기뻐했으나, 궁을 지키는 장졸들의 수는 헤아릴 수 없을 정도였다. 급히 대나무밭으로 가 이생을 모시고 나와 말했다.

"여왕(礪王)이 멀리 떠나 궁중이 비어 사람이 없고 오직 부인만 계십니다. 상공께서는 어떻게 하시겠습니까?"

이생이 매우 기뻐하며 말했다.

"혹 외부인이 안다면 헤아리기 어려운 환난이 있을까 무섭구나."

"소적(小的)이 먼저 궁 안에 들어가 이 뜻을 부인에게 말하고 오겠습니다."

이에 몰래 궁 안에 들어가니 봉옥이 물었다.

"전에 대왕이 타국에서 승전하고 돌아왔을 때는 네가 일찍이 얼굴에 기쁜 빛이 없더니만 오늘 무슨 좋은 일이 있기에 얼굴에 기쁜 빛이 가득하지?"

막례는 오래도록 주저하다가 기쁨을 이기지 못해 상공이 먼 곳에서 온 연유를 고했다. 봉옥은 기뻐하는 듯한 태도를 보이며 이생을 오게 했다. 막례는 매우 기뻐하며 즉시 나가 이생을 이끌고 왔다. 궁 안에 들어오려 할 때 채 반이 미치지 못해 봉옥이 갑자기 큰 소리로 군사들을 불렀다.

"교남부 이가를 당장 붙잡아 철옥에 가두라!"

호령이 추상같으니 궁중의 병졸들이 벌벌 떨었다. 흉악한 병졸들이 일시에 날러들이 머리털을 잡고 끌고 가 쇠줄로 목을 맸다. 10리 밖의 철옥으로 끌고 가더니 죄인의 형구를 씌웠다. 이 감옥은 쇠로 우물처럼 만들었으며 그 안 사방의 거리는 3리나 되었고 철로 만든 덮개로 우물 입구를 덮으니 백 명의 힘으로도 여닫지 못했다. 진나라 때 음궁(陰宮)34)에 비할 만하니 어둡기가 캄캄한 밤과 같았다. 그 안에 밟히는 것들은 모두 죽은 사람과 해골인데 산처럼 쌓여 있었다. 이생이 막례의 형편을 슬피 여기니 천지가 무너지고 일월이 어둠에 잠긴 듯했다. 이때 막례가 이생을 크게 부르며 말했다.

"이 무슨 처지며, 이 무슨 형색이랍니까?"

이생 또한 탄식하며 말했다.

"나는 어찌할 것이며, 너는 어찌할 것이냐?"

오직 울부짖는 소리로 안팎이 통했다. 앞날의 생사는 말할 것도 없고 여러 날 옥에 묶여 있으니 정녕 굶어 죽게 되었으며 시행해 볼 계책도 없었다. 막례가 장인(匠人)에게 금은보화를 많이 주어 쇠로 3일을 파니 뚜껑에 작은 구멍이 생겼고 9일을 파니 구멍이 반지만 해졌다. 막례가 약수 등을 구멍 안으로 넣어 주었고 이생은 그 음식을 받아 실낱같은 목숨을 보전했다. 혹 먹을 때에 옥중의 잡귀들

---

34) 음궁(陰宮): 죄수를 가둔 내궁(內宮). 진나라는 법이 가혹해 언제나 감옥이 만원이었다. 이때 '옥(獄)'이라는 글자가 만들어졌다고 한다.

이 침범해 무섭도록 윽박지르면 할 수 없이 반씩 나누어 먹는 사이에 이미 한 달이 지났다. 문득 만 리 밖에서 북소리가 들렸는데 마치 땅을 뒤흔드는 듯했다. 이때 막례가 이 소리를 듣고 간장이 찢어지는 듯 급히 이생에게 가 말했다.

"이 소리는 여왕(礪王)이 오는 소리입니다. 상공의 한 가닥 목숨이 조석에 달렸습니다."

이에 하늘에 부르짖으며 죽고자 했으나 그러지 못하니 그 정상이 극히 참혹해 다 말할 수 없었다. 이생이 혼미한 가운데 문득 구멍을 보니 서늘한 바람이 구멍에서 불어 한기가 사람에게 끼쳤다. 의아해 돌아보니 감옥 동쪽에서 상서로운 기색이 멀리 뻗쳐 괴이하기 그지없었다. 가서 보니 한 자쯤 되는 단검 두 자루가 철벽 위에 놓여 상서로운 기색을 뿜어냈다. 이생이 스스로 말했다.

"장부가 비록 죽더라도 검을 만나면 버려두기 어렵지."

이에 두 검을 들어 옷 위에 찼다. 얼마 안 되어 북소리가 점점 가까이 다가왔다. 이때 막례는 안절부절못하고 안타까이 애를 태우며 품속에 서슬 퍼런 칼을 품었다. 이생이 죽으면 따라 죽을 계획이었으니 그 충절이 만고의 으뜸이었다. 16세 평발(平髮)35) 여지가 왕래하며 옥바라지 할 때 그 자색이 취할 만하니 좌우의 보는 사람들 가운데 누가 침 흘리지 않겠는가? 그 정상이 불쌍하니 누가 탄식하지 않겠는가?

이때 여왕의 선봉이 철옥 주변을 지나니 징과 북소리가 함께 울려 사람을 간 떨어지게 했다. 이른바 여왕은 그 기질이 보통 사람과 달라 신장은 8척이고 체격은 큰 소만 하고 두 눈은 등잔불 같고 눈빛은 사람을 쏘며 목소리는 우레 같았다. 위풍과 용력이 천하에 대적할 자 없어 항우 무리도 한낱 졸개처럼 여기니 귀신이 침범할 수 없고 사람은 감히 가까이하지 못했다. 눈 깜짝할 사이에 억만 장졸이 성안에 모두 줄지어 섰다. 막례가 여왕이 궁중에 들어가는 것을 보고 몰래 창밖으로 가서 봉옥의 말을 엿들었다. 봉옥이 왕에게 말했다.

"교남부 이가 놈은 본남편입니다. 감히 와서 만나기를 청하기에 분함을 이기지 못해 잡아서 옥에 가두고서 대왕이 오시기를 기다렸습니다."

여왕이 대로해 외궁으로 뛰어나가 좌우를 호령했다.

"옥중 죄인을 급히 진중으로 잡아들이라."

성난 목소리가 천둥 치는 것 같았다. 이생과 막례는 혼

---

35) 평발(平髮) : 머리를 올리지 않은 상태. 결혼하지 않았음을 가리킴.

비백산 중에 쇠줄로 결박당해 모진 매를 맞고 머리채를 잡혀 억만 진중에 내던져졌다. 여왕이 큰 소리로 말했다.

"네 하찮은 놈이 목숨을 돌아보지 않고 내 왕비의 본남편임을 칭해 감히 훔쳐 달아날 꾀를 품고 내가 출타한 틈을 타 왔느냐? 네 죄는 용서할 수 없다!"

무사를 시켜 사방에 말뚝을 박아 이생의 손과 발을 말뚝에 묶고 나무판을 목에 씌웠다. 그리고 망나니가 몸에는 홍복을 입고 긴 칼을 메고서 그 가운데 섰다. 속히 목을 베라는 소리가 전쟁터의 북소리처럼 신속했다. 이때 밝은 태양이 빛을 잃고 어두운 구름이 사방에서 일어났다. 막례가 자결할 칼을 품에 품고 이생의 머리맡에 앉으니, 좌우 군병들이 막고자 했으나 서릿발 같은 마음을 누가 막을 수 있겠는가? 모두 혀를 차며 찬탄할 뿐이었다.

빨리 죽이라는 소리가 성화같으니 망나니가 긴 칼을 높이 들고 나아갔다 물러났다가 하며 재는 모습을 차마 똑바로 볼 수 없었다. 여러 번 나아갔다 물러났다 하는데 체격과 칼 부리는 솜씨가 이전과 달랐다. 다시 나아갔다 물러서니 검광이 번뜩이며 이생의 머리에 거의 근접했으나 베지 못했다. 자연히 지체되고 다시 나아갔다 물러났다 하는데, 막례가 문득 머리를 들고 보니 이생의 품 안에서 음풍(陰風)이 불고 섬광이 뻗치더니 망나니의 머리가 간 곳이 없었다. 막례가 매우 놀라며 눈을 씻고 자세히 보니 양쪽에 나열해 있던 장졸들의 머리가 추풍낙엽처럼 떨어져 섬광이 생겨난 곳은 모두 머리 없는 사람이 되었다. 막례가 급히 일어나 전상(殿上)을 돌아보니 여왕의 머리가 떨어졌다가 다시 붙고 붙었다가 다시 떨어졌다. 비로소 그 칼의 조화임을 알고 급히 부엌으로 달려가 치마에 재를 싸서 여왕 앞에 바로 올라가 치마에 싼 재를 던지니, 떨어진 머리가 다시 붙지 못했다. 황망히 아래로 내려가 이생의 결박을 풀고 방에 눕혔으나 이생은 이미 오래전에 기절한 채였다.

막례는 한편으로 하늘에 빌고 한편으로 향연(香涎)36)을 입에 흘려 넣었다. 오랜 시간이 지나 이생이 소생했는데 꿈에서 깬 듯했다. 천천히 정신이 돌아오기를 기다렸다가 물었다.

"상공께서는 그간의 일을 잊으셨습니까? 소첩 막례가 옆에 있습니다."

이생이 눈물을 흘리며 말했다.

"내가 지금 살았느냐, 죽었느냐? 조금 전의 군병들은

---

36) 향연(香涎) : 향기로운 침.

모두 어디로 갔느냐?"

"궁 사람들은 모두 죽고 봉옥만 살아남았습니다."

"궁 사람들이 어떻게 다 죽었단 말이냐?"

"상공께서 차고 계신 두 검을 빼 보면 알 수 있을 것입니다."

이생이 검을 빼 보니 칼날에 많은 피가 묻어 있었다. 막례가 말했다.

"상공께서 거의 죽게 되었을 때 갑자기 음산한 바람이 일어나고 두 검에서 섬광이 뻗어 나와 순식간에 억만 명의 장졸들을 풀 베듯 베었습니다. 이 검은 어디서 나서 언제 차셨습니까?"

"옥에 있을 때 이 두 검을 얻었다. 서기를 내뿜기에 몸에 찼었지."

두 사람은 기쁨을 감추지 못했다. 막례가 진수성찬을 내어 차리니 완연히 지난날과 같았다. 막례가 궁문을 모두 닫고 궁인들을 출입하지 못하게 했다. 이생이 막례와 함께 궁중으로 들어가 여왕의 시체를 흘깃 보니, 보검을 허리에 차고 있었다. 그 장검을 빼고 대전에 앉아 막례에게 봉옥을 잡아 오게 했다. 막례가 명을 받고 바로 들어가니 봉옥이 곱게 치장하면서 외궁의 일은 까마득히 모르고 있었다.

막례가 물었다.

"곱게 화장함은 무슨 일입니까?"

"우리 대왕께서 만리타국에서 전쟁에 이기고 돌아왔으니 나아가 치하하려 화장하는 게지. 너는 치하하는 마음이 없어? 전에 대왕께서 너에게 뜻을 둔 것은 내가 권해 돌아보라고 한 거야."

막례가 냉소하며 말했다.

"하룻밤의 큰 즐거움을 어찌 나눠 가지려 하세요?"

봉옥이 그 뜻을 전혀 알지 못하고 대답했다.

"나는 이미 결혼했으나 너는 여전히 머리를 올리지 않았잖아. 네게 천상의 즐거움을 맛보게 하려는 것이지."

막례가 말했다.

"부인의 대왕은 개처럼 음란해 밤낮을 가리지 않고 옆사람을 꺼리지 않으며, 만나면 그 짓을 하고 눈으로 보면 행하니 음란하고 방탕하기 그지없어요. 어찌 당할 수 있겠어요?"

"과연 네 말처럼 감당할 수 없으니 나누려 한 거야."

막례는 그 음란함을 꾸짖으려다 도리어 입이 더러워지리라 여겼다.

'예전에 소저로 있을 때 출타하신 부친에 대해 나와 함께 걱정했더니, 이제 와 생각하니 그 부친께서 출타해 3년

간 고생한 것을 생각함이 아니었구나. 이는 분명히 자신의 금실을 절실히 바란 것이었어. 음녀의 더러움을 알 만해.'

이에 큰 소리로 말했다.

"네 대왕이 지금 죽었다면 또 남편을 바꾸려는가?"

봉옥이 비로소 욕을 당함을 알고 매우 화를 내며 급히 소리 질러 병졸들을 불렀다. 막례는 분노를 이기지 못해 봉옥의 뺨을 세차게 내리치며 꾸짖었다.

"네가 천만번 불러도 누가 대답하리? 남편이 죽은 것도 모르는구나."

이에 큰 소리로 말했다.

"교남부 이 상공께서 전상(殿上)에 좌정하시고 너를 잡아내라 하셨다. 분부가 지엄하니 빨리 나가거라."

봉옥은 자신이 한 짓이 그대로 되돌아온 것을 알지 못하고 분노를 참지 못했다. 왕을 믿고 궁 밖으로 나가 큰 소리로 왕을 부르며 말했다.

"막례가 하늘에 닿을 듯한 큰 욕을 보이며 얼굴에 대고 꾸짖으니 대왕께서는 급히 참살하세요!"

둘러보니 여왕은 간 곳이 없고 한 젊은이가 전각 위에 단정히 앉아 있으니 곧 교남부 이화실이었다. 봉옥이 왕을 보지 못하자 오히려 분노를 이기지 못했다 문득 보니 왕의 머리가 계단 아래 뒹굴고 있으며 왕의 몸은 자리에 가로놓여 있었다. 매우 놀라 다시 이생을 보며 나아가지도 물러나지도 못하는 중에 저도 모르게 몸이 웅크려졌다. 이생이 성난 목소리로 죄를 헤아렸다.

"네가 처음에는 흉악한 놈에게 속아 이곳에 왔으나 지아비의 중함을 까맣게 잊어버리고 곧바로 개 같은 음란함에 몸을 허한 것이 첫 번째 죄다. 막례가 두 지아비를 섬길 수 없다고 간곡히 경계했는데 너는 흉악한 놈의 강함과 포악함을 과시해 막례의 빙옥 같은 몸으로 네 아첨을 더하려 하고 옥과 돌을 모두 태우려 꾀한 것이 두 번째 죄다. 개 같은 음란에 혹해 부모의 명을 돌아보지 않고 무고한 사람을 죽이려 한 것이 세 번째 죄다. 그밖에 작은 죄들을 모두 나열할 수 없을 지경이다. 네가 여자의 몸으로 이 세 가지 큰 죄를 짓고서 천지간에 용납될 수 있겠느냐? 임금의 명이 중하니 너의 골육으로 용서를 받아야 다시 분노하실 일이 없을 것이다."

이에 여왕의 장검으로 봉옥의 허리를 베어 소금에 절여 수레에 실었다.

아, 참혹하도다! 이로써 보건대, 조강지처라도 어찌 다 믿을 수 있겠는가? 비천한 여자라도 어찌 모두 버릴 수 있겠는가?

이생은 궁 안에 있는 문서와 지도, 호구(戶口) 등 크고 작은 문서들을 하나하나 찾아내어 모두 살펴봤다. 나라의 사람 수와 보물이 있는 각처를 모두 살펴보지 않은 것이 없었다. 궁의 시녀 가운데 원한을 품은 자들은 모두 내보내고 궁문을 활짝 열어 남은 장졸들과 좌우의 시위하는 자들을 일일이 조사하니 장수는 천 명이고 군사는 만 명이었다. 칼날에 죽은 자들이 몇 천인지 알 수 없었다. 곧 큰 연회를 열어 장졸들을 먹이니, 가깝거나 멀거나 서로 이끌며 하례하러 오는 백성들이 끊이지 않았다. 모두 다음과 같이 말했다.

"죽은 왕의 포악함은 천고에 제일이었으니 해마다 전쟁과 정벌을 업으로 삼았습니다. 부모와 처자를 돌아보지 못하고 죽은 자들을 헤아릴 수 없습니다. 이제 다행히 하늘에서 성인이 강림하셔서 이 흉포한 놈을 쓸어버리시니 이제부터 잠시라도 죽을 걱정을 잊고 성대한 덕의 정치를 보고 싶습니다."

이생이 말했다.

"나는 명을 받든 신하니 오래 머물 수 없다. 이제 길을 떠나 황제께 아뢰고 후에 다시 와서 위로하겠노라. 너희들은 조금도 소동치 말고 내가 돌아오기를 기다리라."

군사들과 백성늘이 듣기를 미치고 모두 태평성대를 외치며 춤을 추고 돌아갔다. 이생이 태사에게 말했다.

"봉옥을 여기로 훔쳐 왔으나 여왕이 죽을 것을 네가 이미 알았으니 벌을 주어야 하는가, 풀어 주어야 하는가? 여왕이 죽을 것을 알아낸 공으로 봉옥을 훔쳐 온 죄는 사면해 주겠다."

태사 또한 기뻐하며 찬탄했다.

"부인이 여기 온 것을 알고 여왕의 머리를 벤 상공의 신묘한 지략은 귀신도 헤아릴 수 없으니 탄복할 따름입니다."

이에 이생은 태사에게 성을 굳건히 지키게 하고 막례와 한 수레를 타고 돌아갔다. 아홉 개 강을 급히 건너 표연히 이르니, 이때 장 도사는 이생이 올 줄 미리 알고 문밖에 나와 맞이했다.

"훌륭하도다, 이생이여! 실로 하늘이 감응하셨도다."

"선생의 덕이 아니었다면 어찌 이에 이를 수 있었겠습니까?"

"옥 안의 두 검은 내가 보낸 것이나 막례의 정성이 아니었다면 또한 어찌할 수 있었겠소?"

이생과 막례는 매우 기이하게 여겼다. 도사는 또 막례를 위로하며 말했다.

"낭자는 진실로 어질고 매섭고 곧은 신하요, 여중군자로구려."

또 말했다.

"선조가 누구신지?"

막례가 몸가짐을 바로 하고 대답했다.

"나이 어린 여자가 어찌 감히 어르신 질문에 답하겠습니까마는 상공께 도사님에 대해 익히 들었습니다. 소적(小的)은 본래 서원부(西原府) 마을 양민의 딸로, 아버지는 정씨로 이미 돌아가셨고 어머니는 생존해 계십니다. 연로하신데 흉년이 들어 이 몸을 팔아 어머니를 살렸을 따름입니다."

그때부터 막례의 이름을 부르지 않고 호칭을 바꾸어 '정 소저'라고 불렀다. 이생이 말했다.

"이 두 검은 몸에 감추어 둘 만한 보물입니다. 어찌할까요?"

도사가 말했다.

"이 자웅 두 검은 하나의 검과 같아 나누어 쓸 수도, 서로 멀리 떨어뜨려 놓을 수도 없습니다."

이생이 대답했다.

"옛말에 이르기를, '장 공(張公)의 두 검(劍)은 신물(神物)로서 합해질 때가 있다'[37]고 했습니다."

---

[37] 장 공(張公)의… 있다 : 진(晉)나라 장화(張華)가 뇌환(雷煥)을 시켜 풍성(豊城)의 감옥 자리를 파서 보검 한 쌍을 얻었다. 하나는 장화가

한 검은 자신이 차고, 한 검은 돌려주었다. 도사에게 이별을 고하며 말했다.

"돌아가 부모를 뵈어야 할 때가 늦었으니 길을 떠나려 합니다."

도사가 말했다.

"당연한 도리요. 봉옥은 어디 있소?"

"소금 수레에 실어 왔습니다."

이에 한 잔 술로 이별하니 서로의 살뜰한 정이 이교(圯橋)의 이별38) 같았다.

길을 재촉해 돌아와 곧바로 황성으로 들어가서 전후

가지고 하나는 뇌환이 가졌는데 장화가 화를 당해 죽은 뒤에 칼이 어디 간지를 몰랐다. 뇌환이 죽은 뒤 그 아들이 그 칼을 차고 연평진(延平津)을 건너가는 중에 문득 칼이 칼집에서 빠져나와 강물 속으로 들어갔다. 사람을 시켜 물속에 들어가 보니 두 용이 서리어 있었다. 뇌환의 아들이 말하기를, "전일 돌아가신 아버지가 이 칼은 신물(神物)이므로 반드시 끝에 가서는 서로 합쳐질 것이라 하더니, 과연 오늘에 두 칼이 서로 합친 것이다"라고 했다. 《진서(晉書)》〈장화전(張華傳)〉.

38) 이교(圯橋)의 이별 : 스승과 제자의 이별. 장양이 일찍이 하비(下邳)의 이교(圯橋, 흙다리)에서 어느 노인을 만났는데 그 노인이 신발을 다리 밑으로 떨어뜨리고는 장양에게 주워 오게 했다. 이에 장양이 신을 주워다가 노인에게 신기자 그 노인이 장양에게 《태공병법》을 주었다. 《사기(史記)》〈유후세가(留侯世家)〉에 보인다.

상황을 모두 기록해 상소를 올렸다. 황제가 모두 읽고서 좌우 신하들을 돌아보며 말했다.

"이화실은 만고의 영웅이니 지난 죄를 특별히 사하고, 막례는 이화실과 혼인토록 하며 정렬(貞烈)의 직첩을 내리겠노라."

이화실을 대려국 왕으로 특별히 봉하고 나라 이름을 '진남(鎭南)'으로 바꾸었다. 이생은 숙배하고 인수(印綬)39)를 공경히 받들어 조정에서 물러 나와 집으로 돌아갔다. 그 사이 1년이 지났으니, 각로와 부인 장씨는 다시 살아온 사람을 만난 듯했다. 왕이 전후 일의 전말과 상소를 올려 왕으로 봉해진 일을 세세히 이야기했다. 부인이 매우 놀라며 퍼뜩 깨달았다.

"네 고초는 내가 잘 살피지 못한 과오 때문이지 네 죄가 아니다."

"어째서입니까?"

"그때 노승은 곧 생불이셨다. 다담상을 차려 드렸는데 그중 한 그릇에 고기반찬이 있었기 때문이지."

집안사람들이 비로소 깨닫고 말했다.

---

39) 인수(印綬) : 관직. 신분이나 벼슬의 등급을 나타내는 관인(官印)을 몸에 차기 위한 끈.

"남에게 먹일 음식을 어찌 신중히 살피지 않으리오?"

이에 진남국 왕은 부모를 모시고 식솔들을 이끌어 당일에 진남국 왕으로 부임했다. 장 도사와 태사를 청해 좌우 날개로 삼아 서로 의논해 나랏일을 보필하게 하니, 백성들이 안도하고 만세를 누렸다. 아, 기이하도다!

원문

崔致遠傳

〈2〉崔致遠, 新羅人文昌令崔冲之子也.

初羅王召拜冲爲文昌令, 冲乃還家, 不食而泣. 其妻安氏問其故, 冲曰: "君不聞之耶? 吾聞之, 故文昌令失其妻者, 乃十數, 而吾亦恐見如此之變, 故泣之."

安氏亦憂慽, 不能食之. 居旬日, 冲將家屬, 至文昌縣. 於是, 冲乃召邑中故[1]老, 問曰: "昔聞此邑倅有失妻之變, 果有如此乎?"

對曰: "有之矣."

冲乃益愼,[2] 使婢及家人, 匝守其妻, 而出外以治其職矣.

一日, 黑雲自起之中, 天地晦暝, 風雷暴起, 電影翻,[3] 閉之守者皆驚伏, 俄而起視之, 則夫人已失矣. 乃大驚急告于冲, 冲驚懼不自勝焉.

先時, 以紅絲繫其妻手及其手, 然後日卽出於外, 以治其職. 及其失妻, 與縣吏李積, 尋紅絲, 至於衙後岳嶺岩谷下, 但以險塞, 不得而入, 冲乃呼其妻而慟哭, 積跪自[4]慰之曰: "夫人已失, 慟哭何爲? 吾聞故老曰, '此岩谷而夜則自開'云, 公第

---

1) 故: 국립중앙도서관본(이하 국도본)〈최고운전(崔孤雲傳)〉에는 '父'.
2) 愼: 국도본에는 '惧'.
3) 翻: 국도본에는 '翻閃'.
4) 自: '白'의 오자.

還于邑, 待夜來此, 見之可也."

 冲從其言, 乃還縣, 而夜又抵其嶺岩, 來至谷下十步許而止. 良久哽咽, 忽於岩石間, 有光如燭, 往視之, 果有岩隙自開. 冲乃喜, 遂從隙而入其中, 地廣且沃, 花樹叢濃, 無人有非常之鳥, 羅滿於花枝矣. 時5)冲喟然稱嘆, 顧謂李積曰 : "世間安有如此之地乎? 必有神仙之地也."

 遂東行至五十步許, 有一大家而樓殿壯麗, 正如天宮也. 於是, 冲聞鼓樂之聲, 依窓外, 仍隙窺見, 則有金猪色黃, 乃枕其妻之膝於龍文席上, 又有佳女幾千, 羅列擁後矣. 先是, 崔冲與其妻所約, 藥囊佩於內帶. 冲□6)〈3〉開囊, 出藥而令吹風,7) 則其妻因其風香, 心知崔冲之來, 遂涕泣.

 旣已, 金猪睡覺問曰 : "是何有人間之香臭也?"

 其妻詰之曰 : "風吹蘭花, 故有香臭耳. 人間香臭, 何以至此哉?"

 又問曰 : "君何哀而泣也?"

 答曰 : "吾觀此地, 與人間殊異, 我是人間之人, 恐不可長享於此地, 故泣之."

 金猪曰 : "此地非人間, 必無死理, 願勿悲焉."

 安氏仍問曰 : "吾在人間時, 聞仙間之人, 見虎皮而死, 果有如是之理乎?"

 猪曰 : "吾未之知也. 但以鹿皮漬於溫水, 以付項後, 則我

---

5) 時 : 국도본에는 '於是'.

6) □ : 영남대본에 '遂'.

7) 出藥而令吹風 : 영남대본에 '出藥令吹於風'.

254

亦不有一言而死矣."

言訖而復睡. 安氏欲試之, 恨無鹿皮, 忽視之, 所佩瓊纓, 乃鹿皮也. 遂潛解其皮, 漬於涎, 以付金猪之項, 果不一言而死焉. 於是冲與其妻偕返, 而故令之妻十餘輩, 皆賴安氏[8]之德, 皆歸於故鄕矣.

安氏所産之兒, 雖於在家之時孕之必矣, 然向者重被金猪之變, 故冲與諸人, 疑其兒爲金猪之子, 而棄之於海濱. 天恤其兒, 卽遣[9]天女, 乳哺養之矣. 於是, 夫人聞之, 謂其冲曰: "君始以此兒, 名金猪之子, 而棄之於海濱, 實非金猪之子, 故天知晻昧之意, 令天女乳養此兒云. 願速遣人招還率來."

冲深感曰: "吾亦欲還率來, 然始以此兒, 名金猪之子而棄之, 今若率還, 則人必笑我矣, 是以難焉."

妻曰: "君若以蚩笑爲難, 願稱詐病, 避寓於吏舍, 如從我言, 則雖還此兒, 庶無見人之蚩矣."

冲從之.

先是, 有靈巫適來衙內, 而夫人解衣授之, 問其所居, 其巫云: "居於章騎洞李僉知家前耳."

至是, 夫人隱使請之, 巫乃至矣. 夫人賜其巫帛數百匹, 仍說曰: "願爲我言諸吏曰, '汝倅之夫人所産之兒, 詐爲金猪〈4〉之子, 而棄於海濱, 故天憎汝倅罪病, 而今若汝等急歸率來, 則汝倅之病療矣. 而若等亦不得病, 不然則非徒汝倅死矣, 而若等皆死矣.'"

---

8) 安氏 : 국도본과 영남대본에는 '崔冲'.

9) 遣 : '遣'의 오자.

巫乃許諾曰: "吾當力言矣."

遂起之出, 仍以其語具布. 諸吏悽然驚懼, 俱詣崔冲所寓之舍, 乃哭之甚悲. 冲令侍人問其故, 諸吏進而跪白曰: "我等聞靈巫曰, '汝倅以兒之故, 獲病於天. 今若率還此兒, 則汝倅之病必療矣.' 是以哭之."

冲佯驚曰: "誠以此兒之故, 若得病于天, 而吾還率來."

乃命李積遣之. 積等入海求兒不得, 意欲還來, 忽聞小兒讀書之聲. 顧眄海島, 果有其兒, 獨坐于高岩之上, 而讀書矣. 遂浮海至於其兒所登岩下, 而停舟仰曰: "公之父母, 獲病苦劇, 願欲見公, 故我等今爲公侍, 至斯也."

其兒曰: "吾之父母, 始以我名金猪之子, 而棄之此, 今曾不小愧, 而豈欲見也? 昔者, 陽翟大賈呂不韋, 納美姬, 知其有娠, 而獻于秦王, 七月生所娠之兒, 實雖呂氏, 秦王猶不棄之. 而況我慈母, 娠我不三月至文昌, 未幾爲金猪之所失, 踰月得母, 六月而生, 我以此觀之, 我果不爲金猪之子. 我若金猪之子, 則我之耳目口鼻, 豈非如金猪之耳目鼻口也? 然而家君始以我, 詐之爲金猪之子, 而乃棄于此, 則其爲殘忍薄行, 何如焉? 然則我今何面目, 往見父母哉? 强欲見我, 則當入海矣."

此時, 其兒年甫三歲.

於是, 李積等乃還, 具以其兒之語, 冲乃悔之曰: "此我之過也."

卽將縣人數百, 而至海口, 乃爲兒作臺於海島, 并其樓中[10]

---

10) 并其樓中 : 연문(衍文).

樓臺旣成, 以招命其兒, 名此樓臺. 其兒名其樓臺曰,'月影臺'·'望景樓' 冲自責其過, 謂之兒〈5〉曰: "吾甚慚於汝."

仍以鉄杖與其兒而還. 居五日, 天儒數千雲集臺上, 各以所學, 竟[11]敎其兒, 而由大悟文理, 遂成文章. 兒常以鉄杖, 每寫千字于臺下沙中, 故三丈之杖, 幾至半尺. 其兒爲人, 音聲淸淡, 吟詩咏賦, 無不中律. 日夜乃吟李·杜之詩, 聞其聲者, 莫不讚美. 會夜, 中原皇帝出遊後園, 猶聞吟詩之聲, 澄且淡焉. 問侍臣曰: "何處吟詩之聲, 至於斯也?"

對曰: "新羅儒生吟詩之聲耳."

帝曰: "新羅雖小國, 亦有賢士矣. 如此萬里絶域之外, 吟詩之聲, 美尙如斯也, 而況近之則顧可量歟?"

稱善久之. 於是, 皇帝欲遣才士, 與羅儒使相較才, 而詔群臣, 選諸學士中卓然者二, 遣之. 於是, 學士浮海, 至月影臺下, 問於其兒曰: "何爲者?"

兒曰: "我新羅丞相羅業倉頭也."

又問曰: "汝之年歲, 幾許?"

答曰: "六歲矣."

學士曰: "汝能知學乎?"

兒曰: "人不知學, 何謂人也?"

學士曰: "然則詩相較藝, 可也."

仍乃作詩曰: "棹穿波底月"

其兒曰: "舡壓水中天"

學士又曰: "水鳥浮還沒"

---

11) 竟:'競'의 오자.

其兒又曰 : "山雲斷復連"

於是, 學士自知其能不及其兒, 相謂曰 : "年未七歲之兒, 其才能猶尙如此, 況新羅之儒, 文才過人者, 可勝數歟? 然則我等雖入新羅, 何能售藝哉? 不如還去."

乃還中原, 白于皇帝曰 : "新羅之儒, 文才高遠者, 不可勝數, 而其中有尤善者, 雖如臣等數百, 不能適12)也."

皇帝聞此言, 大怒欲攻新羅, 乃以綿花裹鷄卵, 盛以石函, 又賷黃蠟, 灌於其中, 不令搖動, 更以銅鐵鑄漏函外, 不使開見, 而仍以璽書, 付於持函使者曰 : "汝國若不〈6〉能究函中之物而作詩獻之, 則汝國屠而滅之."

於是, 使者奉璽書, 至溪13)林. 羅王見之驚恐, 乃招會國家名儒自觀, 而下令曰 : "有能究此函中之物而作詩者, 予且尊官, 與之分土."

時及, 月影臺所遊之兒, 入京師矣. 是時, 丞相羅業有一女, 色貌才藝獨步一時, 且有節行矣. 其兒乃聞之, 改着弊衣, 詐稱善14)鏡之賈, 遂至丞相家前, 呼以'善15)鏡'也. 時羅女聞之, 乃以陳鏡, 授其乳母, 而出遣之, 女遂從乳母, 出于外門之內, 倚門扉, 仍隙伺之. 故其賈忽見羅女顔色, 心以爲美, 更欲見之, 故所操之鏡, 墜破之. 乳母大驚, 乃恚撞也. 其賈泣且哀乞曰 : "鏡旣已破矣. 撞之何爲? 願以身作奴, 以償此."

---

12) 適 : '敵'의 오자.

13) 溪 : '鷄'의 오자.

14) 善 : '繕'의 오자.

15) 善 : '繕'의 오자.

乳母入告丞相, 丞相乃許之. 仍名破鏡奴, 以養群馬矣. 馬自肥, 一無瘦者也.

一日, 天上之人, 雲集山間, 竟16)獲養馬之蒭, 以與破鏡矣. 於是, 破鏡乃從群馬于野外, 而自歸林下而臥焉. 及日暮, 群馬乃集破鏡所臥之處, 皆向破鏡而俛首羅立矣. 見者莫不嗟美焉. 於是, 丞相妻聞之, 謂丞相曰: "破鏡狀貌奇異, 亦多可服之事, 意必非常之人也. 願君蠲此廝役, 而任以不賤之役."

丞相然而從之.

先是, 丞相多植花木於東山矣. 及蠲廝役, 仍命破鏡守視之. 自是, 東山之花滋盛, 小無衰落, 而鳳鳥亦相飛巢於花枝矣. 破鏡聞鳳鳥之聲, 乃作悲歌, 丞相適入東山, 翫花而問於破鏡曰: "汝之年歲, 幾許?"

對曰: "十有二矣."

又問曰: "汝知書乎?"

對曰: "早喪父母, 雖欲學之, 孰從而學之?"

丞相戲之曰: "汝欲學書乎? 欲學書則吾敎之."

對曰: "不敢請, 固所願也."

丞相笑而出, 破鏡亦以爲笑. 居旬日, 〈7〉破鏡聞羅女欲入東山翫花, 但恥破鏡, 未果焉. 破鏡心知之, 乃求見丞相曰: "我之來此, 今旣數年矣. 一不往着17)老母, 願給省母之暇."

丞相給暇五日. 於是, 羅18)聞破鏡受由歸鄕里, 乃入東山

---

16) 竟: '競'의 오자.

17) 着: '省'의 오자.

18) 羅: 뒤에 '女'가 누락됨.

翫花, 而已乃作詩曰：｢花笑檻前聲未聽｣

破鏡隱於花間, 忽然答曰：｢鳥啼林下淚難看｣

羅女赧然而還.

是時, 諸生上書曰：｢函中之物, 不可究作詩矣.｣

羅王甚憂, 謂侍臣曰：｢賢才何可易得?｣

對曰：｢賢才固不可易得, 然大王群臣中, 丞相羅業, 文學有餘, 而臣等以爲能可究此函中之物而作詩也.｣

王然其言, 卽詔羅業, 委以石函曰：｢群臣之中, 卿之文學有餘, 可能作此詩, 故委之以函, 卿須力究而作詩. 若不然, 則吾以卿之婦人爲宮女, 且殺卿矣.｣

於是, 羅業還家, 抱函痛哭, 妻亦痛哭, 破鏡聞之, 問於人曰：｢何爲哭?｣

人具以言之, 破鏡頗有喜色, 而已折持花枝, 往于外廳之內. 羅女支頤而坐, 悽然泣下, 忽然壁上掛鏡裏, 覩有人影, 心以爲驚駭, 俄因窓隙見之, 破鏡乃奉花枝而立外, 羅女怪而問之, 則乃詭竊謂曰：｢君欲翫此花, 故爲君折來, 未枯之前, 受而翫花.｣

羅女因歔欷太息, 破鏡慰之曰：｢鏡裏影落之人, 必使君無恙矣. 請勿憂而速受此花.｣

羅女雖受其花, 愧而起入. 久之, 猶疑破鏡之語, 承問告于丞相曰：｢破鏡雖幼童子, 才學絕人, 且有神仙之氣, 此函中之物, 能究作詩.｣

丞相曰：｢汝以此事爲易, 發言如是乎? 若破鏡之所能爲也, 則國家名儒, 一不能作詩, 而竟以此函, 委之於我耶?｣

女曰：｢鷦雖微鳥, 能〈8〉生大鸖, 破鏡雖駑, 安知其生大才乎?｣

仍以破鏡無患之語, 告之曰: "彼若不能作詩, 則何以出此言也? 願招致破鏡, 試命作詩."

丞相意甚頗然, 乃招致諭曰: "汝若究此函中之物而作詩, 非徒厚賞, 當遂汝意."

破鏡不聽曰: "雖賜重賞, 豈能作詩乎?"

羅女聞此言, 乃謂丞相曰: "夫人好生惡死, 人之常情. 故昔者有一人坐死當刑, 問其曰, '汝若作詩, 吾當赦之' 其人不曉一字, 而必從其命. 況破鏡文學有餘, 可能作詩也, 而佯爲不能. 今父親脅問破鏡以死, 則豈無好生惡死之心而不從也?"

丞相以爲然, 乃脅問破鏡曰: "汝以吾奴, 不聽我言, 罪當斬也."

仍命他奴將下斬之. 破鏡恐誠斬之, 而佯許之. 頃之, 持函而出, 坐於中門之外, 私自語曰: "此所謂, '方被賊兵, 欲殺謀臣者也.' 如我之者, 雖死不足惜也, 不知丞相何如耳."

會丞相夫人如厠, 頗聞其言, 入謂丞相曰: "破鏡無作詩之意也."

仍以其語告之. 於是, 丞相令乳母, 以自19)諭曰: "汝之文才有餘, 故可能作詩, 而汝有何所欲, 至死不爲也? 如有所欲, 毋敢隱我而直言之, 吾當爲汝方且圖之."

破鏡默然良久曰: "丞相若以我爲婿, 則吾必作詩矣."

乳母入報丞相, 丞相厲色曰: "豈有以蒼頭爲婿之理乎? 汝言大謬然!"

更言之曰: "汝能作詩, 則吾乃畫女顏而示汝. 然後求得如

---

19) 自: 국도본에는 '和'.

此顔色之女, 必娶汝矣."

令乳母出而言之. 破鏡含笑曰: "雖畵餠於紙而終日見之, 何有飽腹之理? 必食然後, 可爲飽也."

仍以足推函, 而偃臥曰: "吾雖寸斬, 不能作詩也."

乳母入告此言, 丞相默然而太息而已. 於是, 羅女徐謂丞相曰: "父親愛我, 而〈9〉不聽破鏡之言, 則後悔莫及. 願從破鏡之言, 而父母長享富貴, 不亦宜也? 自古以來, 所可愛者, 惟獨人生而已, 他尙何愛哉?"

丞相曰: "汝言善哉! 父母之心, 以爲不以門戶相適之人, 而爲汝之偶, 則必有怨心矣, 故未之許也. 而今汝不顧此, 徒欲慰父母之心, 而發如是之言, 眞可謂孝女矣."

乃與夫人, 相20)爲婚姻曰: "今若不聽破鏡之言, 則懼有後悔之事也."

夫人曰: "吾亦惟之, 君言是也."

是時, 丞相乃令侍婢等, 煥21)水洗破鏡之身, 以去其垢, 而更以羅巾拭之, 然後飾以錦衣, 遂卜日成禮焉.

翌朝, 丞相令使人於蘭房, 促之以作詩, 壻卽曰: "此詩之作, 何難之? 吾將究之."

乃令羅女糊紙於壁上, 自取毛公, 挾於足指而宿焉. 丞相悶之, 呼其女曰: "壻卽作詩耶?"

對曰: "詩不作, 猶寢焉."

仍憑几假寐, 夢有雙龍從天而下, 相交於函上. 又有五色

---

20) 相: 국도본에는 '約'.

21) 煥: 국도본에는 '煖'.

班衣之童十輩, 奉函而立, 乃唱歌, 函欲自開. 俄有五色瑞氣, 出自雙龍之領, 貫照函內矣, 紅衣靑帕之人, 羅列左右, 或製詩而吟, 或秉筆而書之. 書之際, 適聞丞相喚人之聲, 驚悟乃搖其夫而令悟之, 新郞睡覺, 而卽製其詩, 乃大書于糊紙壁上, 龍蛇驚動矣. 其詩曰:

團團石中卵 半白22)半黃金
夜夜知時鳴 含情未吐音

乃以授其細君而入遣. 丞相見之, 猶未信焉. 及聞羅女之夢中所覩之事, 然後乃信之. 遂奉詩詣闕, 而獻于王. 王見之, 大驚曰: "卿何知而作也?"

對曰: "此非臣之所製, 乃臣壻之所製也. 是以莫知其所知也."

王乃遣使者奉詩, 獻于皇帝. 皇帝覽之良久曰: "卵云〈10〉者是也, '知時鳥23)含情'之意不爲是也."

及拆函, 見其裹卵成雛之形然後, 始知'含情'者之意是也. 皇帝乃歎曰: "此天下奇才也!"

於是, 招學士見之, 咸贊乃上書曰:

大抵在人神24)中之物, 能知製詩者, 尙鮮. 況新羅絶域藩

---

22) 白: 국도본에는 '玉'.

23) 鳥: '鳴'의 오자.

24) 神: '袖'의 오자.

籬之國, 而其人能知中厦25)微細之事, 而如此作詩, 其爲才能何如哉? 且中厦之國雖大, 如此之難得, 而以偏小之國, 有如此才, 意者從此, 小國將必有無大國之心乎! 伏願陛下, 復26)喚此儒, 以問能知難事之由.

帝甚爲然, 卽詔新羅以徵作詩之人.

於是, 羅王招丞相羅業曰: "今皇帝將欲侵我國, 而又徵作詩之人, 卿之婿雖當己行. 然婿尙幼, 送之似難, 卿無奈代行乎?"

對曰: "亦惟27), 而大王之敎是也."

乃遂還家, 泣且語家人曰: "今天子詔我國, 徵作詩之人, 婿郞尙幼, 不可遣之, 我不得而代行矣. 一行則無復生還, 將爲奈何?"

於是, 羅女退, 謂新郞曰: "君何以爲作詩, 而今又徵作詩人哉?"

仍丞相代行之語告之, 郞曰: "我已知之. 丞相代行, 則非惟不還然, 必有大禍也. 我將行之."

女曰: "君今若行之, 棄我萬里, 知能其還乎?"

仍悽然淚下. 郞慰之曰: "君不知耶? 古人云, '天生我才, 必有用之.' 我入中國, 則天子必用我, 大以封王侯, 小以拜將相矣. 吾於此時, 乃還于玆, 以示榮於君, 不亦樂乎! 況大丈夫周

---

25) 厦: '夏'의 오자.

26) 復: '須'의 오자.

27) 亦惟: 국도본에는 '臣推之'.

流28)天下, 自古有之. 我之此行, 是亦丈夫之常道, 豈有不還之理乎? 願君勿疑焉!"

仍陳丞相不可代行之狀, 謂之曰: "請以此白于丞相, 而使我行之, 可也."

羅女應曰: "諾."

乃入上房, 謂丞相曰: "新郞欲自行矣."

仍以其言俱告之, 丞相賢其言曰: "婿之此言⟨11⟩忠孝, 眞賢之人矣!"

仍入闕上書29)曰: "臣欲令婿遣之."

王曰: "卿旣許以代婿之行, 而今更欲遣之, 何耶?"

對曰: "臣婿雖幼, 才學過於臣十倍, 亦能究函中之物作詩, 故今皇帝幸, 欲更令作詩. 而如此徵作詩之人, 則臣雖代行, 恐不堪製詩, 以失我國之体. 是以欲令婿遣之矣."

王以爲然, 而許之. 翌日, 婿郞乃入闕, 謁現王. 王問曰: "汝之年歲, 幾許?"

對曰: "十有三矣."

王曰: "汝之年少若是, 則雖入中原, 將爲奈何耶?"

對曰: "誠以年與体壯, 若謂之, 則國家之儒, 皆爲年長体壯者, 一不能究函中之物而作詩乎?"

王驚愕, 乃試問曰: "汝入中原, 將何意以對于天子耶?"

對曰: "大凡長者之於小者, 以長者之道遇小者, 則30)亦以

---

28) 流: '遊'의 오자.

29) 書: 국도본에는 '言'.

30) 則: 국도본에는 '則小者'.

小者之道事長者. 故今中原以長者之道遇小國, 則小國豈敢
不以於31)小者之道事大國哉? 釋此不爲, 而顧欲侵之, 以鷄卵
盛於石函, 送于我國, 使之作詩, 其後反嫉作詩之人, 徵32)者,
不知何意也. 大國之道, 果如是反覆, 而欲令小國而以小者之
道事之, 是猶己不善而責人之善也. 無乃非天子乎? 臣以此欲
白于皇帝矣."

　王大奇其言, 乃下床, 握其手, 謂之曰: "汝入中原, 而汝之
鸞家, 余當賜衣廩, 以至汝還, 而惟於將行, 何以餽贐也?"

　羅婿拜謝曰: "不願他物, 而但欲五十尺帽耳."

　王卽造與之.

　於是, 羅婿拜謝而出, 乃稱新羅文章崔致遠, 將向中原. 至
海濱, 烟霧來迓,33) 設醯34)以慰35)餞別. 於是, 羅女不勝離恨,
而乃作別詩曰:

白鳥雙雙漂海烟 孤帆去去接靑天
別酒緩歌無好意 長年愁疊夜何眠

〈12〉致遠亦作詩慰之曰:

---

31) 於 : 연문.

32) 徵 : 국도본에는 '徵之'.

33) 烟霧來迓 : 국도본에는 '烟霧烟黨來迓'.

34) 醯 : 국도본에는 '酌'.

35) 慰 : '爲'의 오자.

東36)方夜夜莫愁苦 霧鬢花顔恐衰耗
此去功名當自取 與君富貴喜居邸

　兩人相詩畢, 致遠遂浮海, 而至瞻星島下, 舡乃廻而不流也. 致遠問其亭長, 對曰: "前聞龍神在此島下, 意以爲此龍之所作也. 願祭禱之."

　遠從其言, 乃下舡而登島上, 忽有少年儒生, 拱手而坐. 致遠恠而問之曰: "君何爲者耶?"

　其儒起而敬拜, 答曰: "龍王之子李牧也."

　又問曰: "何以至此?"

　對曰: "今聞先生天下文章, 故將欲而37)從受學, 至此待之."

　復言曰: "夫我之地, 與人間之地殊異, 無孔子之學, 故無由得學, 是以我常自歎曰, '作何罪, 而誤生此地, 不得聞孔子之道也.' 偶得天下文章, 豈非天欲使我得聖人之道也?"

　乃重致敬, 邀入龍宮. 致遠辭而38)行迫, 儒生强請曰: "願須臾入留."

　遠不得已許諾, 謂儒生曰: "汝家安在?"

　對曰: "家在水下耳."

　致遠曰: "然則從何以出入?"

　儒生曰: "願乘我背, 而少頃瞑目, 則可入矣."

---

36) 東: 국도본에는 '洞'.

37) 而: 연문.

38) 而: '以'의 오자.

遠如其言, 從岩下而水中, 已入龍宮. 其儒曰: "已至矣."

致遠開目, 則至於門下. 乃入, 立入於陛, 其儒入報龍王, 王大喜, 卽出拜, 遂邀入宮, 而對坐龍床. 乃設酌慰之. 致遠以行迫告辭, 龍王曰: "文章幸爲見我弊室, 而留數日, 卒然遽行, 於我心有慽慽焉."

仍言曰: "我之仲子李牧, 才健過人, 願與偕往, 而幸39)有大變, 勢能禦之."

遠許諾曰: "當惟命矣."

遂與李牧偕還始相逢處. 亭長於岩下橫舡而泣, 忽見致遠, 乃賀曰: "從何處而來也?"

遠曰: "從仙間而來."

亭長曰: "昨者, 明公將行祭於島上, 狂風遽起, 白〈13〉浪淘湧, 晦瞑40)晝晦, 我心以爲必是祭不得效, 値此大變, 而哭之矣. 今偶然得見, 其意幸甚, 可勝道哉?"

仍問曰: "彼在下之童, 未知何人."

致遠曰: "此龍宮水府之賢人也."

曰: "然則何以到此?"

遠曰: "聞我將中原, 今爲見我而至此也. 昨者風動晝晦者, 此儒來而然也."

遂泛舟而行, 常有五色之雲, 起於帆上, 蔽之矣. 至魏耳島, 適旱爲甚, 萬物盡赤矣. 其島人聞崔文章至, 爭趍迎乞曰: "此島之人, 不勝旱苦, 皆爲餓死, 而其幸不死者亦離, 此島將空.

---

39) 幸: '若'의 오자.

40) 晦瞑: '海瞑'의 오자.

今幸天下之大賢, 以此島之我等, 卽再生之會也. 且我等聞之, 凡人賢而文章, 則苟爲致誠禱之, 天必應之, 相公爲文章禱雨, 以救萬死之命. 若明公得雨, 則其恩德, 豈有量哉?"

遠聞此言, 顧謂李牧曰: "龍王謂君爲多能勇力, 君勇發洒雨, 以濟此島將死之民."

李牧乃從其命, 遂入山中. 有頃, 黑雲蔽日, 天地混暗, 雨下如注, 須臾水漲, 島民大悅. 李牧出自山間, 坐于致遠之傍. 頃之, 雲氣復合, 雷聲闐闐, 雨下如初.

俄有靑衣僧, 持赤劍而下, 謂李牧曰: "吾奉命於天帝, 誅汝以來."

揮其劍以進. 李牧大俱,[41] 謂致遠曰: "吾不得違先生之命, 故未受天命, 擅嬌[42]洒雨, 而天甚嫉我, 將授矯制之罪, 爲之奈何?"

遠曰: "君勿憂, 而少頃隱身, 則得免矣."

牧從其言, 遂化爲蛇, 而隱於致遠所坐之席下也. 天僧謂致遠曰: "天帝今我遣者, 誅牧也. 足下隱而不出, 何也?"

遠曰: "李牧有何罪, 而上天欲誅之耶?"

天僧曰: "此島之人, 父母不孝, 昆弟不睦, 欺其貧殘, 風俗甚惡, 故上帝全不洒雨之. 今牧不受天命, 擅自洒雨, 故天乃嫉之, 遣我誅之矣."

遠〈14〉曰: "僕爲此島之人, 乃命李牧洒雨, 故罪宜在我, 不在牧也. 欲誅之, 誅我可也."

---

41) 俱: '懼'의 오자.

42) 嬌: '矯'의 오자.

僧笑曰:"天帝命我曰,'崔致遠在天上時,幸作微罪而落謫於人間,本非人間碌碌之人也. 汝往斬李牧時,若致遠懇懇止之,愼勿誅之而還矣.'"

乃辭還天. 於是, 李牧復化爲人,問於致遠曰:"先生在天上時,作何罪,而落謫於人間乎?"

遠曰:"我以月宮未開桂花, 誣以已開, 告於天帝, 故以此於43)作罪耳."

仍謂李牧曰:"汝雖龍王之子,我曾未見龍神之身,汝爲我試視之."

對曰:"若欲觀之,非難也. 但恐先生之驚也."

遠曰:"天僧之威,尙不畏之,今見龍身,何畏哉?"

曰:"若然,則吾當示之."

乃入山中,化爲黃龍,而呼致遠. 致遠視之,卽魂仆地,而須臾復蘇,謂李牧曰:"吾欲獨行,汝速還去."

牧曰:"始以家君使我侍先生,以慰先生之獨行耳. 于今, 未致中原, 而安忍遽棄而乃還哉?"

致遠曰:"今我行幾近中原, 而亦無可爲之事, 莫如還往."

牧曰:"先生強欲令還,則不敢違命,而但吾雖有勇,未曾試之,今欲試之,以示先生,何如?"

遠乃許之, 於是李牧變亂44)其身, 而爲大靑龍, 踊躍大吼, 聲震天地而去.

時是,45) 致遠至絶46)江亭舍,留止,有一老嫗携酒來饋,仍

---

43) 於:연문.

44) 亂: '化'의 오자.

以浸醬綿, 與之曰:"此物雖微, 必有所用, 愼勿失之."

遠曰:"謹受敎矣."

乃辭而去. 至陵原道傍, 又有一老人, 慨然歎曰:"今入中原, 則必有大患矣, 汝須愼之. 若不愼, 難以生還."

致遠拜問其故, 翁曰:"汝今限五日而行, 則忽有大水當道, 而水邊有娃女, 左手捧明鏡, 右手捧玉盤而坐. 汝見其女, 致敬拜謁而問之, 其女必詳敎矣."

遠行五日, 果大水邊有一美女捧〈15〉玉而坐. 乃敬拜謁. 女問曰:"何爲者?"

致遠對曰:"我是新羅崔致遠也."

又問曰:"汝將安往?"

對曰:"往中原耳."

又問曰:"將何事而往?"

遠以具告厥由, 女試47)之曰:"夫中原大國也, 與小國殊異, 故今天子聞君至, 必設九門, 然後迎入汝矣. 入門之時, 愼勿放心. 大禍將至."

仍探所佩囊中, 出符書與之, 又誡曰:"汝至外門, 以靑書符投之, 至二門, 以丹書符投之, 至三門, 以白書符投之, 至四門, 以黃書符投之, 至餘門, 乃以詩答人之言, 如此則禍將消矣."

言訖, 仍忽不見. 至洛陽, 有一學士, 問於致遠曰:"日月懸

---

45) 時是:'是時'의 오기.

46) 絶:'浙'의 오자.

47) 試:'誡'의 오자.

於天, 而天者懸於何處耶?"

致遠答曰:"山川載於地, 而地者載於何處耶? 汝言地之載處, 則吾言天之懸處矣."

學士不能答. 於是, 皇帝聞崔致遠之來, 欲誑之, 乃於三門內, 鑿坎數丈, 令樂人納于其中, 誡曰:"崔致遠入來時, 共極奏樂, 以亂其心."

誡畢, 更以板覆加土其上, 又於四門內設錦帷, 令象入其內, 然後乃招致遠. 於是, 致遠將入門, 而所着之帽, 觸於門上, 乃歎曰:"雖以小國之門, 我帽不觸, 況大國之門, 帽觸耶?"

立門而不入. 皇帝聞之甚慙, 卽令破毀其門, 然後更招. 致遠抵入門, 俄聞地下有樂聲, 卽以靑符投之, 其聲卽寡. 至四門, 見有象隱於帳內, 以黃符投之, 其符化爲黃蟒, 繞於象口, 不敢噬, 故乃得而入. 皇帝聞致遠至於四門, 無恙得入, 乃驚曰:"固天之所知人也."

至五門之內, 有學士羅滿於左右, 爭相問語. 致遠不以爲應, 惟作詩與之. 盖頃刻之間, 所製之詩, 不可勝數矣.

至御前, 帝下床, 迎之榻, 仍問曰:"卿究函中之物而作詩也?"

對曰:"然⟨16⟩矣."

帝又問曰:"卿何知而作詩耶?"

對曰:"臣聞之, 凡賢人, 則雖在天上之物, 猶能達知. 臣雖不敏, 豈不知函中之物, 製詩乎?"

帝深然48)之, 又曰:"卿入三門時, 未聞其聲耶?"

---

48) 然:'歎'의 오자.

對曰:"不聞."

帝乃招三門內地下樂人, 捶之. 皆曰:"我等共極奏樂之際, 忽有靑衣白衣者數千, 來縛我等曰, '大賓來矣, 勿爲奏樂.' 仍杖擊之, 故不敢樂也."

皇帝大驚, 卽令人往, 觀坎中則大蛇盈滿矣. 帝大奇之曰: "崔致遠非常之人."

乃帳御飮食從官, 皆如天子居矣.

一日皇帝與致遠, 相語移日, 而動靜言語, 無不通之.[49] 帝以爲'囊[50]者之事雖奇, 朕非親見, 不足盡信, 朕自試之.' 因食之時, 先以毒藥納諸食中矣. 致遠知而不食, 帝問其故, 對曰: "毒物在於食中, 故不食耳."

曰:"何以知之?"

對曰:"今聞帳幕之上鳥啼之聲, 知也."

帝笑曰:"朕未見於[51]卿才, 自以爲猶豫矣. 今乃不及也."

愈益厚遇. 會是年秋, 大會天下儒生而設科試, 儒數至八萬五千五百六十八人. 崔致遠亦參焉. 由是得爲壯元, 皇帝驚曰:"致遠以小國之儒, 卓其居首, 甚可貴也."

仍累鉅萬, 帝乃會登第儒士於殿前, 而使之製詩. 俄而雙龍自天而來, 含取致遠所製之詩而乘天矣. 此時, 皇帝見之, 卽招致遠曰:"卿何而爲作詩, 而天乃取耶?"

遂封爲文信侯.

---

49) 無不通之: 국도본에는 '無異常人'.

50) 囊: '曩'의 오자.

51) 於: 연문.

居數年, 黃巢賊李伂等聚衆四萬, 破陷郡縣. 連年討之, 不能克. 皇帝聞之大驚, 卽招致遠爲上將軍以討賊. 遠應命至黃巢, 而不與賊戰, 惟書遣賊. 賊乃遂降. 於是, 致遠擒魁帥而返. 皇帝大悅, 益封食邑, 且賜黃金三百鎰, 恩幸傾於群臣矣. 由是諸大臣嫉而讒之曰: "致遠以小國之人, 〈17〉見睦下大國之政耳."

皇帝大怒, 乃貶致遠於南海島上, 絶食也. 遠常以老嫗所授浸醬之綿, 夜令瀑露而飮之, 故不得至死. 居一月, 帝欲知死否, 乃使人招之名. 遠心知其意, 故以微聲應之. 使者還白曰: "幾死至矣."

諸大臣乃嘲致遠曰: "崔致遠以小國之人, 來於中國, 萬端之52)欺上, 幸得備位, 恃勢矯人, 令反取其殃而餓死矣."

此時, 會南國使者, 奉貢如元, 過致遠所謫之島. 忽見, 島上有一儒士與僧, 共坐而讀書, 又有天女數十, 羅列唱歌也. 遂停舟久視之. 請詩於其儒, 其儒作詩與之. 於是, 使者至元, 乃其以儒所製之詩獻之, 帝問曰: "是何人之詩耶?"

對曰: "臣所以過南海島, 上有儒生與僧共坐, 天女數十輩, 唱歌團欒, 而所製給也."

帝招群臣, 以詩示之, 對曰: "觀其書意, 雖若致遠之詩, 然絶食三月, 豈有而53)生理之54)也? 必彼之靈魂之所作矣."

帝乃欲試使人, 招致遠高聲, 應之曰: "汝何爲者, 每呼我

---

52) 之: 연문.

53) 而: 연문.

54) 之: 연문.

名乎?"

 仍以罵之者, 不已矣.

 使人還白曰:"致遠非徒不死, 乃高聲應之."

 帝驚曰:"天之所恤人也, 不可死耳."

 乃使人招致遠, 奉命至洛陽. 帝宣室,[55] 乃招問之曰:"卿在外三月, 何不見夢寐也?"

 仍責之曰:"語云, '普天之民, 莫非王臣. 普天之地, 莫非王土.' 以此言之, 卿雖新羅之人, 新羅亦朕之地也, 卿君亦朕之臣也, 以叱朕之使者, 何也?"

 致遠遂書一字於虛空, 躍乘其字之上曰:"是亦陛下之地也?"

 皇帝乃驚, 下床頓首謝之. 遠追曰:"陛下信聽小人之譖, 令臣至死, 故今還我國, 可也."

 仍袖出'獅'字, 擲之於地, 卽化爲獅也. 遂乘其獅, 騰入雲間而去. 至新羅地境, 見有人〈18〉屯聚溪邊, 致遠問於其人, 其人誣之曰:"羅王出遊矣."

 信之, 遂往而見之, 則乃獵人也. 謂其人曰:"吾爲汝之見欺矣."

 仍騎驢而至行東門外. 適新羅王出遊, 見致遠騎驢而過, 乃令人捕捉於前, 乃責之:"余欲誅而爲其功多, 故不忍加罪而赦, 今後毋令見余也."

 自此之後, 崔致遠得罪之於王. 遂將家人, 入伽倻山, 不知所終焉.

---

55) 宣室:국도본에는 '於宣室'.

朴應敎直諫錄
一名泰輔, 字士元

　上之十六年[1]己巳四月二十三日, 乃中宮殿誕日也. 供上單子, 百官單子, 皆退出,[2] 而供上進膳埋置後苑, 囚禁內侍乘[3]傳, 罷出[4]承旨申璊.[5] 翌日午時, 頗有廢母之擧.

　前應敎朴泰輔, 在罷職中, 不得預政廳之論, 而無所折諫之路, 乃通于前日同之志士,[6] 共議上疏. 前判書吳斗寅, 以位高爲疏頭, 而[7]應敎親自製寫, 與散班朝士李世華・兪憲・金載顯・李墪・徐文裕・趙聖輔・李光夏・尹枰[8]・沈楫・徐宗泰・沈思泓・申汝哲・李行夏・李志雄・金洪福・柳命才・洪受演・李東馣・李宜昌・沈壽亮・朴泰淳・金演・徐宗憲・金斗南・金夢臣等七十餘人,[9] 越五[10]日奏疏, 而政院待

---

1) 十六年 : '十五年'의 오류.

2) 皆退出 : 《선희록(鮮稀錄)》〈박태보전(朴泰輔傳)〉(연세대 소장)에는 '上皆退出之'.

3) 乘 : '承'의 오자.

4) 出 : 연세대본에는 '黜'.

5) 璊 : 연세대본에는 '滿'.

6) 同之志士 : 연세대본에는 '同志之朝士'.

7) 而 : 연세대본에는 '疏則'.

8) 尹枰 : 연세대본에는 '尹'이라고만 기록.

命闕下.

上覽之大怒, 親乘玉轎, 率別監[11]內臣及若干, 御于仁政門. 於是政院, 急召禁府堂上及大臣數人, 命設鞫之具. 天威震疊,[12] 急於雷霆, 燈燭照耀, 內外諠譁.

當是時夜已深矣. 自餘疏下之人, 各歸其家, 唯疏頭[13]吳斗寅, 前參判李世華, 前參議沈壽亮, 前牧使李墅, 製疏[14]朴泰輔, 前修撰金夢臣, 前翰林李寅燁, 前正言金德基·趙壽泰等在於闕下. 吳斗寅, 李世華, 金德基, 各在〈19〉依幕, 其餘共在一所, 遽聞闕內震動之聲, 私自相謂曰: "此必治我輩之擧也."

俄而的聞定鞫之奇也, 一時齊會, 待罪於金虎門外, 人皆戰慄, 自分必死, 而獨應敎辭色自若, 顧謂傍人曰: "爲人臣之子, 至於此境, 固其例也. 何其驚動之若是耶?"

海昌尉白于大人曰: "御前對答之語, 何不相議也?"

應敎言於判書曰: "大監入於御前, 則上必問製疏之人, 願直告不諱."[15]

判書曰: "吾何忍使君入於死地乎?"

---

9) 연세대본에는 이들 인물 이외에 '崔洹'도 있다.

10) 五: '二'의 오기.

11) 別監: 연세대본에는 '大殿別監'.

12) 疊: 연세대본에는 '動'.

13) 疏頭: 연세대본에는 '疏頭前判書'.

14) 製疏: 연세대본에는 '製疏前應敎'.

15) 願直告不諱: 연세대본에는 '願直言不違'.

對曰:"凡事君之道, 勿欺也而犯之, 願直告之."

李世華乃解其偪服, 撫膝長歎曰:"三十年食祿之身, 必碎於杖下矣."

頃之, 羅將四人, 自闕內星馳而來, 急呼曰:"疏頭吳斗寅, 安在?"

判書應聲曰:"某在斯."

卽三木囊頭而入. 應敎躡足摻裾曰:"大監! 願直言勿諱, 一如吾言. 此事非大監所爲獨當, 此疏吾實自製而自寫. 若有所諱, 吾當自決."

再三申申. 因脫靴着鞋而坐, 俄而羅將馳來, 又問曰:"李世華·兪櫶安在?"

二人乃疏頭之次也. 李世華則着枷而入, 兪櫶則以身病, 方在門外空舍, 又繼世華而入. 羅將馳來又問:"製疏誰也?"

應敎卽答曰:"製疏人朴某在此矣."

乃脫網巾, 竝其草盃, 而授奴子曰:"歸獻于北堂."

擇其大枷而着之. 疏中諸人執手而言曰,"胡不相議, 欲爲自當乎?"

對曰:"吾已有定志, 有何相議之事也?"

諸人曰:"此疏非特君獨製, 我輩相議而共製, 奈何獨當乎?"

應敎曰:"此疏吾實自製, 君等有何同罪之理乎? 死與不死惟我在, 二三子何患之乎?"

無辭卽不議而去. 諸人曰:"士元, 士元! 君何若趍樂地, 而視死如歸?"

應敎笑曰:"當此時, 爲人臣者, 不死何俟矣? 吾意已〈20〉定, 豈能謀避?"

神色不變, 泰然而入.

此時, 吳斗寅招辭, 李世華方在帳外, 見應敎之來, 慨然謂曰: "吾等年紀已大, 國恩亦深, 雖萬死尙且可也. 士元年未四十, 終鮮兄弟, 君若自當, 必至於死, 北堂鶴髮, 誰能將之? 閨裏靑孀, 誠可哀憐, 況且身被國恩不及我, 願君勿爲自當, 歸罪於我."

應敎仰天而笑曰: "惡! 是何言, 何言也? 吾之所言, 令監何能指敎耶? 人臣到此, 死而後已. 豈可欺心罔上, 以爲後人貽笑之資乎? 吾不忍爲此態也."

精神凜凜, 辭意切切, 李世華心甚奇之. 卽扶曳而入, 上見之大怒, 奮臂叱之曰: "汝之暴惡, 知之久矣. 惜其才能, 尙稽一誅, 不意今者逢此惡聲. 汝有爲此奸惡之夫人, 敢爲犯我, 肆其凶惡乎?"

應敎斂袵而跪, 正色而對曰: "殿下何忍出此言也? 君臣之義, 與父子無間, 爲殿下喩16). 若或父性太過, 而無故黜母, 則爲其子者, 寧有欲生之心, 而不爲折諫乎? 今殿下爲此無前之過擧, 坤位將有不安之漸, 臣等不勝罔極之情, 冒死闕下敢此仰陳, 乃是忠之所激, 焉有叛上之志? 爲中宮者, 乃所以爲殿下也."

上益怒曰: "速縛之. 汝何敢辱我如是乎? 予用逆律, 以治汝罪, 而予之殺汝, 有何難哉? 先爲刑訊, 而又設壓膝之具."

應敎進言曰: "請擧疏中條目以問, 臣請一一條陳."

上曰: "所爲17)'浸潤相軋, 共逼矯誣'等語, 是何言也?"

---

16) 爲殿下喩 : 연세대본에는 '請以父子間事, 爲殿下喩'.

應敎乃條陳, 節節對曰: "此言如此, 此言如此, 如彼如彼之言也. 凡閭里之間, 有一妻一妾者, 不[18]善任長, 偏愛賤妾, 則其間自有相軋共逼之事, 至於家道, 不順[19]者多矣. 殿下自數年以來, 尤專後宮, 擧〈21〉措失宜, 臣等每疑殿下之行事. 今見殿下之過擧, 此非'相軋共逼'之由起者乎?"

上極怒曰: "汝敢爲如此之言乎? 然則予爲偏愛賤妾, 以敗家之類耶?"

乃親命羅將高義起, 特令重杖, 而以繩結縛應敎之項, 繫于膝下, 使不得擧其頭. 羅將列立左右, 一聲齊呼, 闕內震動, 聲聞效洞.[20] 然應敎神色不變, 言辭自若, 雖爲痛治, 有若虛杖矣. 上益怒曰: "汝曾見洪致祥之事, 奚不懲此?"

對曰: "洪致祥雖或有誣上不道之事, 而小臣之疏, 則乃一國公共之論也. 殿下何不知小臣之心? 而乃比於洪致祥也, 臣實悲之."

上益怒曰: "汝爲陰測之婦人, 爲此奸惡之事. 汝之罪狀, 萬死無惜."

應敎聞命, 愕然勵聲而對曰: "殿下何忍出此言也? 夫夫婦人倫之大節, 聖人明人倫之有別也. 凡在常人, 尙且重夫婦之義, 旣未知中宮是誰之配耶? 殿下性道雖過, 何至違聖人之明

---

17) 所爲 : 연세대본에는 '疏中所謂'.

18) 不 : 원문에서는 '不'자를 지운다는 표시가 있으나, 문맥상 '不'이 있어야 함.

19) 順 : 연세대본에는 '善'.

20) 效 : '校'의 오자.

訓, 失其事體之若是耶?"

上曰: "汝不爲遲晚, 尤極辱我耶乎!"

對曰 : "殿下親鑑《周易》, 而昧此乾坤之重義. 臣實悶之. 中宮雖曰有過, 而昔在明聖王后於宮21)之時, 特眷愛未聞過, 今自元子誕降之後, 謂有過失, 此非浸潤之讒乎?"

上極怒極怒, 不知所言, 但曰 : "更爲其爲其, 是何言耶? 汝正不爲誣上, 不道遲晚乎? 汝之奸惡, 甚於金弘勗22)矣."

因行押膝斷筋之刑, 而命羅曰 : "勿謂23)泰輔之言, 不計杖數, 以杖擊其口."

羅將等奉命於24)行之, 然惜其無罪, 而參酌施行, 雖若重擊, 實不重傷矣. 又以衝其左右, 自下以色若靑黛. 應敎受刑二次, 而一次之刑, 正似三次. 脚力推板, 流血濺面, 〈22〉應敎顔色自如, 一不痛呼. 上極怒曰 : "急行押膝之刑."

應敎曰 : "臣今日固知必死, 而殿下行此, 如是之事, 他日必爲亡國之主矣, 臣竊爲殿下痛惜焉."

上曰 : "予之亡國, 預於汝哉?"

對曰 : "殿下雖曰無預於我,25) 而臣以喬木世臣, 與國家同休戚之身也. 是以痛之."

---

21) 於宮 : 연세대본에는 '御國'.

22) 勗 : '郁'의 오자.

23) 謂 : 연세대본에는 '聽'.

24) 於 : '而'의 오자.

25) 我 : 연세대본에는 '汝'.

上顧謂史官曰:"泰輔此言, 勿爲載錄."

於是, 重行押膝之刑二次, 而以十三度爲一次, 其爲慘酷之狀, 不忍言不忍言.

上曰:"如是酷刑, 而不出痛呼之聲, 其爲奸惡, 實無比也."

更問曰:"疏中所謂'夢說', 何也?"

對曰:"夢說者, 他無所聞, 不必詳知. 殿下備忘記中有之, 故知之也."

上曰:"然則汝謂我誣言乎?"

對曰:"宮內之事, 未能明知, 而夢者虛靈之事也. 偶然所夢, 雖不盡副, 有何過失? 夢寐之事, 夫婦之間, 雖或言之, 亦何大端過失哉? 殿下摘發此事, 以爲罪目, 此非無前之過舉乎? 若使中宮雖曰信夢, 殿下平日引見大臣之時, 屢發魂夢之說, 至於今日, 便以夢寐之事, 遽作中宮之過, 臣竊爲殿下不取也."

上大怒曰:"汝之所爲以此者, 以奸惡婦人, 乃是汝偏黨而然也."

對曰:"臣之入朝, 于玆十年, 而臣之爲人, 不合於世, 故平生所行, 無偏無亦黨, 臨事而愼, 擇言而發. 若使小臣以爲偏黨, 則當殿下過舉之時, 容悅順志, 務在迭迎, 豈有今日犯顔之理乎? 況此疏一國公共之論也, 爲殿下臣子, 而不諫殿下之過舉, 則爲臣之道, 果安在哉? 今聞殿下之言, 果是謂臣西人, 而有此慘刑."

上大怒曰:"然則謂我爲南人耶?"

應敎對曰:"殿下, 以殿下之心, 度他人之心, 則可〈23〉以知小臣之心矣. 夫父以無辜出其慈母, 則爲其子者, 豈不至死折諫? 此非難之事也. 願殿下深思之."

上益怒益怒曰:"尤極施毒, 速爲火刑."

應敎跪而對曰:"殿下雖行慘刑, 使我遲晩, 而小臣少無不道之事, 何有遲晚之理乎?"

上曰:"毒哉, 泰輔!"

泰輔左右奮臂, 或坐或立, 速令火刑. 火刑之慘, 百倍押膝, 慘酷之狀, 不忍形言. 若非鐵石肝腸, 何能至此而不變乎? 應敎正色厲聲而言曰:"臣聞押膝斷筋之刑, 乃是治逆也. 小臣有何罪逆, 而至於此極?"

上怒曰:"汝之罪狀, 浮於逆賊, 慘行火刑, 無所不已[26])也."

侍衛諸臣, 皆戰慄失色, 而應敎精神不變, 言語自若. 上曰:"自以爲是, 終不遲晚. 毒毒, 泰輔! 予不能服汝耶哉?"

應敎曰:"自古以來, 貴乎人臣者, 以其有直節也. 此誠小臣盡節之秋也. 今日之死, 死得其所, 上不愧天, 下不愧人, 豈敢盤桓有所回避? 今見趙祠基之疏, 語浸明后, 所言不道, 而殿下不治如此之人, 欲殺無罪之臣, 殿下之心, 臣實不知也. 臣委身殿下, 至于十年, 而未有犯顏之事, 式至今日, 使殿下有無前之過怒, 此乃小臣之罪也. 豈有他罪, 而虛爲遲晩乎?"

上顧爲史官曰:"泰輔斯言, 不爲盡記. 古今天下之間, 如此暴惡之人乎? 暴惡如此, 凌辱我上, 無足恠也."

因命羅將盡煮遍身. 右議政金德遠, 趙趄而進, 囁嚅而言曰:"自古, 火刑已有定規也. 今日如是, 則竊恐後日必有過規矣."

上曰:"若有定規, 則前日之規."

---

26) 不已 : 문맥상 '不'이 없어야 함. 연세대본에는 '不至'.

於是施刑, 麗27)酷無所紀極, 觀者膽慄, 慘不忍見, 而應敎精神凜凜, 言語愕愕, 自有道理, 少無失君臣之分〈24〉義, 左右羅將, 莫不歎服.

上問曰: "兪櫶則不知上疏, 而李世華則與汝共製云, 其言信耶?"

對曰: "製疏之時, 兪櫶病不親來, 遣子代署, 而疏中所言, 雖或未知, 而上疏本意, 非不知也. 李世華則惜無事, 欲爲同死耳, 焉有一辭之所贊乎?"

上曰: "汝終不遲晩乎?"

對曰: "臣之命, 懸於殿下, 生之死之, 惟在殿下, 如欲殺之, 速令行刑, 可也. 何其駈迫之, 若是也? 夜深殿宇, 天露尙寒, 微臣萬死, 固無足惜, 而玉軆有傷, 臣實恐之."

又曰: "臣不忍杖, 虛爲遲晩, 則九原他日, 百魂譏凌, 若有知, 寧不愧心? 小臣之父, 今年七十, 臣之母, 今年六十有二, 半世奉養, 未盡反哺之誠, 今未拜辭, 遽作泉壤之人, 其爲不孝, 莫大於此. 罔極之情, 實難所堪, 而君臣之義旣重, 父母之恩反輕, 死已決於今日, 那得顧於私情? 嗚呼! 臣死之後, 魂歸九原, 上以拜先王, 下以隨先臣, 而遊於地下, 足矣. 未知殿下何如也. 嗚呼! 社稷存亡, 在此一擧, 黑28)德先君, 出29)不必30)哉. 若使中宮, 有妬忌之心, 則元子未誕之前, 寧有觀上納嬪

---

27) 麗: '嚴'의 오자.

28) 黑: '累'의 오자.

29) 出: '豈'의 오자.

30) 必: '少'의 오자.

之事乎? 今聽浸潤之譖, 有此無前之過擧, 小臣居下, 不能以求, 則生不如死, 惟願殿下速殺之."

自此以後, 閉目緘口, 終不一言. 上大怒, 顧謂判義禁閔黯曰: "卿未可親下受服耶?"

閔黯卽下堂, 戰慄失措, 不能成言, 僅曰: "罪人, 罪人, 遲晚, 遲晚."

應敎擧頭正色, 瞋目視黯曰: "我有罪而遲晚乎?"

黯黙然而退, 入告于上曰: "雖萬端施刑, 終不遲晚之意."

上紿曰: "汝若而遲晚, 則予必捨汝. 何其强項之, 若是耶?"

應敎對曰: "臣不欺君, 君不欺臣, 此明主賢臣之道也. 〈25〉今者小臣不欺殿下, 而殿下之欺臣如此, 臣實不服也."

上見其慘酷之狀, 而良久熟視, 中心不平, 卽起還宮, 而又命大臣, 下內兵曹, 復爲推鞫, 使大殿別監, 往視之, 聞其不死, 乃曰: "恠毒哉, 泰輔! 其爲恠毒, 有甚於金弘𩕳[31]也."

於是, 諸羅將一時解縛, 應敎呼吸始通, 大聲長呼, 而咽喉枯涸, 殆若氣絶. 有自備門下, 一吏奉茶一器, 以沾其喉, 應敎感其深恩, 問其姓名. 鉄石精神, 非人之所及. 至內兵曹, 推官睦來善重杖之矣. 應敎高聲大言曰: "在於御前之時, 天威震疊, 嚴鞫可也. 有何罪至此是耶?"

顧謂羅將: "羅將! 重杖, 重杖! 推官之命, 如彼如彼, 何不重杖也? 我豈生乎?"

見者莫不流涕. 而睦來善重杖之聲, 不絶於口.

自五日半夜, 至六日辰時, 而凡處刑之數, 刑訊三次, 押膝

---

31) 𩕳: '郁'의 오자.

二次, 火刑二次, 自餘散刑, 不可悉記. 骨絶32)盡碎, 筋脉皆絶矣. 同疏皆待罪於門外, 聞其重杖之聲, 料死而不料生, 搥胸頓足, 失聲大哭. 俄而羅將索其杖處所裹之物, 金夢臣・趙泰壽等, 裂衣以送, 而猶爲未足. 應敎謂羅將曰:"願裂我衣袖, 以裹之."

又謂:"扇子在袖中, 頗爲不平, 願歸吾家."

遂繫械以入禁府. 禁府軍卒, 盛陳威議,33) 擁衛而去, 其從侄朴弼淳,34) 排衆突入, 披其覆袷, 執手而謂:"叔父, 今日之事, 美哉, 美哉. 來頭之事, 未可前定, 願安心以鎭之."

應敎莞爾而笑曰:"吾志定, 已久矣."

遂入禁府. 其大人在郊外, 聞之驚駭, 卽爲來, 則已入禁府, 坐於禁府門外, 聞其保命, 欲見其精神之如何, 使人通音曰:"欲見汝之手跡, 數行之字, 未可書送耶?"

應敎知其大人之來, 不勝罔極之情, 飮泣呑〈26〉聲, 謹以傳喝曰:"聞以逆律治子之罪, 父子文字相通, 於義未安云耳."

翌日, 復有推鞫之擧, 領議政權大連35)箚曰:"泰輔之罪, 萬無可惜,36) 而復爲刑訊, 尙且殘忍, 願殿下參酌焉."

上命罷推鞫, 安置絶島. 其翌日昧, 應敎書於尺素, 送于父

---

32) 絶:'節'의 오자.

33) 議:'儀'의 오자.

34) 淳:'純'의 오자.

35) 連:'運'의 오자.

36) 萬無可惜:연세대본에는 '萬死無惜'.

曰:"子身被重刑, 尙保殘命, 豈非天耶? 伏願勿爲深慮, 以安心意."云云.

文筆如前, 少無減矣. 獄卒來告大人曰:"自古受刑下獄者, 百無一生, 而應敎之至今保命者, 此必天感忠誠所致也."

同日定配珍島, 出於禁府, 上下人民, 前遮後擁, 嘉其忠情, 皆願一見, 環市廛而觀之者, 億萬計數. 應敎於稠人列立之中, 見其親知之來, 皆擧手而謝, 其爲精神, 何其壯哉? 京中常漢吳孝仁曰:"賢哉, 朴泰輔! 一見此人, 若登龍門."

多少諸人, 盖觀乎此, 或失聲痛哭, 愛惜嗟嘆者多矣. 應敎身雖扶持, 而火熱極盛, 命在頃刻, 於城內空舍, 暫爲休息, 而其慈親亦來于此, 母子始爲相面, 慘痛之狀, 爲如何哉? 應敎拜于大夫人曰:"近日氣候, 未知何如也. 伏願安心焉."

一家諸人, 及朝37)班諸友, 皆曰:"日已夕矣, 病勢如此, 可於城內, 以過一宵, 明日38)出門, 如何?"

應敎曰:"病勢雖如此, 王命極嚴, 豈可暫留於城內乎?"

卽乘轎, 而市井諸人爭舁其轎曰:"賢人所乘, 舁之榮矣."

四邊雲集, 踊躍前後, 雖末路人心, 誠可貴也. 止於南門外村舍, 父子相面, 情不自抑, 而其慈堂則應敎之養母也, 自兒時收養應敎, 情若己出, 見其受刑之慘酷, 放聲痛哭. 應敎泣容白曰:"闕內受刑之時, 以父母39)爲恨, 皇天照臨, 憐我情事, 僅保殘命, 幸得承顔, 志願畢矣. 死亦何〈27〉恨?"

---

37) 朝 : 연세대본에는 '散'.

38) 日 : 연세대본에는 '朝'.

39) 以父母 : 연세대본에는 '以不見父母'.

萬端陳辭, 以慰母心, 而火熱極誠,40) 精神昏昧, 藥餌米飮, 不能下咽, 雖有扁鵲, 安能救其死? 左右視者, 莫不流涕.

應敎曰: "受刑殘命, 至今尙存, 天若助我, 以得生道, 則萬里行役, 難以寬懷, 願備書冊, 以付行裝."

其大人曰 : "讀書平生, 惟有今日, 朝聞夕死, 雖有聖人之訓, 而濱死危命, 書何有?"

血淚交橫, 猶如雨下. 欲觀病勢而登程, 以至數日, 有加無減, 王命極嚴, 勢難遲滯, 故五月初一日發行渡江, 戾于銅雀, 而病益重, 勢難啓行. 禁府都事, 啓聞于上, 請觀病勢以行. 上震怒不允, 速命督行. 病雖極重, 勢難淹留矣.

應敎聞其父母之傷懷, 針裂大毒, 其苦無比, 而强氣怡顔, 終不痛呼之聲, 時與諸友, 言笑戱謔, 完如平日矣. 從侄自外而來, 應敎曰: "國事今至何如境?"

對曰: "中殿出宮矣."

應敎噓嘻41)歎息曰: "嗟呼, 嗟呼! 此何國事耶?"

諸友至誠治療, 少無分效, 而父子一家, 未上42)有一言怨訾43)之心, 自知其所當職分也. 何其一家, 如此多賢也? 貫日精忠, 誠非他門所及也. 諸友慰而言曰: "應敎之精神, 堅如金石, 若得生道, 命也奈何?"44)

其友崔錫鼎, 握手痛哭, 應敎問其崔友之親患, 修其人事,

---

40) 誠 : '盛'의 오자.

41) 嘻 : 연세대본에는 '噓'.

42) 上 : '甞'의 오자.

43) 訾 : '上'의 오자.

無異平常, 且謂門生諸友曰 : "養父畵像, 托於平安監司, 而未有成, 願諸君惕念病友之情, 轉請于命45)明叔, 期於必成, 如何如何?"

越四46)日, 自知必死, 顧謂傍人曰 : "吾爲兩先親, 强受鍼藥, 而今則死已決矣, 何乃自苦如此."

乃命鍼藥之具, 易簀而臥. 欲處家事, 請其慈堂而白曰 : "嚴親設畵師, 若不申告, 則未必詳知, 吾請明白之."

其大人曰 : "此事汝雖不言, 曾已知之. 姑舍是事, 汝〈28〉有他懷, 悉陳無隱."

對曰 : "養父碑文, 暫有數條之遺47)編, 伏願一如前日之所白, 修正書之. 舍兄家莊子所曾製, 若有編遺48)之處, 與監司兄相議書之, 後嗣則不出於聃之兄弟矣."

所謂聃者, 乃舍兄泰佑之子也.

且曰 : "子之葬地, 曾定金浦之地,49) 切勿以爲養父, 他鄕之孤魂矣."

---

44) 應敎之精神, 堅如金石, 若得生道, 命也奈何 : 연세대본에는 '應敎精神, 堅如鐵石, 若得生道, 其幸何言? 應敎曰 : 君上欲爲生我, 雖賜寬貸, 精神耗損, 萬無生道, 命也奈何?'

45) 命 : '兪'의 오자.

46) 四 : 연세대본에는 '五'.

47) 遣 : '遺'의 오자.

48) 編遺 : 연세대본에는 '遺漏'.

49) 曾定金浦之地 : 연세대본에는 '曾定金保, 而難有禁斷之弊, 願不出於金保之地'.

又白於慈堂曰:"子之罪惡極重, 死於眼前, 其於不孝, 孰大於是? 雖然此乃命也. 伏願勿爲過傷, 千萬珍重焉."

其大人,50) 飮泣嗚咽, 不能正神. 諸友曰:"朋友之間, 無或有所言耶?"

對曰:"胸中所蘊,51) 曾已悉矣, 尙何言哉?"

閉目暫時, 而言之曰:"李天甫來耶?"

所謂天甫者, 乃其父之門生也.

其友李寅燁曰:"應敎行事, 無魂52)於人, 而今者忠諫, 至於此極, 魂歸地下, 必無魂53)矣."

對曰:"人非聖賢, 安得毋54)事盡善? 未知平生所謂,55) 自無大過耶否耶."

李寅燁曰:"亦臣葬地, 在於金浦, 相隨相遊, 無魂56)無作,57) 德不孤矣, 必有憐58)也."

對曰:"年少之人, 何其言之太過耶?"

---

50) 大人: 연세대본에는 '大夫人'.

51) 蘊: 연세대본에는 '藴'.

52) 魂: '愧'의 오자.

53) 魂: '愧'의 오자.

54) 毋: '每'의 오자.

55) 謂: '爲'의 오자.

56) 魂: '愧'의 오자.

57) 作: '怍'의 오자.

58) 憐: '隣'의 오자.

其五寸姪女婿申通津曰:"吾自以來, 得聞鞫廳之言, 則其共疏, 非所獨當, 自引歸己, 至於此境云, 然耶?"

應敎曰:"是誰之言也? 果若人則, 使我告引於崔錫鼎·李塾[59])耶? 此二人製疏而來, 詞意濛淹, 吾筆削之, 書何及於他人? 雖或不然, 當於此時, 豈一言傳引之事?"

因憤言鞫廳之頭末, 而熱甚喉苦, 不能成言, 通津曰:"不須强言, 終當聞之."

翌日之朝, 大夫人自內而出, 應敎擧目視之者三, 默無他言, 顯有悽然變色, 其婦人在側而泣, 應敎顧謂婦人曰:"嗟! 汝家人! 家人! 死生契活, 與子成說, 百年偕老, 擬將父母, 命道奇險, 至於此境永訣, 悲懷當復何如? 況不孝⟨29⟩有三, 無後爲大, 我今早歲, 無後而死, 九原他日, 目可瞑乎? 吾家之事, 都在娘子, 願我死之後, 珍重持自, 供父母之甘旨, 定我之後嗣, 使我之身, 莫作無主孤魂也."

婦人聞此言氣塞, 應敎叱之曰:"男子殞命, 不死於女子之手, 斯速入去."

乃命從姪, 扶持而入. 大夫人去而復顧曰:"幸有餘懷耶否?"

對曰:"家徵年旣長成, 學業未就, 伏願力勸之, 勿墜家聲焉."

大夫人與之永訣曰:"豈望汝之生乎? 一生一死, 人所難免, 而汝之死, 死亦榮矣. 情雖罔極, 奈何奈何? 願從容就死焉."

對曰:"謹遵所命矣."

---

59) 李塾: '李塾'의 오자.

大夫人不目睹, 痛哭而出, 觀者莫不隕淚. 應敎使其妹夫, 傳喝於父親曰: "子之兄弟, 皆死於眼前, 前爲不孝, 莫大於此. 未知平生有何罪, 而60)至於此耶? 且子之平生, 不近華服, 今又負死而罪,61) 伏願治喪之時, 一遵儉素, 以副子心."

  固臥正席, 五日巳時, 竟至不救. 嗚呼, 痛哉! 嗚呼, 痛哉!

  朴士元判書,62) 世經63)之第二子, 世球64)之養子也. 生于甲午之歲, 娶李相國前室女, 而以乙卯進壯, 中丁巳第壯, 位於朝官顯矣. 門戶赫赫, 聲名藉藉, 而事親竭力, 誠孝無間, 事君致身, 精忠貫日, 古往今來如子者. 惜乎! 閔中殿出宮之時, 犯顔直諫, 竟至於死, 疾風勁草, 歲寒松柏. 嗚呼, 惜哉!

---

60) 而 : 연세대본에는 '惡而'.

61) 死而罪 : '罪而死'의 오류.

62) 朴士元判書 : 연세대본에는 '應敎, 姓朴, 名泰輔, 字士元, 參判'.

63) 經 : '堂'의 오자.

64) 球 : '垩'의 오자.

南漢日記

　吾東方, 自祖宗以來, 不習軍旅, 惟事文治, 而西北一隅, 與金國, 壤地相接, 朝夕伺釁者久矣. 戊午動兵之後, 益肆狼顧之心, 固未嘗一日忘我, 而猶未加兵於我者. 方有〈30〉事天朝也, 邦運不幸, 賊臣明連之子潤, 逃入賊中, 陰懷報仇之心, 備泄本國事情, 挑之以利, 煽虎狼之威, 乘我邊之無備, 卽崇禎元年春正月也. 變起倉卒, 列鎭瓦解, 凶鋒莫遏, 禍且不測, 朝廷用計緩虜, 共結和好而退. 十年之間, 不事兵革, 務循姑息, 索之則與, 怒之則恸. 春秋送使, 惟其所欲, 而獸怒百出, 秦求無已, 人心咸憤, 時議大變.

　及至丙子春, 僭稱皇帝, 差遣龍胡, 抵書脅我, 言甚悖侵, 朝廷赫怒, 始有斥和之議, 待之大薄, 以致其怒. 及歸之日, 縱其從胡, 奔突閭閻, 奪人牛馬, 都城擾亂, 彼此相釁. 於是, 朝廷慮此賊, 熾張以挑, 速禍爲憂, 繼遣羅德憲·李廓等, 托以回答連信, 姑示不絶之意, 而自龍胡往返之後, 知我拒爾, 見兩使頗不悅, 侮辱多端. 況此時, 汗自進大號, 設壇告天, 毳幙連雲, 兵威甚盛, 驅迫而[1]兩使, 怯使陳賀於群胡之列. 德憲等, 一心大義, 誓死不屈, 惟以虎狼之威, 莫奪匹夫之節. 楚囚多日, 始許生還, 言者太激, 置之罪城,[2] 人皆稱怨. 自此朝廷益怒, 沮送使信, 永絶和好, 而惟崔相國一人, 以爲'內無自强,

---

1) 而 : 연문(衍文).

2) 置之罪城 : 《속잡록(續雜錄)》 4 〈정축(丁丑) 상(上)〉에는 '論罪充軍'.

293

外招兵釁, 非國家之計' 力陳疏章, 重被臺評, 危難迫前, 而人莫敢言, 識者憂之.

是年十二月十二日昏, 都元帥金自點狀啓, 敵騎犯境云.

十三日, 已到安州云. 盖數日前, 已有犯境之報, 而朝廷勿出朝報, 人莫知也. 自此, 上下士民凶凶, 相繼出城. 午時, 狀啓馳入, 昏又馳而入來, 敵已騎到中和云. 宗社位版及宮人王子, 皆向江都, 大駕追後而出, 日已申時矣. 大駕到南大門, 自京出戰之兵一騎, 到於駕前曰:"賊之先〈31〉鋒, 已過延曙."

上御門樓之上, 百官騎立, 而訓鍊大將申景禛, 結陣于慕華館. 是時, 君臣百僚, 蒼黃失色, 罔甚攸爲, 吏曹判書崔鳴吉, 入上前曰:"臣與李景稷, 偕往賊陣, 急請和好, 仍寢其鋒. 上須趁此時, 入南漢山城."

上嘉其奏, 因卽回駕, 東殿執鞚者, 已走矣. 急募他人, 未及之際, 親自執策, 蹜銅峴, 出水口門. 奔馳窘迫之狀. 不忍形言, 前後射隊, 旗鼓儀仗, 散亂相失, 都中士民及子女, 跣足徒步, 與大駕雜行. 父母子女, 夫婦兄弟, 奴主相失, 顚仆道路, 哭聲震天. 大駕到漢南山下, 日已矇黑, 人馬飢疲, 不得趁行. 駕前先導者, 只五六人. 幾至城門, 野鹿經路, 一黃門曰:"此吉兆也. 殿下不久還宮矣."

上曰:"何謂吉兆?"

對曰:"頃幸, 空山之日, 曾有此異, 今亦有之, 故云耳."

二更始入城, 崔判書來啓曰:"往說和好, 則頗以順辭答之, 且賊騎已到, 不多云."

朝廷有趁大軍未到移入江都之議.

十五日, 鷄鳴初, 大駕直出南門, 五里而還. 盖緣氷路極險, 上親自步行, 蹉跌玉趾, 氣體不安故也. 崔判書曰:"彼謂, 我等之行, 專主和議, 而來耳. 爾國人民奔散, 閭閻一空, 主上播越, 於心有所不安, 必欲修好, 須遣王子大臣及斥和人, 則當自還去, 且切不擄掠云."

朝廷令戶部, 入送京城, 取府庫之物, 以爲和好之資, 又令各司二員, 入府守省.

十六日, 遣假啣大臣沈諿及王弟綾蓬君, 欲定修好, 則曰 : "我本不指王弟, 及3)王子也. 必得王子然後, 乃還."

沈曰 : "王子時未闋服, 不可遠行."

仍以順辭喩之. 是時伏兵已還南漢, 自午後, 始掠人物.

十七〈32〉日午時, 敵兵已到南門外, 体府卽招守禦使李時白, 責其不得斥, 仍閉門守城. 上親自巡城, 朝廷又使左議政洪瑞鳳及韓汝稷,4) 再三往說于敵曰 : "王子時在江都, 欲引還以送."

敵曰 : "必得王子, 然後可許好和."

使還. 世子流涕, 請於上前曰 : "若事迫, 則臣當出往."

上不答, 爲之流涕, 臣度5)莫不慎泣. 是時, 城中訓練・御營, 及廣・水・利・楊・呂州等, 收合軍摠一萬八千餘. 城險無比, 人皆固守, 待僅6)王兵到, 欲倍7)城一戰, 而朝廷猶豫未

---

3) 及 : '乃'의 오자.

4) 稷 : '㴾'의 오자.

5) 度 : '庶'의 오자.

6) 僅 : '勤'의 오자.

7) 倍 : '背'의 오자.

決. 上親自巡城, 坐望月臺. 上曰:"予當自將擊之."

於是, 衆議乃定.

十八日, 募壯士, 密擊伏兵若干. 上午時親御大門, 頒哀痛詔, 畧曰:"一隅孤城, 和好已絕, 內無可惜[8]之勢, 外乏蟻子之援."云云.

讀畢, 百官皆痛哭. 仍令各敵[9]戰伐之策, 沈光洙入陳所懷. 上親自巡城, 以喩[10]百[11]曾爲協守使, 分授百官于城堞. 是夜, 賊兵處處屯聚, 烟火不絕. 近城三四里許, 龍山倉烟熖漲天矣.

十九日, 募炮手出城, 邀擊敵, 殺五六人奪馬而來. 行山壇祭.

二十日, 守堞于北曲者, 自募出戰. 清使到南門, 乞和.

二十一日, 自募出戰, 自上傳敎, 曰:"百官, 晝則守堞, 夜則休息, 與士卒同甘苦."

忠清監司鄭世規, 狀啓入來, 獻三雉.

二十二日, 無事.

二十三日, 大駕巡城, 募軍出戰, 而斬賊一級. 上還宮. 夜三更, 四方衆星, 繞一大星, 相鬪良久, 乃散盡, 向西而去.

二十四日, 大雪, 雲霧四塞, 天地晦暝, 只[12]尺不辨. 命祈

---

8) 惜:《속잡록》에는 '恃'.

9) 敵:'獻'의 오자.

10) 喩:'兪'의 오자.

11) 百:'伯'의 오자.

12) 只:'咫'의 오자.

晴, 有一卒請於上前曰 : "此賊易與, 而將無其人, 勿以紬衣綿13)衣爲將, 然後度可伐矣."

上曰 : "言於外."

上盡出寢殿地衣, 及義昌君〈33〉所獻山羊皮衾, 分給將士, 布空石, 焚香祝天, 露坐終夜, 紅袍盡濕. 政院請入, 上不許曰 : "將士飢疲, 避亂之人, 或棄子女, 慘不忍見."

二十五日, 上親自犒軍謂曰 : "國儲乏盡, 不能備酒饌. 物雖薄, 爾所喫盡."

將士莫不揮涕.

二十六日, 命官祭溫祚百濟始祖.

二十七日, 使李箕男, 以牛酒餽淸人. 淸人不受, 多發不恭之言, 箕男持還.

二十八日, 体府出軍將戰, 以風勢不順止. 金尙憲·東陽尉崔來吉等, 入侍. 時, 兩人曰 : "敵可伐."

崔獨曰 : "不可."

聞者扼腕.

二十九日, 將遣許偶14)請和, 姑之止, 出軍于似15)門, 敵佯退, 焚敵陣, 奪三馬三牛, 將回軍之際, 敵兵分三面, 急馳直進, 踩躪我軍, 被殺數百餘人. 我軍殺敵, 只三人馬二匹, 而來. 体

---

13) 綿 : '錦'의 오자.

14) 偶 : '僩'의 오자. 《인조실록》 14년 12월 28일에 최명길이 익위(翊衛) 허한(許僩)을 보내어 강화를 논의하게 하자고 건의했다는 기사가 있다.

15) 似 : '北'의 오자.

府軍官池汝海·李元吉等, 三十餘人皆死.

　三十日, 留都大將沈器遠, 破敵數百, 馳啓于行在. 上特除八道都元帥. 体府以夜氣陰霾, 分番登堞.16) 夜大雪.

　丁丑元月初一日, 遣魏山寶修歲儀, 又遣金藎國·李景稷, 請和. 請17)將曰: "皇帝已到, 以巡城事出去, 當待還陣稟定. 明且不可不遣人."

　時敵收合各處軍及被擄人等, 軍於炭川號二十萬, 聲言曰: "皇帝在此."

　張陽傘立旗幟, 鳴鼓吹角, 至城東門外, 周回而去. 兇謀所在, 不可測也.

　初二日, 遣洪相等于敵陣. 龍·馬兩將云: "丁卯盟約尚在, 爾國先背之. 我無所失矣."

　又出去軍處18)所奪有旨, 示之曰: "'可雪十年之恥' 今其雪之耶?"

　作凶音付之.

　完豊府院君李曙病卒. 上爲之痛哭, 賜項納絹19)五匹棺板也.

---

16) 分番登堞 : 《속잡록》에는 '合番守堞'.

17) 請 : '淸'의 오자.

18) 出去軍處 : 《속잡록》에는 '出去年'.

19) 項納絹 : 《속잡록》에는 '漢紗絹'.

婢猫今所志

〈34〉婢矣身自少失乳, 見養於主人, 于今有年矣. 惟其食性不善蔬, 而只嗜肉饌, 所飼之食如無肉味, 則退坐而不食, 每發長鋏之歎是白乎等. 以加佐味及大口魚等物, 搥碎爲屑, 和飯勸喂爲白乎所, 主人恩德, 昊天罔極.

而及其長成之後, 稍有爪牙之才乙仍于, 以掃蕩鼠賊爲己任, 而有窃飯之盜, 恣行於廚床之下, 則登時捕捉, 以供朝夕之需是白遣. 或有偸饌之寇, 出沒於庫房之間, 則窺伺捉得, 以爲點心之資爲白乎於如. 或鼠賊首尾兩端, 欲出而不出, 則作高聲彷徨咆哮, 使其奸狡之徒, 自斂其跡爲白在如中, 其於禁盜之策, 無所不用其極, 而主人敎是自得矣身之後, 衣無咬破之患, 飯有精潔之饌, 故當時接待矣身, 異於凡畜, 使得出入房帷, 恩愛備至.

而惟彼狗同段, 乃是外庭之奴, 所職不過門戶, 偃息抹樓下, 得食餘滓飯, 亦云幸矣. 而不自量分, 猶爲不足. 每見矣身之寵幸於主人, 常懷嫉妬之心爲白如乎, 婢矣身逢, 則馺逐狺然欲噬. 而今婢矣身力弱不能敵, 勢孤不能鬪, 蒼黃北走, 跳登屋簷, 菫乃得免其死爲白有在果.

百爾思量, 實爲痛心爲百齊. 大槩婢矣身與狗同, 雖曰異類, 名編同班, 而曾無夙世之怨, 又乏爭訟之端, 則所當同心協力, 以事主人是去乙, 徒以待遇稍異之, 故如是嫉嫌, 每每欲害, 其爲情狀, 殊甚痛惡兺不喩.

元來此漢心術不良, 凡有隣家之兒, 或因乞火而來, 則不意突出, 嚙傷其股, 辱及主人, 非一非再是白〈35〉乎於. 供飯之婢, 少或慢守, 則乘間偸食, 至於飽腹, 欲避譴責, 托稱齋日, 抹深入樓下,[1] 堅臥不起. 其爲情狀, 兇詐莫甚是白沙餘良, 每於主人朝夕對飯時, 偃然庭擧頭縱觀, 跡其本心, 則實欲奪食, 而勢未能耳.

惟其如是, 故頻見叱退, 而每當伏罪, 移怨於矣身, 懷嫌中毒, 無所不止[2]爲白臥乎所, 如此惡習不爲懲治, 則婢矣身萬無保存之勢, 極爲痛甚爲白良旀.

右良情由備細監當, 上項狗同, 各別治罪後, 責以義理, 期悟其心, 以爲彼此和睦共濟家事之至爲只爲.

---

1) 抹深入樓下 : '深入抹樓下'의 오기.

2) 止 : '至'의 오자.

奴狗同原情

　白等. 奴矣身, 常有不平於心者, 每欲訟之於主人, 而未得 其便, 尙忍度日爲白如乎. 今有推問之擧, 則正是雪寃之秋是 白齊.

　奴矣身, 雖是畜類, 口不能言, 而心孔尙明, 善會人意, 呼 之則來, 叱之則退. 尤識事主之道, 頗勤守家之責爲白如乎, 近來凶荒盜賊恣行, 而主家藩籬甚爲虛疎, 若有賊患, 責有所 歸, 故是用憂慮, 更加惕念. 夜夜坐徑於籬底, 更更巡觀於四 面, 目不交睫, 口不絶吠, 達曙辛苦, 日出方休是白乎矣. 又慮 主人年老家貧, 恒無適口之饌, 而矣身, 本以韓虜[1]之後, 頗有 乃祖之風, 熟諳馳獵之方, 故謀與班奴鷹連, 同往山野, 獵得 雉兎, 這這賚持而來獻, 不憚奔走之勞務, 悅主人之心爲白乎 旀. 矣身之於主人, 可謂忠孝[2]兼全之奴是白去乙, 功高不賞, 待之甚薄, 飯不繼給, 幷日一食, 飢餓之日尙多, 或呑人糞, 而 療飢猶不喩, 坐之蒿席, 恒〈36〉處地上, 毛衣破落, 有若懸鶉, 凡人所見, 藍[3]縷莫甚, 猶不憐愛, 反加叱退, 至於蹴脇駈逐之 事, 頻頻有之.

　而班婢㹱[4]今殷, 其矣所任, 不過捕鼠一事是白去乙, 体鈍 心懶, 嗜睡成癖九,[5] 而有鼠賊率子成群, 盜竊饌, 咬破衣裳,

---

1) 虜 : '盧'의 오자.

2) 孝 : 원문에는 글자의 윗부분만 쓰여 있다.

3) 藍 : '襤'의 오자.

夙夜出沒, 縱恣無忌, 而非但視之尋常, 恬不顧念猱不喩, 饌內所藏處乙, 預爲記念爲有如可, 乘其間便, 反自偸食, '以盜守盜', 正謂此也是白齊. 時或捕得一介病鼠, 而投擲操縱, 翫弄爲事, 少無委任之意, 宜受怠職之罪是白乎矣.

主人敎是未能洞知如許情狀, 不施譴責, 反降恩遇, 玉飯珍味, 連續賜饋, 錦筵瑤席, 許令臥坐爲白在亦中. 奴矣身, 蹲坐抹樓下, 心口相語, 自呼吾命[6]而責之曰 : "狗同, 狗同! 汝乃有功於主人, 而未見禮遇, 彼乃無德於主人, 而被恩愛. 豈吾賦命之薄, 至於此極乎! 相[7]彼讒害之, 故有以致之."

思念及於此, 益復含憤於猫今, 日久月深, 切齒腐心爲白有如何, 幸得逢着於翼廊隅, 張口突前, 方欲呑噬之際, 翻然脫走, 疾足回走爲白去乎. 隨尾追趕, 幾得捕獲, 渠之驍勇, 素稱飛鵲, 故騰身一躍, 已登簷角是白乎所, 矣身仰望不能及, 無可奈何而退. 厥後又有逢見, 欲雪前憤, 則自知其罪, 聳身竪毛, 以示惶恐哀乞之狀是白乎等, 而矣身, 本無鷙悍之性, 不覺宿恨之消, 故爲却立, 使之自避爲有如乎節.

猫今亦反爲謀害矣身, 誣詐於主人, 至以縱歡[8]辱及等說, 構成罪目, 眩亂是非, 又欲陷矣身於罪網之中爲白臥乎所, 其

---

4) 独 : '猫'의 오자.

5) 九 : '久'의 오자.

6) 命 : '名'의 오자.

7) 相 : '想'의 오자.

8) 歡 : '觀'의 오자.

情之可惡,至於此極,則寧欲烹死於鼎鑊,而不願與猫今俱生爲白齊.且矣身,寃〈37〉痛之狀,及猫今奸巧之事,悒於威問,略陳其槩,彼此善惡,更加條達爲白去乎,惟望主人,逐条細察焉.

前矣身,陪主人出入爲白有如可,不幸主人,醉倒林中,而野火延及,將被焚死之患,而矣身,踐草滅火,終得救出,矣身忠智,至今稱譽爲白乎旀,每於主人出而晚來時,則搖尾喜躍,迎候於門首,則其爲愛主之心,可見爲白乎旀.主人之家,使喚不足時,每使矣身,傳札而承命往返,疾若奔電,則其爲服役之勤乙,可之知是白乎旀.主人之子孫,遺屎軒下,亂塗於衣衿爲白有去等,矣身揮舌舐掃,殆無痕跡,以代於主人之勞爲白乎旀.隣舍之鷄猪,時或入來,紛突於庭際爲白去等,皷吻吠噬,反卽駈出,以快主人之心爲白乎所.如此數事,無非爲主盡忠,故古今之碩士鴻儒,必以狗馬自許者,良有以也.

而猫今則不然,身任捕盜之責,不捕當捕之鼠賊爲白遣,隣舍所養鷄兒,連次捕喫,以致辱及於主人爲白乎旀,且勢家珍饌,頗數偸食,每致徵捧於主人爲白乎旀.且其性行不貞,淫慾難勝,初昏始唱其夫,高聲馳突,達曉而不止,以致主人不能安寢,其爲情狀,俱極痛憎爲白乎旀.每於主人對飯時,故入盤下,屛息潛伏爲白有如可,俟其主人之遊目,盤中雉脚乙,以爪鉤取,含口而走,追捕莫及,徒費怒罵而已.又爲常常遺矢於主人臥榻近處,煩亂惡臭,其爲不敬之罪尤著矣.此種種貽弊之事,不可毛擧.至於其矣所生之子乙,反自嚼食,以充其腹爲白卧乎所,是可忍也,孰不可忍也?其爲害物,若此之甚,故,凡奸惡凶訴之人,必〈38〉比於猫者,其意有在,則彼此善惡,不卞可知是白去乙.

主人敎是不能善善惡惡, 待之厚薄, 常反其道, 冤痛實深, 控訴無門爲白乎矣. 今承明問, 悉陳無隱爲白齊. 若其出入房帷, 坐臥錦茵之事, 則矣身事涉讒9)越, 不敢責望爲白在果, 自今以後乙良, 特令炊婢朝夕飯是乃, 趁時給與, 俾無如前飢餓之歎敎是乎旀. 且猫今段, 其矣不勤任事, 謀害忠良之罪, 各別重治, 仍令棄出, 以示勸善罰惡之意, 幷以相考施行事.

判曰:

相考爲乎矣. 猫今段在於內, 以察鼠窃之奸, 狗同段在於外, 以防寇盜之患, 內外分職, 共濟家事, 故一視彼此, 俱無愛憎是去乙, 互相稱冤, 有此紛訴, 汝等所爭, 悉爲不當爲在果, 考此文案. 原其本情, 則猫今段, 素性貪婪, 昧於知遇, 奉公之事小, 循私之慾多, 凡干饌物, 種種偸食, 間或有捕獲鼠賊之功, 實出於自肥之計叱不喩. 若與主人, 相離數日, 則換面不知, 十顧回走, 而或因小過而撻之, 則怒目鼓唇, 思其憤恨爲白在如中. 其爲情狀, 已極過甚, 而提起鬧端, 曾前罪犯, 致此難赦, 則所當竄逐荒野, 永不敍用, 甚是矣. 多年養育, 一朝擯斥, 則其在接物之道, 頗欠包容之量, 故叅酌警覺放送爲去乎. 今後各別惕念, 毋蹈舊習, 磨牙鍊爪, 唯勤職事. 至於覻鷄偸饌等, 汎濫之事乙良, 更勿萌于念頭, 俾無碎首之患爲旀.

狗同段置, 賦性忠直, 明目察耳, 勤於防寇, 通宵呵吠, 其爲愛主憂家之誠, 果如其爲供辭, 無愧於烈士之風, 而久欠待遇之道, 其爲冤痛, 在所不已, 則所當別施重賞, 慰悅其心是

---

9) 讒: '僭'의 오자.

乎矣. 旣是畜類, 素〈39〉不着衣, 則錦布題給, 似不相當, 故朝夕外更加點心事, 炊婢處, 各別分付爲乎矣, 汝矣身, 勿以眷待而少緩其心, 益加策礪, 謹守藩籬, 以固終始之寵, 宜當向事.

枝頭鵲諫治等狀

云云矣徒等, 至冤極痛之情, 每欲伸訴, 無處而控所, 故未得發狀, 抱冤胸中, 徒自痛歎而已者, 未知幾千年是白如可. 側聞神明而奉命於天, 奉公於地, 專制萬物, 出入四方, 政平訟理, 決斷無私, 令行禁止, 賞罰分明是如爲白臥乎所, 矣徒等, 適當伸冤之秋也, 不遠千里, 疾飛趨入, 昧死仰瀆爲白去乎. 伏願, 明神特垂俯察, 一一採納焉.

太古開國之初, 矣徒等始祖, 晨鳴報國, 天下大治是如, 論以首功, 仍賜'諫治'之名, 而及於後世天載之下, 至今流稱乙仍于. 矣徒後孫段置, 效祖忠良不逆之業, 性不食田穀, 又不害人家之物, 猶慕忠義之志矣. 作巢必擇吉枝也, 故東巢則必有田蠶富貴之喜, 西巢則尙1)有酒食豊足之應, 南巢則主有高名登第之慶, 北巢則且有六畜興盛之瑞. 作鳴則必待吉時也, 故又晨鳴則喜得待人之來, 午鳴則必得美人之好, 昏鳴則且報女子之愁爲白在如中. 矣徒等, 世世忠誠之志, 莫大於此, 是故, 天無所害, 人無所殺, 以示爲不朽之大功. 不然, 禽獸魚鼈, 俱爲人之所食, 而獨免於矣族者乎? 以此觀之, 矣祖盡忠報國之功, 果大矣.

效其忠良之跡, 於此明著是白在果, 同是禽之中鳥, 加魔悙漢, 自初獰惡, 世世貪饕, 十二鳴之聲, 無一可聞. 其中姑惡之鳴, 尤極〈40〉痛憎, 若是姑惡則婦不爲姑乎? 婦作姑而且有婦,

---

1) 尙 : '常'의 오자.

然則何姑惡, 而何婦善乎? 揆諸情理, 實不以姑惡也, 姑惡之鳴, 反爲鳥惡是白齊. 是故萬靈新作之初, 賜之以惡名, 尙未免加魔悕之稱, 賜之以惡貌, 不脫其冥黑色是白去乙, 億萬年來, 猶不改過, 傷人害物, 無忌憚, 悕啼惡鳴, 都是憎. 貧家請客, 病幁招鬼, 其爲罪惡, 莫此尤甚兺不喩.

抑亦痛惋情由叚. 矣徒等, 每歲臘月之初, 擇占吉枝, 始巢上樑, 不避難險, 仍設不放. 翌年二三月巴只, 雌雄力作, 千辛萬苦, 僅得成形, 正當産卵雛成之節. 上項加魔悕亦一者先發, 遠近咸集, 同惡相應, 以强凌弱他矣. 成巢公[2]然皆奪乙仍于. 矣徒等叚, 本是殘骨小体羽弱, 不能當敵, 恐避遠望哀噪而已. 若此之患, 非一非再, 而天無所救, 人不禁斷, 只自痛泣, 無可奈何. 哀宠實深是如乎, 宠痛之中, 反覆思量, 則因此失時, 後嗣難得, 竟未免覆宗絶祀之患, 玆如雌雄, 確論更巢他枝, 晩産略千,[3] 僅得拂羽時, 則彼又成群, 盡爲捉食爲白臥乎所. 人間之大惡, 莫甚於盜賊, 而盜賊行奸, 猶恐主人之所知是白去等, 幺麽禽中, 至賊之物, 縱肆悖惡, 少無自忩[4]者, 何至於此極乎?

伏乞, 神明怨此不誣之所, 快示明公之典, 彼之罔側[5]之罪, 一一照律焉. 貪饕不止, 掠奪他巢, 則比之於臟污, 而臟污者烹也. 殺生不厭, 捉食同類, 則比之於殺人, 而殺人者死也. 悕

---

2) 公 : '空'의 오자.

3) 千 : '十'의 오자.

4) 忩 : '忌'의 오자.

5) 側 : '測'의 오자.

啼惡鳴, 招禍人家, 則比之於叛逆, 而叛逆者族也. 以此以彼, 俱難免夷族律是白置.

更乞明神, 執此罔赦之大罪, 依律科斷, 如我殘骨無辜之禽, 掃除萬古之讐〈41〉寃, 則雖死之日, 猶生之恩是白去乎. 千萬望良白去乎, 并以各別參商, 一以除世上大惡之物, 一以保萬古忠勳之孫爲白只爲.

山神處分題音內: 果如狀辭, 則加魔恠之事, 極爲可駭. 招觀其緘辭, 然後處置, 次以待令, 宜當向事.

加魔恎 年一百六十五

白等. 節呈鵲諫治狀內辭緣, 隱諱除良, 從實直告, 亦推問敎是臥乎在亦. 矣身無答被訴情狀, 及彼之行奸誣告之罪, 一一條陳, 俾以大惡無所容, 大奸不得隱矣. 何敢一毫不以實陳, 瞞告於至尊嚴威之下乎? 伏乞山神, 勿以先爲主, 博摻彼此之曲直, 各別明公處斷, 有罪者罪之, 無罪者赦之焉.

世世流轉之功, 不必煩瀆, 而想必洞燭是乎等, 以略擧其槩, 更陳始末爲白齊. 已去前朝, 闕中有賊, 潛身密跡, 隱伏琴匣, 將作大亂之際, 矣徒等始祖, 能識其胸臆之機, 告之以射琴匣之鳴, 得免一人之禍, 現發兩人之奸, 仍以國平, 終之以無事, 始祖之功, 莫大於此. 故封之以平難之功, 賜之以家魔告之名. 每歲正月之望, 粘烝作飯作塊賜食者, 未知幾千年之久, 而尙今遵行, 實非偶然是白去等節. 元告者去之以莫重愛賜家魔告之實名爲白遣, 變作不好之字, 辱称加魔恎之狀, 亦不痛心哉.

抑亦奸慝莫甚事叚, 其矣名字, 則諫治不喩, 奸侈是白遣, 其爲作名者, 尙有所自出而然也是白齊. 前朝時, 有期者, 苦待情人, 終宵不來, 明燭達旦, 徒自悲呼, 萬恨千愁, 猶不勝堪是白去乙. 其時元告者之始祖, 潛與〈42〉淫奸, 同惡行奸, 晨鳴喜報, 負國助功爲白如可, 愈往愈甚, 事跡彰露, 竟爲現發, 罪惡難掩, 仍指奸侈之名, 則乃是不易之罪是白去乙, 秘其先世之奸惡, 欲脫千古之罪名, 求得美字, 僭称諫治之狀, 極爲痛惡絃不喩. 渠之祖上, 晨鳴治國之說, 加于不似, 若冇封功之擧, 卽豈無血食之表乎? 以千古無恨[1]之事, 自誇功名, 其爲餙詐誣告, 非理好訟之狀, 照如日月, 明若觀火是白去乙.

大抵痛悶情由段, 上項奸侈, 亦世代奸種, 以不念其不2)祖奸, 而猶踵前習, 如我勳孫乙, 欲生害心, 或謂之告惡之鳴, 反是烏惡, 或謂貪饕不止, 殺生不厭, 又謂之怔啼惡鳴, 招禍人家是如, 搆成虛辭, 誣陷忠良爲白臥乎所, 彼所謂怔惡之鳴, 何其怔惡之鳴也乎? 正是告惡也.

此實先祖爲國告惡之跡是白乎等, 以矣徒之後孫段, 效得祖業, 告發告惡之鳴, 使人預知禍福是白沙餘良, 矣徒所鳴, 無不爲美, 而吞聲於東樹, 則佳賓來而喜客至, 弄聲於西樹, 則美酒豊而佳肴足, 喜鳴於遠, 而主有名, 哀鳴於近, 而家有疾, 頻頻鳴則發速, 緩緩鳴則事遲, 豈非吾之良鳴乎? 以能鳴十二聲之,3) 預報人間未來禍福是白去乙, 世無知音之人, 不得辨聞, 每稱惡名爲白臥乎, 矣4)徒勞無功, 常懷冤痛之爲白去乙, 豈意今日么麽奸侈之彼訴者, 若此之溺甚乎?

且其巢脅奪其雛, 捉食是如, 含毒發惡爲白良置, 假以人間賞罰之典言之, 則誤國奸臣者之田宅, 折賜於爲國忠良之家爲白遣, 謀叛大逆之子孫乙, 用之於擧族凌夷之律, 則彼奸種之巢, 使我勳孫之,5) 間或奪占, 〈43〉理所固當爲白乎旀, 如彼

---

1) 恨 : '根'의 오자.

2) 不 : 문맥상 '不'이 빠져야 함.

3) 之 : 《강도록(江都錄)》에는 '之各化'.

4) 矣 : 원문의 글자가 잘 보이지 않으나 문맥상 '矣'로 추정함.

5) 之 : 문맥상 '之'가 빠져야 함.

奸惡之雛, 使我勳孫, 捉食連命, 其理所當是白乎彔不喩. 況
於人之於禽獸, 各有所食之物, 而人者禽獸魚鼈是白如乎, 新
反玉食[6]·錦衣, 無非牛之所功, 而至於屠殺, 或爲賣食爲白
良置, 尙且無咎是白去等, 如我勳孫, 一年一度, 餉飯之外, 他
無所賴之物, 而只此奸種之産, 或得或失, 僅保殘命是白去乙,
有何大罪, 而至於夷族之律乎? 且以殺生言之, 則渠亦捉食於
蟬蜻飛鳥之物, 其何獨免於夷族之律乎? 其爲情狀, 節節痛寃
爲白良旀.

伏乞明神, 特施嚴令, 繩以反坐之律, 從重處斷, 一以桂[7]
日後謀害忠良之弊, 一以無奸孫非理之訟爲白去乎, 竝以相
考後, 分揀施行之地, 千萬望良爲白只爲.

判曰:

兩邊供辭乙, 惠伊仔細憑閱爲乎, 矣互相擧痕之狀, 有若黑
狗逐猪, 而有難分卞是旀, 各自夸功之狀, 未滿石天, 亦難取
信是在果.

大槩烏者殺生, 不止於鵲雛, 人家所畜, 鷄鴨之卵, 無時竊
食, 其罪不輕爲旀, 貪婪不止於鵲, 所人家所畜, 五穀之物, 亦
爲偸食, 其罪最重彔不喩, 官人肉直者, 以肉作脯, 將爲供上
官員之需, 雖有偸食之心, 不敢生意於其是去乙, 敢此一点之
於[8]肉, 可爲猥猛而叱. 借不給, 則含毒辱說, 乃鳴'官奴毒, 官

---

6) 新反玉食:《강도록》에는 '玉食新反'.

7) 桂: '杜'의 오자.

8) 於: 연문(衍文).

奴毒'爲臥乎所. 官奴亦人也, 而人之於禽獸, 貴賤懸殊是去等, 如此禽獸, 詰辱最貴人物爲在如中, 其爲獰惡不測之狀, 節〃敗露, 傷人害物之罪, 實爲難免是齊.

　鵲者段置, 作巢必以人家近樹止宿, 則其爲生涯, 無非人之恩愛, 而若不刑〈44〉於己, 則敢生衝火之計爲臥乎所, 背恩忘德之狀, 極爲過甚爲不喩. 人家最貴至寶之綿花乙, 無故喫出, 亂掛草枝, 風飄散去, 作終無用之物. 所謂綿花者, 於鵲何用乎? 食之而不可, 衣之而不可, 覷而不見, 理所合當是去乙, 公然作害, 使人物失, 尤極痛惡是置. 而以此推之, 則彼此罪犯, 俱是罔測, 雖有輕重之別, 無有差等, 致所當促,[9] 重而處置是白乎. 矣誅之不可勝誅, 許多烏鵲, 一時盡滅之理, 不當是沙餘良, 莫重懲重之擧, 獨自擅斷, 亦似不當是乎等. 以余之朝天, 期在不遠, 稟告天帝, 處置中科爲去乎, 更勿煩頌,[10] 俱爲退待, 未爲不可, 相考施行, 而宜當向事.

---

9) 促: '捉'의 오자.

10) 頌: '訟'의 오자.

栗木里接鵲山所志

　云云矣段, 矣身家北培養栗木, 亦今年段, 狂風暴雨, 盡爲花落, 結實數少, 艱難收拾, 生栗全五石量乙. 過冬糧食次以, 家前地庫良中, 深密埋置爲白有如乎, 本月初四日, 水搆[1]洞居鼠大盜漢, 率其成群, 夜半來, 乘矣身宿寐, 潛入地庫, 所藏生栗, 全數偸去爲白良去乙. 矣身尋蹤追逐爲白乎矣, 恃其成黨, 反施害計爲白去乙, 十顧四走爲白臥乎所. 向前鼠大盜, 亦本是陰懷賊心, 偸食爲業, 所犯深重爲白乎所.

　捕盜監考猫同段置, 逢賊時, 高聲太喝是白良置, 聽而不聞, 登時救援不冬, 殊無監考設置之意是白齊. 矣身亦無他儲糧, 連爲難飢死, 丁寧至天悶望爲白旀.

　右良情由, 仔細鑑當. 上項鼠大盜及猫監考猫同等別定猛差, 秘密捕捉, 窮推痛治後, 偸去生栗, ⟨45⟩一一徵給, 俾無飢死之寃, 千萬望良爲白只爲.

---
1) 搆 : '溝'의 오자.

鼠大盜供辭

　白等. 鼯山狀辭, 據生栗偸食辭緣, 推考敎是臥乎在亦.

　矣身雖出鼠種, 自少穎悟, 智謀多端. 前矣我國家與賊相戰, 而我國將爲窘迫是白去乙, 矣徒等潛入彼邊弓箭之庫, 咬絶弓弦, 遂得勝戰. 其功不少是如, 論功一等, 名等六甲之上, 至今稱號是白在果, 當初論功賞賜時, 最功重, 矣身乙良, 家舍田民賜給不足, 身無藏處, 業無所食, 以穴爲家, 以子爲奴, 或偸食於人家之飯, 或盜喫於官府之物物, 連命爲白如乎節段, 老病鈍体, 運身不得, 長臥穴閣, 專賴子息, 以保餘年爲白沙餘良. 適音今年段, 雨暘不時, 農事不登. 尤甚兇荒是白乎旀, 家患連綿, 疾病荐臻, 長子兒孫段, 因病致死, 次女兒今段, 陷穽壓死, 末子兒同無妹獨子. 以矣身亦子女死去之後, 心神錯亂, 罔知所措, 坐死待日[1]乙仍于, 暫不離側是白去乙.

　前矣楸木亭良中, 會飮團欒之時, 矣身泥醉之間, 鼯山茂火, 其家夏節段, 娶妻爲九, 家内率畜爲有如可, 待秋成, 拾栗藏置後, 還出其八, 只畜盲目一妻爲白臥乎所, 奸詐不義之狀, 直言責說爲白去乎, 向入常常懷嫌切齒爲白如可, 忠孝兼全矣徒父子乙謀害設計, 生栗偸取樣, 以虛張石數, 誣餙呈狀事爲白良置, 不少生栗五石乙, 九十程途良中, 一夜之間, 盡數偸來爲白乎所, 萬萬無理, 加于誣訴判然爲白乎旀. 假使矣身迫於飢寒, 偸食的實爲白〈46〉喩良置, 元非國穀, 又無現臟事

---

1) 坐死待日 : '坐待死日'의 오기.

良中, 奸訴齬山呈狀旀不喩 取實不正, 元勳身病, 幾至死域, 矣身乙, 如此凍天黑日囚禁, 至文[2]悶望爲白良尒. 相考後, 分揀敎事.

---

2) 文 : '爲'의 오자.

捕盜監考猫同 年一萬

白等. 矣身鼯山狀辭, 據不勤捕盜辭緣, 推問敎是臥乎在不.[1)]

矣身常常不勤任事爲白臥乎所不喩, 近來捕盜之策, 各別申飭乙仍于, 晝夜窺伺, 見輒捕殺, 以備朝夕之供爲白如乎. 本月初四日, 適音雨雪交下, 路甚泥濘爲白臥乎所, 足掌泥塗, 人衣亂踏, 可出入慮不得, 日暮爲把只, 蹲坐于翼廊隅, 無賴寐之際, 末女猫德來言曰:"去夜義倉庫救荒米太乙, 賊鼠百餘輩抹樓穿穴, 多般偸去之." 云. 必有矣徒等不謹守直之患, 宜速馳往, 登時捕捉, 俾免罪責亦爲白去乙. 驚起而卽時, 栗里監考, 足不履地, 奔走其倉, 徹夜窺伺, 賊鼠百餘首至捕得乙仍于. 同日里栗木[2)]段, 相距隔遠, 未及聞之知是遣, 聽而不聞爲白乎所, 專亦曖昧爲白置. 相考後, 分揀之地爲白只爲.

判曰:

鼯山狀事,[3)] 再三憑閱爲乎矣. 鼯山段人之所食生栗, 其矣家業栽養稱云, 全呑設計全五石把只, 潛自收拾家藏, 身先犯法爲是旅. 鼠大盜段非特鼯山呈訴, 右前時, 恃功盜意, 頻數犯法, 奸譎莫甚爲齊. 監考猫同段置, 勤勤捕盜爲去乎, 常時

---

1) 不 : '亦'의 오자.

2) 里栗木 : '栗木里'의 오기.

3) 事 : '辭'의 오자.

其矣身對接, 勿論內外, 出入閨房是去乙, 不計此意, 緩慢任事爲沙餘良, 初四日必于義倉庫捕盜的實爲良置, 上項栗木里乙良, 盜直定体不冬, 使盜恣行, 殊乖捕盜監考〈47〉設立本意, 亦爲不當, 并以窮推痛治爲良音可爲在果, 別無證見, 又無現贓事良中, 奸訴䛵山呈訴叅, 不可論實是置, 並只勿推放送宜當向事.

農牛等狀

　右謹陳矣段, 矣徒等, 不忍至寃至痛之情, 不得不冒萬死, 仰瀆於丹墀之下爲白齊.

　天生矣徒, 屬之人物, 其意在實非偶然. 大槪天威至嚴, 莫大之於雷霆. 人物之資活, 莫過於粟米. 人君之治, 莫加於仁義. 人臣之保身, 莫踰於忠孝. 此何然也? 有誠筭也. 凡風雨雲霧, 猶足以施威, 而至於震乾坤之間, 壓天下之人者, 莫大於雷霆也. 山獸水魚, 猶足以資生, 而至於充胸服[1]之中, 繼百年之命者, 莫過於穀粟. 英明恭儉, 猶足以治國, 而至於得萬民之心, 成長久之策者, 莫加於仁義也. 賢良仁智, 足以保身, 以至於成一代之名, 垂萬古之續者, 莫增忠孝也. 且重粟滋殖, 体[2]出於矣徒之力, 此非暗昧難知之事, 而實是昭明易曉之勢也.

　噫! 矣身乔牛馬之類, 雖無奇妙之功, 屈身田夫之下, 寄命農夫之手, 遍踏廣野, 忘身成田, 田成之後, 仍種百穀, 穀熟之後, 人皆共食. 所以指可耕之處者, 雖人所指, 成許多之懇[3]田, 豈非矣徒等之力, 而種百穀於田者, 雖人所種, 資無窮之粮者, 豈非矣徒等之功哉? 第念, 矣徒等, 旣無害穀之心, 又無賊人之意, 橫臥閭閻廛巷之間, 只食山野茂長之草, 自嘶自臥,

---

1) 服 : '腹'의 오자.

2) 体 : '本'의 오자.

3) 懇 : '墾'의 오자.

不言焦身之勞, 空往空來, 惟委一身於主人之生, 曷非可憐可恤之甚? 抑亦可哀可護, 而猶不足以敵〈48〉矣身之功也.

噫! 天地間萬餘之國, 八荒內億兆之人, 皆曰:'千物萬味, 莫如矣等之肉.' 矣身等, 於此失節短壙焉. 嗚呼! 矣等所靡夥, 不逮蝦魚之萬一, 肉縱稀儔, 莫及雉鮮之絶味, 而街路之上, 列出市肆, 屠殺矣類, 罔有極紀. 不但衆人之所共食, 至於禽獸, 亦嘗矣肉, 豈不至痛至寃之甚乎? 悲夫! 矣等沐雨櫛風, 能耐寒暑之勞, 喫雪嚙霜, 不厭飢飽之苦者, 矣身雖不露陳, 想必下燭. 玆不敢更煩, 而大抵矣徒之功, 誠非淺淺.

自古聖賢, 或乘矣等之身, 橫八埏之間者, 此亦可尙異世之事也. 原矣徒之情態, 則容有可恕; 考矣徒之功勞, 則尤無所害者也. 情切若斯, 人亦莫知不? 狼藉屠戮, 如此之甚, 有若誅夷反逆之類, 此所以咸造寃痛, 不知所訴者也. 人等憂國之誠, 自少益切, 愛人之心, 老而益壯, 必期未死之前, 圖報罔極之恩, 此固可賞之事. 有何罪戾, 而每被殺戮, 最甚於他哉? 嗟呼! 聖人君子, 不忍殺生, 以遠庖廚, 此非今日之所當法者也?

西漢時, 丙吉乃以一國之相, 德著四海, 賢出百僚, 而不問人之疾痛, 慰問牛之病喘, 此實前世之明鑑, 而古今之所稱者, 矣身束[4]祝鴻恩, 感淚流迸, 銘骨圖報之誠, 迄今耿耿也.

昔齊國被迫燕軍, 累年相戰矣, 天不助順, 人不協謀, 大鎭小堡, 續被覆敗, 內民外氓, 咸被殺戮, 謀策之臣, 手束心醉, 兵馬之將, 頓足瓦解, 血流沙磧, 骨積效[5]野. 於是, 七十餘城,

---

4) 束:'悚'의 오자.

5) 效:'郊'의 오자.

漸爲齊[6]地, 當此之時, 雖有慷慨之士, 實無興復之心, 而獨田單奮忠拔劍, 杖義大呼, 起兵草菜之中, 延攬勇猛之士, 遂與燕軍, 互相戰鬪, 而彼多此〈49〉少, 勢絶路窮, 殘卒疲兵, 萬無摧挫燕鋒之望, 故不得已掇拾矣徒之祖, 以爲衝突之軍, 而矣祖先等, 亦感田單復國之設計, 身被五采之龍文, 頭結鎗劍, 尾束柴葦, 因燒發怒, 衝突燕城, 亂入陣中, 一時突入, 萬軍潰散, 眼下無敵, 死尸塡堅,[7] 肝腦塗地. 田單因此乘勝, 遂復七十餘城, 名顯一代, 續綿千古, 實是自古罕有之事, 至今稱贊,[8] 飮[9]仰盛事也. 當初計謀, 雖單所出, 而其所以破燕復齊, 非矣祖而誰也? 自古戰爭者, 何限, 而功勞之奇美, 莫踰於此.

若以矣祖之巨績, 視之, 則天地日月之下, 豈不有光? 而其在子孫, 亦當萬年宥也. 目今不搏殺人之虎, 而殺無罪之矣等, 不捕害人之熊, 而害有功之矣徒, 痛寃冞增. 嗚呼! 若使天下元無禽獸, 則屠殺矣等, 小無所寃, 而江海旣積鱗魚, 山谷之中, 尙多禽獸, 極目滿眼, 不能記數, 不此之食, 徒殺矣等, 矣等寃於玆, 尤極矣. 於戲! 矣等之功績, 如是之多, 雖未蒙賞格之德, 倘若免誅滅之禍, 則實是枯骨再肉之秋, 而死日生年之恩也.

伏乞, 特參至痛莫行之情, 且矜無罪被殺之狀, 勿爲屠殺矣等事, 嚴命分付, 以爲保全一身, 感祝聖德之地, 俾無仍前濫

---

6) 齊 : '燕'의 오자.

7) 堅 : '壑'의 오자.

8) 贊 : '讚'의 오자.

9) 飮 : '欽'의 오자.

殺, 殆無餘類之患, 千萬望良爲只爲.

題辭內:

觀此所訴, 不覺但笑而無語也. 天下萬物, 付之人物, 或殺或養, 皆天所指. 汝等此言, 誠可曉矣. 汝祖功勞之奇, 昭載靑史, 汝等奔走狀, 長在目中, 汝雖不言, 自當燭知. 而大槪天地洪闊, 萬物益目, 非不知捉食許多之物, 而第念於汝等之肉, 萬古〈50〉稀類, 千湯萬炙, 味益適口, 至於毛血皮骨, 亦無空棄, 實朝夕難廢之良饌, 而亦所以安人身之大者. 衆人一食, 則忘世間事, 而晝夜長服, 僧人一食, 則廢寺佛之道, 子午不忘. 市上亂屠, 其勢固然. 雖然, 不可無參酌處之道, 自今以後, 勿爲濫屠, 抄略殺戮之事, 卽當分付, 汝等知悉, 而更勿煩陳向事.

任自剛山訟上言

右謹啓.

臣矣身家世寒微, 落在遐卿,[1] 門衰祚薄, 躬耕手鋤. 弱子殘孫, 勢孤力單, 立於凌蔑侵犯之場, 二百年來, 累代相傳家基, 一朝被奪於土豪, 生者不得保其居, 死者不得保其葬. 幽明冤痛, 控訴無處, 跋涉千里, 寸進入洛, 不避鈇鉞之誅, 敢冒雷霆之威, 大聲疾呼於天日之下爲白齊.

昔在嘉靖十五年, 臣六代祖, 副司勇臣任佑, 卜居卜止於本縣北面空谷一處, 種樹成林, 塋局養山, 削高塡低, 修基作舍, 於下鑿泉爲井, 墾土爲田. 之子之孫, 斯居斯葬, 山皆任氏之墓也, 洞皆任氏之村也. 一壤一石, 莫非任氏之所修築, 一木一草, 莫非任氏之所種養也.

世葬此山, 世居此谷者, 今將二百年于玆矣. 雖外人之追而居之者, 無多有之, 而村名則猶以'任子洞'稱, 唐津北面任子洞号. 有口者皆言, 有耳者皆聞. 古今帳籍, 昭昭載之, 京外老少, 歷歷知之. 至入於騷人墨客之謏談矜語爲白有在如中. 人雖云亡, 洞不泯名是白乎等, 以近來士大夫之恃勢蔑法, 奪人葬山者, 比比有之, 而猶不敢生意於此者, 偃然一山岡, 爲〈51〉任氏之所守護者久矣, 儼然一村, 爲任氏之所經營者遠矣, 故也.

本縣居前府使崔柱華, 卽臣矣身同姓三寸叔故幼學臣任處

---

1) 卿: '鄕'의 오자.

仁之門人也．處仁生時，雖不以科擧爲業，文學之贍優，詞藻之警發，名於一鄕，聞於四隣．遠近士子，無不負笈而會．惟此柱華居在咫尺，晝夜隨從，自從襁褓，爲人穎悟．臣矣叔處仁，愛之重之，養之敎之，十年訓導，旣成其才，正是恩猶父子，情踰骨肉者也．

處仁祠堂，亦在此谷是白去等，何意此人，偸葬此山，冒占此洞也？今年六月，向前柱華，遭其母喪，忽生奸計，臣矣身隔籬所在常漢金山乙，威力捉去，酷加重杖，金山家基，歇價劫買之後，乃曰："我家之後山，人孰禁我也？"

遂占穴於矣先塋同崗一脉，距人家至近之地爲白去乙，矣身具由呈本縣，推捉其事知奴子，則終不就現．乃與縣監，先自密議，然後出奇發計，乘夜設役，多聚衆軍人，圍立作城，雖欲禁止，其勢末由，奔告本縣，請治其罪，則縣監佯若大驚，據理論題曰："此處果汝先塋，而且是人家百步之內，則不可奪葬，卽欲摘奸，而水操臨行，不得往見，吾於過操還來後，當爲摘奸處置，汝須姑退，以待吾還官，可也."

云云爲白去乙，臣矣身再三進退，縷縷呼訴，而惟以溫言答之而已，終無處置之意．其陽公陰私之態，言直意曲之狀，可見於形色．矣身無可奈何，掩泣還來，曲陳師弟之義，且示官令之如此，則崔柱華，視而不見，聽而不聞，駈背逐之，略無顧忌，罔夜董役，仍爲偸葬毁出人家，至於數戶．臣矣身與隣里諸人，聯名齊訴於監營，到付本縣，而本〈52〉縣亦不接訟，反以矣身，謂之堂上官凌辱，指白爲黑，措虛捏無，勒加笞杖，以挫其氣勞不喩．葬完之後，縣監歷路，來見此處曰，

"果非他人可葬之地，而今已葬之，無可奪之."

是如爲白臥乎所．旣曰非他人可葬之地，則何曰無可爲之

是白乎喻? 若已以葬之故, 謂無可爲, 則有族山者, 不得保其先塋, 而偸葬者, 當爲其主, 有宗家者, 不得保其世基, 而奪入者, 當爲其主乎? 眞如縣監之云云, 則人間萬物, 寧爲定主乎?

先祖任佑, 始爲入葬於嘉靖之後, 其子孫連葬於一崗之內者多, 至十有餘墓, 則異宗同原, 決不可爲葬是白去等, 今始偸葬之崔哥, 一塚爲之已葬, 而不可掘黜云, 則百年前已葬之矣身先塋, 其可掘黜乎? 縣監此言, 誠未滿一笑也.

此無非世無公道, 人多私情之致是白乎於, 柱華之爲一大執言者, 非顯官之墓, 則法無步數是如爲白在果, 信如是說, 則無職人墓, 龍尾後堦砌前, 皆將爲他人之所占乎?

其在聽訟之道, 斷無是理是白沙餘良, 曾在先朝, 他人養山之內, 則勿論步數之遠近, 不許入葬, 明有受敎是白在如中, 崔柱華身爲顯官, 位至三品, 則與他人, 有別是白去等, 無主空山, 何處無之, 而不遵先朝聖敎, 偸葬師傅之先塋, 冒犯師塋? 士大夫固如是, 眞可謂不仁之甚者是白乎於.

人家百步之內禁葬, 乃是國家金石之典乙于, 自古遵行, 人莫敢犯是白去乙. 今此崔柱華, 其母偸葬之處, 是矣家數十步之內, 乃其師傅祀堂, 相去最近是白遣. 其他一洞民家, 皆在百步之內, 而距矣身先塋, 則遠者六七十步, 近〈53〉者四五十步, 狀如貫珠於一崗之上, 有若族葬者然爲白臥乎所. 以此以彼, 俱非士大夫之所可爲者是白乎於. 崔柱華, 又以買得家基之近處, 以爲可葬之地爲白良置, 家自爲家, 山自爲山, 家主居其家, 山主葬其山, 自是常理旀不喻. 金山家基之於其所偸葬處, 其間相距, 幾至九十步許, 而金山家基之上, 有矣身家, 其上有任處仁祠堂, 其上有崔柱華偸葬, 其上有矣身先塋是白乎所. 九十步下人家數戶, 恃其威力, 劫取之後, 九十步上他人葬山, 指謂之我家後山, 而恃强凌弱, 回賓作主, 混葬其母, 他人之葬山, 異宗同原, 此豈人理之所可忍者是白乎旀, 不有官令, 徑先入葬, 乘時用奸, 毁家出人者, 爲訟官之道理, 宜治罪督掘是白去乙, 訟官之伸私屈法, 至於此極, 則此豈明時之所當然者, 而蔀屋蓬廬之下, 窮天極地之痛, 將訴於何處乎? 二百年任氏之先塋, 一朝爲崔哥之所葬, 二百年任氏之宗基, 一朝爲崔哥之所占? 瞻聆所及, 稍有血氣者, 則莫不切齒腐心是白去等. 況矣身之冤痛, 當復何如哉? 瞻彼丘壠之寂寞, 顧此身世之零丁, 腸摧肝裂, 直欲溘然是白齊? 世道不古, 人心不淑, 非理豪强者之挾勢冒法, 以大吞小, 正是當今痼弊是白在果. 世上安有若是, 其無理無據, 無憚無忌之特甚無雙者乎? 矣身所訴, 如不可準信, 則所謂任子洞名, 尙存漢城府帳籍, 眞僞曲直, 於此可見矣. 咫尺天威, 焉可誣也?

如今聖明之下, 察其事情, 究其形勢, 勿委本道本官, 特令該府該曹, 詳考古今帳籍, 明查彼此曲直, 督掘其葬, 嚴〈54〉治其罪, 以彰國法, 以云公道. 使遐方無勢窮民, 得伸幽明之冤, 快解神人之憤爲白良結望白去乎.

詮次善啓向敎是事, 望良白內臥乎事.

餞東君序

　昔, 無極翁告于上帝曰 : "天有四時, 四時之首者春也; 地有四方, 四方之最者震也. 震方乃萬物遂生之地. 不置王, 無以化之, 請立東君."

　上帝可其奏, 月正元日, 東君始卽位, 以木德王, 無爲而化, 國號新, 自稱春信君.[1] 卽位之後, 於二三月間, 以風而鳴, 以雨而施, 凡在日照月臨, 有形有氣者, 莫不被君之澤, 東漸西被, 迄于萬方, 被君之來, 豈有物之不蘇者哉? 君有威儀, 亦好侈靡, 文明天下, 錦繡山川. 花堦三等, 白衣郞君, 舞馨香之風, 柳幕千里, 錦衣公子, 歌太平之烟月. 天壤之間, 繁華物色, 賁然可觀者, 未有若此時之盛者也.

　噫! 天雖大, 非君無以行化, 物雖衆, 非君無以生成. 由是觀之, 昆虫也, 草木也, 凡九州四海, 物物生生之功, 非天地, 君也.[2] 大凡, 人主布德於百姓, 和合於下.[3] 故[4]心和則氣和, 氣和則形和, 形和則聲和, 聲和則天地之和應矣.[5] 故治安百

---

1) 春信君 : '春信君之後'가 되어야 함.

2) 非天地, 君也 : 《임백호집(林白湖集)》에는 '無非天也君也, 其於人主亦然'.

3) 《임백호집》에는 이 다음에 '故風行草偃, 無一夫不獲其所'가 있음.

4) 故 : '以'의 오자.

5) 和應矣 : 《임백호집》에는 '化, 皆應矣'.

姓, 王道之始, 發育萬物, 主[6]道之成. 以此度[7]天之[8]人之間哉. 於是乎,[9] 知東君之德, 至矣盡.[10]

吁![11] 上帝有光, 蕩蕩乎, 嵬嵬乎, 民[12]無能名焉. 然四時平分, 一氣難兼, 天運循環, 歲功已成,[13][14] 故讓位而去, 老不聽政. 時[15]年九十, 靑帝以是傳之赤帝, 赤帝以是傳之白帝, 白帝以是傳之黑帝, 帝堯之於舜,[16] 舜之[17]於禹, 禹之於湯, 湯之於文武, 何異哉?

在位三月, 改元[18]孟春・仲春・季春.

〈55〉時年九十崩, 自以爲東君焉. 惜春宮女, 淚盈升之也,

---

6) 主:《임백호집》에는 '天'.

7) 以此度天之人之間哉:《임백호집》에는 '以此度彼, 自天而觀之, 則豈有天與人之間乎'.

8) 之: '與'의 오자.

9) 乎:《임백호집》에는 없음.

10) 盡: '盡矣'의 오기.

11) 吁:《임백호집》에는 '而'.

12) 民:《임백호집》에는 없음.

13) 已成:《임백호집》에는 '不忒'.

14)《임백호집》에는 이 다음에 '物盛而衰, 固其理也'가 있음.

15) 時:《임백호집》에는 '行'.

16) 帝堯之於舜:《임백호집》에는 '與帝堯之傳於舜'.

17) 舜之:《임백호집》에는 '舜之傳'.

18) 改元:《임백호집》에는 '改元者三, 曰'.

可謂異哉者.
 何爲以非覩哉!19)

---

19) 時年九十崩… 何爲以非覩哉:《임백호집》에는 이 부분이 없고, '暮春之日, 惜春兒序.'라 쓰여 있다. '何爲以非覩哉'는 '何以爲非覩哉'의 오기인 듯함.

解李順弼・順貞兄弟之訟

　汝等競應門之僮僕, 爭立錐之土地段,[1] 兄弟之美義,[2] 稱元隻之惡名, 至於官司所臨, 衆目所覩, 攘臂怒目, 如將毆[3]擊. 噫! 聖明安有此等事?[4] 汝雖二人, 同出一母, 比於一根二枝, 一體四肢. 方其幼也, 汝二人, 共飮母乳, 同鞠[5]母膝, 左手撫兄之額, 右手撫弟之頭曰:"汝二人, 旣合生長, 宜於和睦,[6] 能養我, 能祭我. 毋違我生死之志." 而于今汝等, 白首爭訟, 有同仇讐. 若使汝母有知, 汝母之魂, 不勝飮泣呑聲, 或於天陰雨濕之夜, 啾啾啁啁, 無所依歸, 汝等雖祭迎之, 必掉頭遠走, 呼飢於廣漠無涯之濱, 汝等其忍爲此乎?

　兄年八十,[7] 弟年七十六,[8] 假令弟勝其兄, 得其奴, 得其田, 七十之年,[9] 餘日無多, 幾時食使乎?[10] 況八十之兄, 因此

---

1) 汝等競應門之僮僕, 爭立錐之土地段:《송강별집(松江別集)》에는 '汝等爭競一口奴・八斗田, 至於兄弟相訟'.

2) 兄弟之美義:《송강별집》에는 '改兄弟之美義'.

3) 毆:《송강별집》에는 '仇'.

4) 聖明安有此等事:《송강별집》에는 '聖明之世, 安得有此事'.

5) 鞠:《송강별집》에는 '在'.

6) 汝二人… 宜於和睦:《송강별집》에는 '汝各成長'.

7) 八十;《송강별집》에는 '八十一'.

8) 六十:《송강별집》에는 '六十一'.

傷懷, 一朝長逝, 則汝雖不殺兄, 由汝而死.11) 汝獨在人間, 能12)食其田, 能13)使其奴, 於心安乎? 以此爲安, 而不卽退去,14) 則不啻太守之閉閣, 不有天禍, 必有人刑. 汝等甘受天禍人刑, 而相與爭訟乎? 昔普明兄弟爭田, 太守蘇瓊, 反覆開諭, 兄弟感悟, 叩頭而退, 至今以爲美談. 普明百姓也, 別無知識, 而因太守感悟, 汝等亦天民也, 亦天理一端,15) 終不聽16) 太守至誠開諭,17) 則司中所傳, 兄弟相訟, 不論曲直, 先正其罪. 汝若不改, 懲一礪百, 不亦可乎? 退去汝家, 中夜起坐,18) 深思孝悌. 兄弟原於天理,19) 日20)不容已也. 猶不改悟, 則必

---

9) 七十之年 : 《송강별집》에는 '而六十一年'.

10) 幾時食使乎 : 《송강별집》에는 '能得幾時食之, 幾時使之乎'.

11) 《송강별집》에는 이 구절 다음에 '是汝殺之也, 使汝兄含悲抱寃於九原之下'가 있음.

12) 能 : 《송강별집》에는 '獨'.

13) 能 : 《송강별집》에는 '獨'.

14) 不卽退去 : 《송강별집》에는 '終不知退'.

15) 汝等亦天民也, 亦天理一端 : 《송강별집》에는 '汝等雖無知識, 同是百姓, 亦有一端天理'.

16) 不聽 : 《송강별집》에는 '不感悟監司'.

17) 開諭 : 《송강별집》에는 '開諭之言乎'.

18) 起坐 : 《송강별집》에는 '獨起'.

19) 深思孝悌. 兄弟原於天理 : 《송강별집》에는 '深思母子兄弟之情, 原於天理'.

有可禍也. 謹察甚焉.[21]

---

20) 曰:《송강별집》에는 '自'.

21) 則必有可禍也. 謹察甚焉:《송강별집》에는 '萬一尙欲爲此敗常逆理之事, 則明朝更就訟庭, 勿復稱兄弟二字, 終始以原隻稱之乎? 余亦一切以王法從事, 少無容貸, 各其知悉, 平海李順弼等叩頭而退'.

慶門父豈戰亡上言

〈56〉右謹啓臣矣身段.

古之人吮一卒, 而動三軍之心, 旌一未有放百代之風.[1] 今我國家, 優待忠孝, 崇報節義, 旌其門閭, 錄其子孫者, 是固祖宗朝良法美意. 其所以感發人心, 興起士風者, 至矣盡矣.

臣矣曾祖豈, 忠孝出天, 節義有素, 勇力絶倫, 氣魄不凡, 輕鴻毛之. 大義已定, 投筆之日, 始裹馬革之壯志, 自決於操弓之初, 乃囑工匠, 刺其姓名於網巾, 曁敎家人表裡衣袴, 亦皆如是. 人之見之者, 曉莫其意. 常曰: "大丈夫其旣已許身爲武, 則當以死敵爲期, 吾所以着此巾, 衣此服者, 他日戰場, 以備子孫救屍之標."云. 聞者莫不慄,[2] 則百發百中, 力强無敵, 故愈遠愈及.

乃於香多[壬辰]之亂, 佩刀伏釼, 赴申砧軍. 此時, 申砧軍於緝[3]津之北, 賊…

…[4]之計, 一軍皆喪膽, 無可奈何. 臣矣曾祖, 奪不顧身, 獨出津頭, 倚一破船, 射以片箭, 賊兵無不應弦而倒, 救死扶傷,

---

1) 旌一未有放百代之風 : '旌一夫而有以激一代之士風'의 오류. 《濯纓集》권5 〈代人上巡察使書〉 참조.

2) 標 : '慄'의 오자.

3) 緝 : 臨의 오자인 듯함.

4) 원본에서 줄이 바뀌고 공백이 있다. 누락된 내용이 있는 듯하다.

蒼黃遠避. 遂廢船役, 莫敢近前, 我軍倚以爲重, 庶有退賊之勢矣. 忽於一日, 爲飛丸所中, 主將大驚, 遺以牛酒, 卽令還家調治, 纔數日而臨津之師潰矣. 臣矣曾祖, 於病伏中, 聞此報, 失聲痛哭, 裹瘡起發, 卽赴倡義使於江華. 倡義使素聞忠孝, 深喜志節, 遂署爲突擊將, 領兵數百, 由水路至金浦, 轉下柿岩. 所向無敵, 勦捕零賊, 斬獲甚多. 卒遇大軍, 四面圍攻, 終日力戰, 矢盡道窮, 以張空奉,5) 冒白刃而死, 此乃壬辰九月十六日也.

臣矣祖父慶門, 尋往見之, 則燒燼戰場, 骨肉爛〈57〉滅, 莫能識別. 人子情理, 哀哀慘慘, 尙忍言哉? 哭盡東西, 呼絶天地. 有一茅席, 猶不燒焉, 而屍在其中. 驗其衣巾, 所刺姓名, 果皆完然. 負而歸之, 瘞于家園, 困臥其測,6) 假寐未了, 忽聞空中, 急呼慶門 : '賊至者三!' 驚起登望, 則凶鋒一陣, 彌滿數里許, 竄伏浦岸, 得以免害. 此皆一鄕四隣·騷人墨客之誇談詡語者, 而非子孫之私言耳. 咫尺天威, 焉可誣也?

字刺投筆之年, 已有守節死義之期, 杖釖赴難之日, 可見忘身殉國之志, 則其視死如歸, 堂堂大節, 決非凡人戰亡者之所可比. 而一茅不燒, 獨全其屍者, 豈非天歟天歟? 雖世遠人微, 事蹟表著, 播在人口. 曾在先朝, 特賜祭需, 生死恩榮, 幽明罔極. 臣ày身, 雖蟄伏窮僻, 跡阻仕宦, 而殞結思報之心, 猶有耿耿于中, 而終不能自已者.

竊伏惟念, 荒墜先緒, 罪之大者, 闡揚先烈, 孝之志也. 玆

---

5) 奉 : '拏'의 오자

6) 測 : '側'의 오자.

敢不避萬死, 有此一言.

伏願聖明, 特令該曹, 襃獎忠孝, 激勸風俗, 旌其門, 復其田等事, 條列擧行, 以爲泉下之孤忠爲白良結望良白去乎.

詮次善啓敎是事, 望良內臥乎事.

李生傳
一名花實, 字瑩玉

    大明嘉靖元年, 喬南府有李景遠者, 南州世居名裔, 仕宦京師. 以閣老乞歸故鄉, 而家雖殷富, 未有一子, 每與夫人張氏嗟嘆曰: "不孝有三中, 無後爲大. 顧余家財少, 不下累巨萬, 假使以此散盡, 倘得一點血肉, 則爲與祖先之罪人, 寧欲饑死, 而毋悔也."

    張氏慰之曰: "一願雖切, 財不可産人, 恨如之何?"

    夫婦相對, 悲懷難抑, 忽婢僕來告曰: 〈58〉"門外一老僧, 請謁於大監前矣."

    閣老思曰: '余雖草野之伏, 名滿四海, 而渠若凡僧, 豈敢有請謁之理哉?'

    卽出中堂, 許其入謁, 觀其動止, 則疏卓超遠之態, 而與世界僧徒有異, 身着七保[1])袈裟, 項掛百八念珠, 手持白羽扇. 至前又拜而禮曰: "小僧本以靑崗寺諸菩薩設齋化主僧, 所入米帛紙燭, 太半不足, 勢難訖功. 憑聞閣老大監之德, 遍於山野, 富首南州, 望或普施於齋資, 而敢請來謁矣."

    閣老內懷普施之心, 長吁而問曰: "不足幾許, 齋期何日?"

    老僧對曰: "物之多寡, 惟在處分之中, 而上齋仲春望日, 中齋孟夏念日, 下齋仲秋旬日也."

    閣老太息曰: "如干家財, 誰或曰富, 一貼世譜, 恨無傳之

---

1) '保'는 '實'의 오자.

處."

　老僧對曰:"太監世譜之傳否, 又何言哉?"

　閣老飮恨而答曰:"余未有來孕, 歸對先靈, 以何面目, 陳[2]是所恨也."

　老僧對曰:"人之有子, 如花有實, 花落成實, 而易也. 老人有子難也. 過傷何益?"

　仍欲請歸. 閣老使婢子, 備進待客之味, 速進自內堂盛備茶啖, 出送外堂. 老僧將欲下箸, 而還釋其箸. 閣老曰:"何不下箸乎?"

　對曰:"餠物過分矣. 貧僧不願食之."

　閣老還送內堂. 侍婢持來茶啖, 告于夫人曰:"老僧初欲下箸, 還釋之, 未知其心也."

　夫人怖而詳之視,[3] 則無一[4]適口, 而忽見一器之中, 有肉餠相雜者. 大悟憖之曰:"厥僧之不食, 果由此故也."

　常不快於心意. 是時, 閣老操筆, 記之於普冊, 黃紙中書曰: '上齋前期二月初十日, 白米三千石, 紫帛三千疋, 壯紙三束千,[5] 黃燭三千雙.'

　紅紙中書曰:'中齋前期四月十五日, 白米二千石, 紫帛二千疋, 壯紙二千束, 黃燭二千雙.'

　靑紙中書曰:'下齋前期八月初五日, 白米一千石, 紫帛一

---

2) 陳 : '眞'의 오자.

3) 詳之視 : '詳視之'의 오류.

4) 一 : '非'의 오자.

5) 三束千 : '三千束'의 오류.

千疋, 壯紙一千束, 黃燭一千〈59〉雙.'云矣.

老僧心語曰:'未常[6]見此普之多. 但其誠心, 徒在於一子之求耳.'

仍對曰:"普施之多寡."[7]

問答於禮, 仍請去. 閣老曰:"惟我夫婦潔身, 及期輸往爲計, 惟俟發願, 求子於佛前云."

老僧對曰:"以財求子, 則豈有無子之人乎?"

翻然辭歸, 仍無去處矣. 閣老驚疑, 而入于內堂, 以老僧問答之言, 及普施之物數, 一一細傳于夫人. 夫人亦異之, 自今以後, 淨掃家基, 致誠備物. 上齋前期日, 輸于靑崗寺, 則諸僧大驚拜禮曰:"相公兩位行次, 出於意外, 而又況輸來各種, 以爲佛供之事乎?"

閣老曰:"此寺設齋化主僧, 日前來謁, 仍請普施, 故及期駄來矣."

諸僧瞠目駭曰:"小僧之寺, 本來至貧, 故設齋無期, 於今百有餘年, 有何設齋之事, 有何求乞之僧乎? 此必諸僧之中, 陰懷吞財之計者, 憑藉齋設而作俑矣."

查實紛紛, 閣老反爲鉏鋙覺悟, 而密言于夫人曰:"向來老僧受普施, 乍下堂階, 仍忽不見, 余及夫人, 驚疑不已. 到今思之, 則生佛爲其寺貧, 故欲設齋供, 而示其神異者乎! 不然則豈無卽日輸去之慾㦲?"

夫人曰:"誠如其言, 依約日, 使之設齋而歸, 宜也."

---

6) 常:'嘗'의 오자.

7) 누락이 있는 듯함.

閣老然其言, 乃招集諸僧, 而問曰: "某日上齋, 某日中齋, 某日下齋, 果否?"

諸僧皆不知. 其中有識字一僧, 潛往渠房, 考見擇日法冊, 及諸菩薩, 各世尊齋日, 則果如閣老之言. 卽還問于閣老曰: "齋日何以詳知耶?"

答曰: "其時生佛之言, 記書於黃・紅・靑紙, 故知之也."
寺中諸僧大奇之耳.

於是, 閣老及夫人, 各拜於佛〈60〉前, 以設齋之意, 無數祝願, 盡納其物, 當於齋日, 使諸僧至誠祝願行之, 三齋如一焉. 閣老與夫人謝退佛前, 仍卽還家. 是夜三更, 夫人張氏行勞頗甚, 乍然憑枕矣. 忽然一陣香風, 亂吹于滿庭, 花華片片飛落, 愛惜紅艷, 不勝憤慧,[8] 而覺乃南柯一夢也. 其兆不吉, 說於閣老, 閣老曰: "美哉夢也. 實成花落, 理之常也. 況有實無花之節乎?"

夫人亦然之. 終日穩話, 末年合宮, 便同春夢. 自今胎候, 漸繁也. 翌八月初五, 生得玉童, 而滿室歡喜. 閣老與夫人不勝其樂, 而言曰: "此兒生日, 卽靑崗寺畢齋日也. 其時化主僧言曰, '花落成實, 易也.' 可驗曩時之夢也. 以此推尋, 則全然生佛也."

是時, 閣老以兒名之曰, 花實, 字曰, 瑩玉. 花實及長, 瑩如秋水, 美如冠玉也. 學文以後, 拔萃之遠, 不可以李・杜之言論耳. 年深歲舊, 花實之年, 十有三也. 一日閣老長嘆曰: "吾之兩人, 年過七旬, 但有此兒晩得, 而必得如吾兒才質, 而後

---

8) 慧: '恚'의 오자.

庶可作配, 眼前慈美, 速欲見之, 雖然, 世上安有如右者乎? 吾欲訪求也."

夫人之心亦如, 故点頭而已. 閣老仍卽裹粮於,9) 出家周流天下, 遍察京郷, 窮搜村巷, 世無其雙, 數年廣求, 不合意矣. 嗟嘆還家, 而獨臥外堂矣. 忽有一客來於訪門. 閣老迎, 而坐定之後, 先問閣老曰: "我卽西原府金進士爲稱矣. 近聞大監晩得奇男, 求配多年而不得, 還來云. 故願一見之而來."

閣老答曰: "豈爲獨子故? 爲奇而已. 然君有何意而願見耶?"

客曰: "余之八字崎嶇, 晩得無男有一女, 而其爲麗質, 獨知爲第一, 而欲求其配, 出家三載於歸路矣. 適聞貴子之言, 故願見〈61〉也."

閣老大喜曰: "誠如尊兄之言, 則亦余所求也."

卽招花實, 以拜現之, 進士大悅曰: "果如所聞耳."

閣老曰: "與貴令愛, 孰賢?"

進士答曰: "二而一也. 如右·若左."

閣老悅之曰: "與之結親, 何如耶?"

答曰: "諾."

閣老曰: "家之貧富, 不必問也. 而敢問其先云誰?"

進士對曰: "鄙卽前朝丙午年北京使臣時, 廷叱胡王, 罪配死金相卿之五世孫也. 甲子年謁聖科都壯元, 翰林學士金世賢之子也."

閣老聞而知之, 曰: "何見之相晩也? 且自南州相距西原府,

---

9) 於: 연문(衍文).

幾許里耶?"

對曰 : "四百五十里."

言畢, 閣老以酒饌歡待, 仍入內堂. 以兒婚定之事, 細傳于夫人. 夫人對曰 : "何其許婚之疾也? 難辨四百里外事, 不見遠地閨中之面."

閣老曰 : "余自爲上客, 以蒼頭壯健者多數, 率往. 而欲得賢婦也, 遠近何關哉? 夫人勿慮, 勿慮."

於是, 閣老卽出外堂, 與進士以擇日, 同行之意, 牢約矣. 當於發行之日, 先治新郞上馬, 況若仙風道骨. 後備上客, 而登轎, 依如南極老人星, 速行西原府也. 是時, 張夫人新行治送之後, 爲慮遠地之愁, 晝夜漸長, 夢亦不吉, 倚閭之望, 無時不切矣.

却說. 金進士家, 閨秀鳳玉, 眞是傾國之色, 世間無雙也. 但有率婢莫禮, 以良家之女, 恣10)色則近幾於鳳玉之色耳. 性本剛直, 每與小姐, 大小論懷. 一日小姐, 謂莫禮曰 : "父親以我婚事, 出家三年, 竟絶聲影, 不啻爲慮."

仍微笑曰 : "琴瑟之思, 亦隨滋甚哉?"

莫禮對曰 : "小姐以名家貞質, 爲嚴遠慮可, 思琴心切不可矣."

鳳玉面紅津津也. 莫禮反慰其面爛, 而終日穩攄際, 忽有一蒼頭來報曰 : "進士老爺, 擇得佳郞, 已爲發程云."

仍納進〈62〉士手書也. 夫人朴氏慌忙而開見, 則其書曰 :

---

10) 恣 : '姿'의 오자.

南州李閣老之子花實, 一國奇男子, 故與之結婚, 而今方新行, 以到於中路也. 再明日暮, 當至十里許南峴嶺矣. 明燭等節, 及成禮凡百, 急速準備, 以光其威儀之盛, 爲可爲可.

云云矣. 夫人見畢, 罔知所措. 一瞬之間, 無遺盡備, 與小姐及莫禮, 懇懇待之也.

却說. 閣老問於進士曰: "貴府在何境, 而泰山峻嶺, 長程短程, 多日踏來, 竟無止接, 而誠爲悶慮者也."

進士對曰: "今之日暮, 至及南峴嶺, 則應有擧火之處矣. 少勿致慮."云, 故問關之餘, 詰問還恔. 終日馳致, 暮及于南峴之上, 則十里長提火光玲瓏, 十字街路, 人影散亂矣.

李生換着冠服, 徐徐入, 而左右觀光之人, 林立爭道曰: "百花叢中, 有一團玉人."

及其行禮之節, 動止之態, 口不可刑[11]喩, 盡不可記模. 有口者皆曰: "金進士三年求之, 得仙人而來矣."

此時, 李生禮畢, 後各歸其處. 夜已深矣, 生與小姐怡然就寢, 靑山不重, 綠水還淺, 其樂何以成言也? 進士及夫人, 喜悅大樂. 生過三日, 遠慮倚門之望, 卽欲作行耳. 進士夫婦, 治行凡節, 不甚虛踈, 取其一器轎子與馬夫等百餘名, 使之倍行焉. 小姐臨行, 夫人執手作別曰: "婦有七去之惡, 凡干之事, 審愼奉行, 而無遺後悔. 侍婢莫禮, 卽汝之股肱也. 同爲率去, 可宜."

顧謂莫禮曰: "汝性本忠直, 無異於小姐之侍側矣. 或有違

---

11) 刑: '形'의 오자.

禮之事, 以善道開諭, 以光門戶, 是所望也."

莫禮對曰: "謹奉敎. 惟願夫人, 〈63〉保重保重!"

於是, 諸般主客相別而分袂. 此行之時, 金進士族長金生員爲上客發程, 多日纔到其許半路, 而許多人馬, 不勝其勞, 少憩于大路邊. 忽然左右扶轎軍, 相謂曰: "自發程之後, 極力扶追, 而不禁背汗矣. 今日扶追, 輕如空轎云耳." 則莫禮之轎夫, 亦如此言. 傍人亦曰: "昨今輕重, 甚是恠訝."

誼聲煩藉也. 新婦之上客聞而叱之曰: "汝等之倍行勤慢, 以今知之. 發行數日之內, 則血氣騰騰, 不知其重, 數日之外, 則習於手足, 工於伶俐, 故難料其輕重, 而然矣."

諸軍皆然其言而已. 仍倍行數十里, 兩轎夫又告曰: "似是空轎, 事甚驚怪也."

上客大怒, 捉入轎夫等, 大叱曰: "豈有是理? 而誠觀汝等之所言, 則理外之說, 使人疑怪, 罪不可赦哉."

轎夫等諸進極口曰: "但惟新婦夫人所乘轎門, 以鑰鎖之開金, 在於新郎相公也. 開見可辨其虛實."

疑感多端之際, 莫禮之轎扶急告曰: "俄惑滋甚, 故披見其轎上, 所着長衣, 則身無去處. 但其長衣, 如着在."云.

行中諸人, 大驚下馬, 而閣老卽使生開金見之, 則虛無人. 左右諸人, 相視落莫, 眞是所謂一大變怪也. 新婦諸族, 不勝驚愕, 捉入兩扶轎及侍婢等, 以極刑亂打, 嚴訊曰: "此白晝大道之上, 轎中兩人, 豈無去處之理乎? 是必汝等所爲, 去處及行兇與否, 斯速直告."

配被杖死者, 不知幾許矣. 奴婢等極告曰: "新婦夫人, 則深處轎中, 決非當門12)於小的等處, 而又莫禮則行列于夫人轎前者, 而俄自過站乘轎, 着衣而來, 衆所共視也. 或於路中,

342

亦無大小便暫避之事, 則刑死之外, 以何敢遠聞?"

其所告則事甚麥〈64〉浪, 不必更問, 行次中, 心莫知所爲. 噫! 失侶孤鴈, 尙可堪悲, 失王孤臣, 夫復何言哉? 以此變怪, 一邊通記于西原, 使書於喬南, 而多歧遍察, 於遠近山野, 竟無聲影. 故進亦難, 退亦憂, 甚於羝羊觸藩, 淸宵白晝之虛, 過路中景狀, 可怖亦可慘矣.

此時, 西原府金進士夫婦, 聞此變怖, 匹馬趕走, 當到氣絶也. 多般藥救, 進士詳問其由, 則答者亦如問者, 其將奈何? 進士乃大言于李生曰: "盖以事理言之, 所失兩人, 則旣爲君家之人, 死生出陟, 都在於君焉. 今君失妻, 以將安往耶? 仍此意奔告于此地監營, 窮覈推尋之外, 別無他道."

往營, 細陳其由, 則自該營捉囚李生, 論啓上達. 批答內, '人物去處, 渠豈有不知之理乎? 嚴訊窮覈, 期得輸疑'云云.

時生酷被兇杖, 玉面落淚, 尤不可慘見. 此時, 閣老夫婦, 晚年嗟陁, 亦當如何? 李生難耐酷刑, 以定恨13)惟納之意, 告之, 則監司以所其告狀聞. 回下內, 恨14)一年給矣. 李生納招蒙放, 後收率奴馬, 卽日發行, 歸來本家, 閣老兩位, 撫生之背曰: "我等之八字, 豈若是崎嶇耶? 悲懷難禁."

夫人太息曰: "當初結親時, 以遠地故, 心自愕然矣. 豈料人事之若是奇險乎?"

閣老曰: "結親一事, 今不可追悔, 而兩人失事, 今古未聞

---

12) 門: '問'의 오자.

13) 恨: '限'의 오자.

14) 恨: '限'의 오자.

之變也. 然王命至嚴, 何處可尋哉?"

生不勝悲痛, 而告曰: "鶴髮萱堂, 小子告別, 天倫毀傷, 人道泯滅, 君命若此, 一時難逭."

言訖, 潸然垂淚, 衣衿盡濕. 仍進曰: "小子不肖, 早離侍側, 天地間一大罪人."

遂拜別而告曰: "伏願父母, 保重保重!"

卽率奴馬, 下堂而出家也.

是時, 金進士歸家而言曰: "李花實, 雖告定恨,15) 然兩〈65〉人去處, 何以推尋?"

仍與夫人失聲痛哭, 渾如當喪之家也. 進士曰: "兩人同時去沒, 固知生同一處, 死同一處."

夫人亦歎曰: "一處云者, 不知在於何處, 而旣非氷體, 則不能自解於暴陽. 且非偶人, 則豈能變化於白晝乎? 自沒其中, 見失空中, 乃無天仙降世, 而還飛去乎? 梁16)臺雲雨, 朝聚而暮散耶? 悵嘆不已焉."

却說. 李花實出家, 以後莫知所向, 謂牽馬奴僕曰: "東西南北, 何處可往? 惟隨此馬所去之處, 而欲爲止接, 勿爲引牽, 任行所之."

奴僕聽命, 追後而已. 其馬直向西臺, 而多日行之, 仍向西邊, 奴主大奇之, 連日追後, 至暮到一處, 則大海臨前, 馬不行進也. 乃計其日字則二十日, 行之里數, 則爲三千五百里也. 生下馬臨流, 放聲大哭曰: "家在三千里外, 身投一大海邊, 歸

---

15) 恨: '限'의 오자.

16) 梁: '陽'의 오자.

期邈然, 人影掃如, 鶴髮雙親, 淚被蒼顔, 鴈落隻身, 血湧青眸."

 直欲投水, 奴者抱哭, 故不忍而乍止, 如是者數矣. 生將欲寄書於萱堂, 搜見行裝, 則紙筆俱乏, 裂其所着衣幅, 咋其指血凝, 而衣爲紙, 指爲筆, 血爲墨, 一揮寫之, 卽成一張書信矣. 付結於馬耳, 而顧謂奴者曰: "汝以今日之事, 歸告萱堂也."

 仍又痛哭, 驪者雖是微物, 似有惑[17])於人, 而鋤蹄落淚, 踴躍長嘶. 當於此之除,[18]) 陰雨四塞, 白日無光, 奴者扶而止之曰: "今公子自此安往?"

 生曰: "汝則善驅於此馬, 速歸故鄕. 信傳寄書, 可也. 我早晚還歸也."

 奴者見其氣狀, 若不自盡, 則必當投水矣. 泣告曰: "小的伏望, 死生同歸."

 生怒曰: "余卽一國之罪人, 何必與汝俱沒, 謾使萱堂無聞其消息乎? 斯速退歸矣."

 奴者知其牽[19])意, 不敢更問, ⟨66⟩牽馬還歸, 而步步顧盻, 不忍捨去也. 生佇立海岸, 如有所失, 神魂散亂, 薄暮故客, 去路寂寞, 收拾餘魂, 沿流而行, 荻蘆鬱密, 夜已深矣. 寸寸前進, 行至數里許, 則忽有燭影, 自蘆花之中, 杳茫之外, 隱然暎之. 生自語曰: "大海蘆中, 豈有人居, 而燭影來照矣?"

 躊躇良久, 稍入漸近於其處, 而望見, 則數間草屋, 翼然于

---

17) 惑: '感'의 오자.

18) 除: '際'이 오자.

19) 牽: '牢'의 오자.

蒼溟之中耳. 生大喜直抵其門, 則但有一箇童子, 乍見乍入, 而告于主翁曰: "有何天仙, 來到於門外矣."

翁曰: "若如汝告, 則卽出迎入, 宜矣."

童子旋出迎拜曰: "深夜遠來, 而豈不苦惱乎?"

款款之情, 似有熟面者然矣. 生惶忙答曰: "君家爺爺, 爲誰哉?"

對曰: "小兒, 何敢知之?"

仍引生入室, 則有白髮老翁, 迎坐而問曰: "此地卽西域濱邊, 與世界絶遠地耳. 未知尊公在於何處, 而深夜遠臨乎?"

生蔽膝對曰: "小生本以世道崎嶇之人, 素無定處, 而身如浮萍, 轉到貴地, 敢問成對, 不勝惶感也."

翁笑曰: "君之此行, 不是失侶孤鴈耶?"

生大異之, 難掩其實, 以前後逢變之事, 及姓名居住, 一一細告, 則翁乃屈指而言曰: "君之四柱, 始否終泰也."

對曰: "以何言哉?"

翁嘆曰: "十七年前, 以肉饌出, 待生佛之事, 使丕妻官[20]之故也."

生以肉饌之說, 茫然不知, 仍問曰: "小生之妻與婢, 生死去處, 何可知得乎?"

翁乃剔燈端坐, 以其手掌, 良久料理而言曰: "自然知之矣."

仍罷問答, 各暫憑枕焉. 東方已曙也. 翁大愛李生, 一夜之間, 情意已深, 親如父子矣.

原來老翁, 本以修道之人, 塵心消盡, 仙分不遠, 十州[21]三

---

20) 官: '宮'의 오자.

山之仙, 往往出入於此家, 每以翁呼爲張道士. 今此道士安知非願〈67〉從赤松子遊者矣? 是以獨處世外, 道通天地, 寥寂之中, 適逢花實, 而愛惜之也. 時生自嘆心語曰: '顧余一身, 飄泊東西, 歸期斷望, 願從此翁, 同居以過歲月, 非不心切, 而君命義不可不服, 親憂情不可不慰, 難抑心懷, 客愁轉深也.'

老翁察其情狀可憐, 而慰曰: "君之所失兩人, 必在於西原帶礪國九重宮闕之中也."

生大驚曰: "西原相拒²²⁾幾許?"

答曰: "三萬五千里²³⁾百里. 大江九橫, 去路摩天泰山四圍地方, 自太山距城地, 三千七百里, 四方皆然. 大野中鐵城, 其內四方相距, 各爲九十里, 猛將强兵, 不知幾萬千數, 而其國匈奴, 自稱皇帝, 左右諸國, 莫敢窺見, 所謂帶礪國王耳. 才力亦爲萬古勇夫, 而在傍太史者, 本以盲人, 天文地理, 鬼不可測, 神通秘計, 天下獨夫, 戰破强國, 視如反掌, 掠奪人物之術, 雖白晝無人知能矣. 如君之類, 雖十生九死, 不見其地形而自盡, 若非羽翼, 何能飛越乎? 與我同居, 以送光陰之外, 別無他術也."

李生聞此言, 雖知其兩人不死, 而向意落莫, 其將奈何? 然君命至嚴, 倚閭望切, 仍問曰: "九里九江, 皆有去來之船乎?"

翁曰: "雖有江船, 繫在越邊, 何可更問哉?"

生涕泣曰: "自向西原, 中路自盡, 而尙無奈何. 坐傷心, 誠

---

21) 州: '洲'의 오자.

22) 相拒: '相距'의 오기.

23) 里: 연문.

徒爲一身, 仍欲發行矣."

翁知其心誠之切, 乃使止之曰: "吾今爲君, 當往探其動靜, 而來矣."

卽呼童子, 舂出白米一斗, 生淸小許, 調合炊飯, 入盛布帒, 又以斧錯鉅刀釘等物, 合爲一負, 老人行裝, 不爲不重. 生慰問曰: "所盛斧鉅等物, 何用?"

答曰: "九江九船, 造爲所用耳."

仍發程, 時謂生曰: "歸期遲速, 未能豫料, 而率彼〈68〉童子, 好在守家也."

生出其門外, 疊疊而辭曰: "先生遠路往反, 保重保重!"

忽然乍眄, 則道士之行, 已在空中矣. 生不勝神奇, 還入堂中. 童子以其餘飯, 少許進食, 生食之如一筒粟許, 則連過三日, 飽而不食矣. 生大奇之, 使童子取見其米, 則粒粒團團, 宛如轉珠, 名雖米穀, 味異而飽久, 不可與世界粟此[24]喩焉.

却說. 西原大礪國王, 性本貧[25]淫, 天下姿色, 處處偸來, 而久則厭之. 每與太史占得姿色所在之處矣. 此時太史占之曰: "天下姿色鳳玉, 與其婢莫禮, 行在於大明國西原府路中, 而此則喬南府靑崗寺第三佛所點子李花實之妻也. 其佛怒於李家之勸肉, 憎於鳳玉之淫慝, 使張氏見厄, 而金女見慘, 此可以取來. 然東西相距, 爲四萬餘里, 實難利涉也."

胡王曰: "雖謂十萬餘里, 吾欲取, 汝期出秘計. 毋或遲滯, 可也."

---

24) 此: '比'의 오자.

25) 貧: '貪'의 오자.

原來太史, 素知其性暴, 畏被酷刑, 故七日齋誡, 夜讀《玉樞經》, 畫26)占八卦, 而四方神將, 一時而來, 羅列于前矣. 太史乃令東方神將曰: "西原府路李花實之妻, 與婢子, 孰能生身偸來耳?"

神將對曰: "彼東列第五邏鬼者, 能爲之."

太史曰: "然則卽令起送, 可也."

須臾五邏鬼卽往, 率其兩人, 來待于城門外云矣. 太史退其神將, 卽入告於王曰: "姿色兩人, 偸來矣."

王大悅, 盛備威儀, 率處宮中, 莫禮則使婢, 故各處其房. 此時莫禮魂飛魄散, 如在夢中, 始覺而見之, 則乃一宮闕也. 翌朝欲知其由, 潛入宮中, 尋訪婦人, 則頭戴雲鬟, 身着珠錦, 方坐於影窓珠簾之內, 艷冶紅粧. 莫禮涕泣告曰: "吾之兩人之身, 爲誰所爲, 來在此處? 此處未知何許之處, 〈69〉而觀其華麗, 無乃帝王宮闕? 此何事理, 此何情理? 況又小姐治粧, 何意耶?"

鳳玉勃然變色曰: "吾之皇上, 以千古明聖, 地有千里, 宮置一色, 以我爲妾. 一身榮貴, 汝敢問艷粧與否乎?"

莫禮嘆曰: "小姐獨不見《內書》乎? 珪27)中之步, 不出中門, 秋波莫送短墻, 況女子遠行, 不啻夢理28)之外, 二君之事, 二夫之事, 是可忍見, 是可忍聞? 故卿何在? 李相公安去? 寧死而不見, 爲快也."

---

26) 畫: '晝'의 오자.

27) 珪: '閨'의 오자.

28) 理: '裏'의 오자.

鳳玉憤怒曰:"爾死誰恤? 後勿出入於宮中云已而也."

噫! 莫禮之貞烈, 換世一般, 已極可惜. 鳳玉一瞬之間, 兩夫之情殊, 若是絶遠. 以此觀之, 脫衾之婦, 夫何可信? 其所淫慝, 不勝可痛. 莫禮悲憤幷發, 思惟李生, 不爲更問, 出卧渠房, 痛入骨髓, 惟以一死爲快, 自語曰:"五倫之始, 卽指天地而定矣, 渠以名家獨女, 奉命於父母, 許身於李家, 今至一夜之間, 雖爲奸術之所陷, 乍聞其言, 則其罪不重,29) 不顧父母, 天命違矣, 頓忘李生, 人理絶矣, 背夫猶難, 況又褰裳於狗彘之淫耶? 我以良家之女, 不幸爲渠之婢, 而顧其奴主之義, 則李生之事, 尤切慘惻."

如斯之間, 神魂難定, 沈吟月餘, 忽然覺悟曰:"我死而後, 有誰知跡?" 乃懷秋霜之心, 多以藥物, 自醫其身, 惟以一見李生爲願矣.

原來老翁, 智勇過人, 屢萬里外, 未及一月, 而來迫于第一江邊也. 四面無舟, 奈何上下江岸, 惟有數圍長松, 鬱密而已. 出其斧鉅, 一伐而斫之, 二諫30)而造之, 霎時之間, 宛成一大舡隻, 新造而渡之, 渡之新造, 如是者九矣.

夜半直抵城下, 則四面鐵桶, 城門堅閉, 身無羽翼, 不敢望入其中, 環行成外, 徒費氣力而已. 忽到〈70〉一城下, 而擡頭仰視, 則大竹成林, 自其城內, 一圍竹端, 爲風所逐, 半拜於雉堞之外. 因其月影, 而一場踴躍, 霎把竹端, 仍爲抱下, 掩伏於竹林之中.

---

29) 不重: 문맥상 '深重'이 되어야 할 듯.

30) 諫: '揀'의 오자.

竹葉大如紙廣, 傍有石井, 以石函四圍, 以石盖覆其井口, 力不能開閉, 而飢渴滋甚, 僅僅開井, 以其竹葉, 捲以爲桶, 吸飮其水, 則精神氣力, 倍筵[31])於前, 其水味之異, 果如仙液, 且觀宮闕之備, 則屋上四面, 持戟擔鎗,[32]) 瞋目瞠視者, 皆以塑爲像, 勢凶惡. 小頃蒼狗二首, 能探人臭, 咬侵莫甚, 更飮井水, 以手猛打, 一首卽斃, 仍埋於竹根, 一首則惻走, 而不復來矣, 如或弱質當此則決當咬死.

終夜隱身, 雖無人知得, 肝腸如焦. 有頃曉雞促鳴, 東方漸開, 忽有一美女, 頭戴玉盆, 手持銀綆, 卽開井盖, 汲水盛盆, 還閉其盖, 以其盆手[33])置于盖上, 跪坐合手, 而祝曰: "請祝李生於上天, 喬南府雖隔萬里, 生耶死耶? 李生之寃, 蒼天有知, 必有冥應, 聲影相阻, 心緖悠悠, 一場痛哭而還去矣."

此時, 翁聞見此事, 大以爲怪, 以其祝言, 霎然解掛,[34]) 則此乃李生之所失妻之婢子也.

'此婢血誠, 想已徹天, 豈待我救而不相逢耶? 天必感之, 宜不失時節.'

速還出來, 迫[35])于九江, 屢月之後歸家也. 李生驚出門外, 主翁把李生之手, 而謂曰: "君之所失兩人, 果在於大礪國宮

---

31) 筵: '筳'의 오자.

32) 鎗: '槍'의 오자.

33) 手: 연문.

34) 掛: '卦'의 오자.

35) 迫: '泊'의 오자.

闕之中, 而惜乎! 君之情事, 虎口狼穴, 何能向之."

 以九江船造, 渡泊之事, 婢子祝解辭卦36)之言, 一一細傳, 生大驚失色, 仍辭曰: "此何爲之? 伏願先生, 指揮善道云爾."
 則翁曰: "莫禮祝辭, 旣願一見, 則天反感應也. 君意何如?"

 生曰: "雖死於路中, 期欲往之矣."

 翁知其吉凶, 〈71〉故不爲拒之, 治送行裝, 時以米三斗, 如作飯, 入盛布袋, 授之曰: "所食之資, 似有不足, 一日所食, 以一匙許爲定, 宜矣. 且得達於其地, 則夜行晝伏, 愼勿露跡, 自有感助之物."

 生持其布袋, 辭別而行也.

 却說. 莫禮一自憤發之後, 欲爲自刎, 不忍爲之. 每日祝願, 少無感應, 欲爲自滅, 仍擧刀而延頸者, 數三矣. 一日自內宮, 急有召命, 如鬼卒, 而來促者, 不知其數. 莫禮想其向日面責之故, 入于宮中, 則鳳玉與胡王, 把手相對而坐. 胡王曰: "卽聞汝之罪狀, 則實爲難赦, 而顧汝未笄姿色, 有意而止之."

 仍欲惆奸, 莫禮稔知其淫虐, 不可遏, 而假作嬌言妄色, 瞞告曰: "臣妾頃於喪神之後, 眩昏之病, 尙今不蘇, 晝夜大痛, 徐待少差而行之, 尙未晩也."

 王然之, 以待差期矣. 莫禮還出渠房, 非37)淚如霆, 仍爲氣絶, 昏倒于衾枕之邊, 涔涔浸浸之中, 忽有一老翁, 撫頂而言曰: "爾若不死, 則必逢李生也."

 莫禮聞此言, 一聲長呼曰: "老人之言, 更逢李生之敎哉?"

---

36) 祝解辭卦: '祝辭解卦'의 오류.

37) 非: '悲'의 오자.

仍欲更問, 則老人不知去處矣. 譫語狼藉, 仍漸覺悟, 移時自語曰: "此莫非常時所願之心, 感興於夢中也. 異哉!"

張道士感其莫禮之祝辭, 自李生治送之後, 別設一坍, 于在潔身, 占龜已驗李生之吉凶, 故自然感誠於莫禮之夢, 而然也.

却說. 李生治行之後, 幾死幾生, 寸寸步步, 纔到九江之邊, 則津船皆泊於此邊, 僅爲上船, 辛苦而九渡. 漸漸前進, 及于城底, 曰: "已昏黑也. 周覽城園, 則雖羽有翼,[38] 不能飛越矣."

恐爲彼人之所知, 待明登山, 則其山上有一石函, 又有覆盖, 故覆開見之, 則足容一身入坐, 而還覆其〈72〉盖, 盖中有一穿孔, 故接目遠視, 則城中如在眼中. 雖有人於此, 晝則隱於石函, 夜則周行城外, 呼泣莫禮, 然而豈可得乎? 如是者又過累月, 所持火食, 已盡無餘, 不勝飢餒, 或採山菜, 或耘葛芽, 以糊其口. 毛髮長養, 便成一豚樣, 可憐身世, 勝可痛? 雖欲直入城中, 奪我兩人以歸, 而九重宮闕, 深如萬疊雲山, 月蘆之鶴, 何處可尋? 氣力衰盡, 惱因[39]頗甚, 暗暗之中, 忽有天動地震之聲, 自空中自來, 至前而問曰: "汝人耶, 鬼獸耶?"

生大劫[40]之中, 目孔詳視, 則乃一大飛禽, 而又能語也. 纔語音而答曰: "豈是鬼獸? 我是人也."

大禽曰: "若人則登我背上, 以兩手堅把兩肩, 又合兩目." 云.

故生怪而更問曰: "惟令所敎, 而知其尊號?"

---

38) 羽有翼: '有羽翼'의 오류.

39) 因: '囷'의 오자.

40) 劫: '怯'의 오자.

大禽曰：“我則天干端地支相四嶽山巡行白鷳胡也. 吾之將帥分付曰：‘帶礪國南山上石函中, 有一奇物, 而夜哭于野, 晝則伏于函, 汝急往殺之. 而其若人物, 則依願救之而來’云云. 故奉命來到, 而所願去何地乎?”

生曰：“城中竹田也.”

鷳胡促之, 李生一如其言, 而登其背上, 合目把肩, 瞬息之間, 飛去空中, 直下城中竹田, 而棄去矣. 生收恰41)散魂, 仔細回顧, 則正是道士所留之處也. 一如道士之敎, 而直捲竹葉, 吸其井水, 則精神怳惚, 氣力倍勝. 前日所侵蒼犬因劫, 而不來矣. 翌朝曉有一女子來, 坐井邊汲水, 而祝曰：“喬南府李公子, 生耶死耶? 天地寂寞, 夢想暗然矣.”

又爲一塲痛哭, 將欲還去之際, 李生知其莫禮, 自竹林中, 慇慇呼之曰：“莫禮, 莫禮! 我來, 我來.”

莫禮聞而大驚曰：“此吾之所願, 自來至極必也, 李生靈魂, 來感而已. 豈有肉身來此〈73〉之理乎?”

終無信然之心, 仍又痛哭矣. 生復呼曰：“豈是神魂來? 我卽李生之肉身也.”

莫禮驚怪而入其中, 詳視則語音形容, 則李生, 而見其毛髮, 則似是豚體也. 仍卽相扶而痛哭, 莫禮如癡如狂, 而問曰：“萬里相阻, 何訪來, 而毛髮亦何彼42)身哉?”

生乃前後首尾, 不勝盡道, 而毛髮飢餒之故也. 莫禮卽歸渠處, 持來掘土器械, 而拔其竹根, 若刈草芥, 廣掘竹田, 爲數

---

41) 恰：‘拾’의 오자.

42) 彼：‘被’의 오자.

仞許, 多說[43]鋪陳於其內, 以屛風圍立四面, 又以燈燭明浪,[44] 如在房中. 其所可食之味, 不可勝記. 又以桶竹簾, 覆其上還 塡其掘土後, 樹植竹根, 數仞地下之人, 孰能知之? 生任意屈 伸於其中, 所食之味, 眞是仙液之勝也. 明燭挑燈, 飢則啖之, 飽則止之, 已過多日. 毛髮盡脫, 宛如平日, 然而自悚曰: "雖 隨莫禮之指揮, 渠不過一簡兒女, 況又吾身在於數仞之下, 地 下之事, 無路知得, 如在虎狼之穴, 無異泉臺孤魂."

盖莫禮之地藏李生者, 恐爲人之知而彼殺, 其意深還[45]也. 莫禮一自見生之後, 胸襟如海, 樂心滔滔, 故爲頻頻汲水之路, 以喉聲相通, 問候而已. 莫禮罔知所措, 終未得一策, 方在於 焦悶之中矣.

一日胡王急招太史, 莫禮驚疑於心曰: '李生有無, 彼若知 之, 則未免俱沒之患.'

急往城門, 以待太史之來焉. 頃之來矣, 莫禮潛把其手而 言曰: "人生世界, 活人可乎, 殺人可乎?"

太史反目大驚曰: "娘子此何言耶?"

莫禮曰: "以我占之, 則可之[46]矣."

太史乃屈指良久曰: "數仞地下, 生人有諸!"

答曰: "果有之."

太史曰: "然則何爲哉?"

---

43) 說: '設'의 오자.

44) 浪: '朗'의 오자.

45) 還: '遠'의 오자.

46) 之: '知'의 오자.

答曰:"伏願尊公, 愼勿令人知覺, 且示奇謀, 則以我舌肉, 爲君之履簧, 以〈74〉我頭髮, 作君之履總矣."

太史曰:"王命時急, 更議未晚."

直入宮中, 時莫禮隨後覘聽, 則胡王問于太史曰:"近日夢事, 多有不吉, 又有南蠻國刺客, 爲名者劫殺, 悟覺見之, 則汗出沾背, 南蠻國必有我國欲於圖謀也. 吾將往戰破矣. 此行吉凶與否, 及往還遲速, 各別占納."

分付至嚴矣. 太史默聽王言, 知其莫禮埋人所崇,[47] 而又占王身之數, 則雖破南蠻, 不久爲被刀殺死也. 乃自念於心曰:'吾素抱積寃, 多結於王, 況又俄聞娘子之言, 而自然有感之心, 必有妙事於其間也.' 乃外似施屈指於態, 內懷害王之心, 怠之對曰:"明日發行, 則一月之內, 戰勝而歸也."

王大悅, 卽日起軍, 萬馬千兵, 如沸大海. 乃入宮中, 作別於鳳玉, 而發向于南蠻矣. 是時莫禮心獨喜之, 然而守宮將卒, 又不知其數, 急往竹田, 侍出李生而言曰:"礪王遠離, 宮中虛虛無人, 只有夫人也. 相公何以爲之?"

生大喜曰:"或知外人, 則恐有罔測之患."

莫禮曰:"小的先入宮中, 以此意通于夫人而來矣."

仍潛入宮中, 則鳳王[48]問曰:"前日大王勝戰於他國來, 汝曾未有喜色于面矣. 今日則有何好事, 而喜色滿顔耶?"

莫禮躊躇良久, 不勝其樂, 以相公遠來之由告之, 則鳳玉似有欣然而[49]態, 使之請來李生. 故莫禮大悅, 卽出而引導李生,

---

47) 崇:'祟'의 오자.

48) 王:'玉'의 오자.

將入宮中, 未及半, 而鳳玉忽大呼宮卒曰 : "執捉喬南府李哥者, 牢囚于鐵獄中!"

號令如秋霜也. 宮中諸卒, 莫不戰慄. 凶兵惡卒, 一時突出, 執捉頭髮, 扶曳而鐵索繫項, 曳往于十里鐵獄, 而具格牢囚而去. 原來此獄, 皆以鐵爲井, 其內四方相去, 爲三里, 以鐵盖⟨75⟩覆閤井口, 以雖百人之力, 不能開閉, 譬如秦時陰宮, 昏如黑夜. 其中積踏者, 盡是死人骸骨, 如山積也. 生憤悲莫禮之情景, 如天地崩頹, 日月昏沒, 此時莫禮大呼李生曰 : "此何情地, 此何景色?"

生亦嘆曰 : "吾將奈何, 汝將奈何?"

惟以呼泣之聲, 內外相通, 而來頭死生, 爲先姑捨, 多日繫獄, 饑死丁寧, 計無所施. 莫禮以金銀寶貨, 多給匠手, 以鐵錯三日鑿之, 盖有小孔, 九日鑿之, 孔如指環也. 時, 莫禮以藥水等物, 入其孔中, 生受其食物, 雖保縷命, 或當飮食之時, 則獄中雜鬼來侵恐喝, 不有餘地, 不得已半分食之間, 已過一月矣. 忽有萬里鼓聲, 如動地. 此時, 莫禮問50)此聲, 而肝腸如裂, 急往告於李生曰 : "此聲卽礪王來矣. 相公一縷迫在朝夕."云, 而仍呼泣蒼天, 欲死未能, 其情慘之極, 不可盡喩.

生昏迷之中, 忽然見孔, 則似有陰風吹孔, 寒氣逼人, 疑怪而回眄, 則獄中東方, 如有瑞色遠亘, 尤切恠訝, 而往視有尺許短劍二柄, 臥在於鐵壁上, 而能吐瑞色矣. 生自語曰 : "丈夫雖死, 逢劒難捨."

---

49) 而 : '之'의 오자.

50) 問 : '聞'의 오자.

仍取其兩劍, 佩之衣上也. 未及半餉, 鼓聲漸近之矣. 於時, 莫禮雲往雲來, 懇懇苦難, 抑心緖, 常懷霜鉈於懷中, 此則李生死而隨死之計也. 盖其忠烈, 萬古一人, 亦十六歲平髮之兒, 往來養獄之時, 左右觀光之人, 孰不慘嘆? 其情狀之可矜, 孰不流涎? 其姿色可取也.[51]

此時, 礪王先鋒, 過去鐵獄之邊, 金鼓咸聲, 令人落膽, 而所謂礪王, 其質異於凡人也, 身長八尺, 體如大牛, 兩目如燈, 眼光射人, 聲如雷鳴, 威風勇力, 天下無雙, 至若項羽之徒, 視若〈76〉□兵之卒, 是以鬼不能侵, 人不敢近. 一瞬之間, 億萬將卒, 盡列于城中矣. 莫禮見礪王之入其宮中, 而間行窓外, 潛聽鳳玉之語, 則乃言於王曰: "喬南府李哥漢, 卽本夫也. 敢請來謁, 故不勝其慎, 捉因獄中, 以待大王之來."云, 則礪王大怒, 躍出外宮, 號令左右曰: "獄中罪人, 急速捉入于陣中!"

怒叱之聲, 如下霹靂. 李生及莫禮, 魂飛魄散, 或以鐵索北結, 或以凶杖推後, 捽頭擲伏, 於億萬陣中. 礪王厲聲分付曰: "汝以么麼之漢, 不顧身命, 稱以吾王妃之本夫, 而敢生偸去之計, 乘余出他, 而來耶? 汝罪固不可赦!"

又使武士揷柱四方, 以李生之手足, 繫于四方之柱, 以板木凡于項頭後. 有斬頭匠, 身着凶服, 擔其長釖,[52] 而立其中矣. 斯速斬殺之聲, 疾如戰鼓之鳴. 當此之時, 白日無光, 陰雲四

---

51) 左右觀光之人, 孰不慘嘆? 其情狀之可矜, 孰不流涎? 其姿色可取也 : '其姿色可取也, 左右觀光之人, 孰不流涎? 其情狀之可矜, 孰不慘嘆?'의 오류.

52) 釖 : '釰' 또는 '劍'의 오자.

起. 莫禮內懷自刎之劍, 坐於李生之頭邊, 左右軍兵, 雖欲禁逐, 秋霜之心, 孰能禦之? 皆爲嘖舌, 讚嘆而已.

自上促殺之聲, 急於星火, 斬頭匠之高擔長劍, 而進退指試之狀, 不忍直視. 再三進退, 肩骨與手法, 異於前時, 更爲進退, 劍光翻然, 幾及於李生之頭, 而又未能斬之. 自然遲滯. 更爲進退, 故莫禮忽然擡頭而見之, 則自李生之懷中, 陰風急吹, 閃光霎越斬頭, 匠頭已無去處. 莫禮驚怪, 而拭目詳視, 則羽立將卒之頭, 如秋風落葉, 閃光生處, 盡是無頭之人. 莫禮急起, 回顧殿上, 則礪王之頭, 落而復續, 續而又落. 始知其劍術之變, 而急走厨竈, 以裳裹灰, 直上礪王之前, 以裳灰擲蒙, 落頭不能復續. 慌忙下去, 先解李生之縛, 抱臥渠房, 已死久矣. 莫禮一邊以手祝天, 一邊〈77〉以香涎注口, 移時乃甦, 如在夢中而覺. 莫禮徐待神回, 而問曰 : "相公忘却這間之事乎? 小妾莫禮在傍也."

生垂淚而言曰 : "吾今生耶, 死耶? 俄者軍兵, 皆何去乎?"

對曰 : "宮中之人, 皆53)而鳳玉獨生存也."

生又問曰 : "宮中之人, 何以皆死乎?"

對曰 : "相公所佩兩劍, 拔見之則可知矣."

生則拔見之, 劍刃多血. 莫禮曰 : "相公幾死之際, 忽有陰風, 時兩劍閃出, 暫時之間, 億萬將卒, 若刈草芥然矣. 此劍出於何處, 而佩而54)何時乎?"

生曰 : "在獄之時, 得此兩劍, 忽吐瑞氣, 故佩之耳."

---

53) 皆 : '皆死'의 오류.

54) 而 : '於'의 오자.

兩人相對不勝其喜, 莫禮以直55)羞仙味, 多進刈56)之, 宛如平昔. 莫禮乃盡鎖宮門, 使宮人無得出入也. 李生與莫禮直入宮中, 睨視礪王屍體, 則寶劒佩在腰間, 故拔其長劒, 坐於殿上, 使莫禮捉出鳳玉, 莫禮承命而卽入, 則鳳玉方治艶粧, 而外宮之事, 茫然不知矣.

莫禮曰: "艶粧何事哉?"

答曰: "吾之大王, 萬里他國, 勝戰而來, 故將欲進賀, 而治粧矣. 汝獨無致賀之心耶? 前日大王, 有意於汝者, 莫非吾之勸顧也."

莫禮冷笑曰: "一夜間, 大感之樂, 何欲分人耶?"

鳳玉全昧其意, 而答曰: "我則已爲適人, 汝則尙在平髮, 故使汝欲見生外之樂, 而然矣."

莫禮曰: "夫人之大王, 淫如犬羊, 想必不分晝夜, 不憚傍人, 而逢之則做之, 見之則行之, 無恨57)淫奔之慾, 何能當之乎?"

答曰: "果如此言, 而不能當之, 故欲分之也."

莫禮欲責其淫, 還爲汚口,

'當初以小姐行身之時, 與我爲,58) 到今思之, 則實非慮其父出家三年之勞, 明是爲渠身琴瑟思切之望也, 可知其淫女之尤穢者也.'

---

55) 直: '眞'의 오자.

56) 刈: '列'의 오자.

57) 恨: '限'의 오자.

58) 與我爲: '與我爲待父還'의 오류.

仍又大言曰: "汝之大王, 今若死之〈78〉則又爲改夫乎?"

鳳玉始覺面辱, 而大段起怒, 疾呼宮卒. 莫禮不勝其憤, 以手猛打鳳玉之頰, 而責之曰: "汝雖千呼萬唱, 有誰答? 不知小59)天者有死無生.", 而仍卽大聲曰: "喬南府李相公, 座定於殿上, 使我捉出汝身, 分付至嚴, 斯速出去."云已, 則鳳玉不知其出吾60)反爾之擘, 不勝憤怒. 惟恃其王, 突出宮戶之外, 而大聲呼王曰: "莫禮以窮天大辱, 對面詬之, 惟願大王, 急速斬之!"云云, 而回眄則礪王終無去處. 惟有一少年, 端坐於殿上, 此卽喬南府李花實也.

鳳玉未見其王, 故猶不勝憤痛, 而忽見之, 則王之頭, 轉于階下, 王之體, 橫於席上, 反爲大驚, 復見李生, 而進退爲難, 不覺其身之自蹲也. 生乃厲聲數罪曰: "汝當初爲凶奴之所謆, 雖爲來此, 而頓忘小61)天之重, 而卽地許身於犬羊之淫, 其罪一也. 莫禮以不事二夫之說, 丁寧告戒, 則汝以凶奴之强暴, 自能誇張, 以莫禮氷玉之身, 欲逞汝媚, 幾至於玉石俱焚之計者, 其罪二也. 惑於犬羊之淫, 不顧父母之命, 欲殺無辜之人, 其罪三也. 其他些各罪, 不勝殫擧, 而汝以女子之身, 負此三大罪, 而尙欲生容於天地間乎? 君命至重, 以汝之骨肉, 蒙宥之外, 別無他更憤之事."

仍其礪王之長劒, 割其鳳玉之腰, 盛塩載車.

嗚呼, 慘哉! 以此觀之, 雖糟糠之妻, 豈可盡信? 雖鄙賤之

---

59) 小: '所'의 오자.

60) 吾·'爾'이 오자.

61) 小: '所'의 오자.

女, 豈可盡棄? 於是, 李生宮中所在, 各項文簿及地圖戶口諸般大小記籍之屬, 箇箇搜出, 統一周覽, 則一國之人物箇數, 奇貨之所在各處, 無不摠察. 宮中侍女中, 抱寃含爵者, 擧皆放送. 洞開宮門, 所餘將卒及左右侍衛者, 〈79〉一一點考, 則將爲千數, 卒爲萬數, 被刃死者, 不知幾千數. 卽設大宴, 犒饋將卒. 遠近百姓, 相携來賀者, 絡繹不絶, 皆曰: "死王之暴, 千古一惡, 年年歲歲, 以戰伐爲業. 父母妻子, 不見相顧而死者, 不知幾許. 今幸天聖降臨, 掃此凶暴, 自今以後, 願少須臾毋死, 思見德化之盛也."

李生曰: "我以奉命之臣, 不能久留. 今將發行, 而啓達天朝, 後復來慰之. 汝等老少軍民, 少勿騷動, 以待我歸, 宜矣."

軍民等聽畢, 皆呼太平, 蹈舞而去. 生又謂太史曰: "鳳玉之來此, 礪王之歸死, 汝已知之, 則罪之可也? 釋之可也? 而以其礪王知死之功, 贖其鳳玉偸來之罪耳."

太史亦喜而贊曰: "知其夫人之來, 斬此礪王之頭, 相公之神機大略, 鬼不可測, 嘆服不已."

於是, 生令太史, 堅守宮中, 與莫禮同車還歸, 急渡九江, 飄然而來. 此時張道士已知李生之來, 出迎門外曰: "美哉, 李生! 天實感之."

生對曰: "若非先生之德, 豈能至此?"

道士曰: "獄中兩劒, 吾所送之, 而倘非莫禮之誠, 亦何爲之?"

生與莫禮, 大以爲奇矣. 道士又慰莫禮, 曰: "娘子眞所謂'臣中良烈, 女中君子'也."

又問: "其先謂誰?"

莫禮斂容對曰: "年淺女兒, 豈敢對盛問? 而緣於相公, 而熟聞之矣. 小的本以西原府村家良女, 嚴父鄭某則已沒, 慈母則生存. 年老, 當於歲飢, 賣身活母而已."

自今以後, 不呼莫禮之名, 改號尊稱曰: '鄭小姐也.' 生曰: "此兩劒, 眞是藏身之寶, 何以爲之?"

道士曰: "劒不可分用, 雌雄兩劒, 理不相遠離."

生對曰: "古云, 張公兩釖[62]神物合有時."

自佩一釖,[63] 還納一釖[64]也. 仍告別於道士曰: "歸寧時晚, 將欲發程也."

道〈80〉士曰: "道里當然, 而鳳玉安在哉?"

對曰: "塩車載來."

仍以一杯分袖, 彼此繾綣之情, 依如圯橋之別也. 促行歸來, 卽入皇城, 以前後事狀, 沒謄上疏, 皇帝覽畢, 顧謂左右諸臣曰: "李花實, 卽萬古英雄, 特赦前罪, 以莫禮使之成婚於花實, 給資貞烈."

仍以花實, 特封于帶礪國王, 改其國號曰: '鎭南.' 李生卽爲肅拜, 祗奉印綬, 仍卽辭朝, 而歸家. 其間已爲周年. 閣老與夫人張氏, 如逢再生之人也. 王乃前後之事顚末, 及上疏封王與否, 細細告達, 則夫人愕然覺悟曰: "汝之風霜, 卽吾之不察之過, 非汝之罪也."

王對曰: "何爲?"

答曰: "其時老僧, 卽生佛也. 而所刈[65]茶啖中, 有肉饌一

---

62) 釖: '劒'의 오자.

63) 釖: '劒'의 오자.

64) 釖: '劒'의 오자.

器之故也."

家內諸人, 始覺而言曰 : "食人之飮食, 豈不爲審愼哉也?"

於是, 鎭南王保其兩親, 率其家屬, 卽日赴位於鎭南國. 乃請張道士與太史, 左右翼, 而相議輔國, 百姓安堵, 呼樂萬歲. 嗚呼, 異哉!

---

65) 刈 : '列'의 오자.

* 이 책의 원문에서 각 작품은 선본(善本)을 정해 교감하되, 문맥상 의미가 달라지는 부분을 중심으로 했습니다. 교감 시 비교한 이본은 아래와 같습니다.

• 〈최치원전(崔致遠傳)〉
국립중앙도서관 소장 《최고운전(崔孤雲傳)》
영남대 소장 《최문헌전(崔文獻傳)》

• 〈박응교 직간록(朴應敎直諫錄)〉
연세대 소장 《선희록(鮮稀錄)》 〈박태보전(朴泰輔傳)〉

• 〈남한일기(南漢日記)〉
조경남(趙慶男), 《속잡록(續雜錄)》 권4

• 〈나뭇가지에 사는 까치의 등장[枝頭鵲諫治等狀]〉
《강도록(江都錄)》 〈작여오상송문(鵲與烏相訟文)〉

• 〈까마귀[加魔怾]〉
《강도록(江都錄)》 〈오대변송문(烏對卞訟文)〉

• 〈동군을 보내는 글[餞東君序]〉
임제(林悌), 《임백호집(林白湖集)》〈동군을 보내는 글[餞東君序]〉

• 〈이순필·순정 형제의 송사를 해결함[解李順弼順貞兄弟之訟]〉
정철(鄭澈), 《송강별집(松江別集)》 권1 〈잡저(雜著)〉〈강원감사시 의송제사(江原監司時議送題辭)〉

해 설

19세기 후반 서리 계층의 읽을거리 '요람(要覽)'

《요람(要覽)》은 국립중앙도서관에 소장된 한문 서적이다. 조선후기 서당에서 읽었던 여러 용례집의 이름이 '요람'으로 되어 있는 경우가 많다. 국립중앙도서관에는 '요람'이라는 제명으로 다수의 책이 소장되어 있다. 그중에 청구기호 '한古朝93-128'이 이 글에서 언급하는 텍스트다. 《한국민족문화대백과》의 '요람'은 지리지 성격의 문헌에 대한 설명이므로 이 글과는 전혀 다르다. 이 《요람》을 누가 편찬했는지는 알 수 없다. 다만 이두를 사용한 글이 여러 편 실려 있으므로 이두를 많이 쓰는 서리층 인물이 편찬한 것으로 추정된다.

'요람'이란 '요긴한 볼거리'라는 뜻인데 서리를 양성하기 위한 교육적인 의도에서 필요하다고 여겨지는 문체의 글들을 모은 것이다. 교육적인 의도라고 언급한 것은 재미있는 이야기 형식으로 이루어져서 흥미를 유발한다는 의미다. 이야기를 교육에 활용한 방식은 그 이전에도 발견된다. 예를 들어 16세기 문인 유희춘(柳希春)은 《미암집(眉巖集)》 권4 '정훈(庭訓)'의 문학(文學) 항목에서, 《동래박의(東萊博議)》 등과 함께 공부해야 될 책으로 《전등신화(剪燈新話)》를 언급했다. 《동래박의》는 남송(南宋)의 학자 여조겸(呂祖謙)이 역사서 《좌씨전(左氏傳)》에 대해 논평한 책이다. 자식들이 공부할 책으로 역사서를 꼽은 것은 당연한데, 그와 함께 소설을 꼽았다는 점에서 소설에 대한 인식이 이전과 달라졌음을 보여 준다. 한편 《요람》과 비슷한 시기에 찬술된 것으로 보이는 한문소설 《만가춘설(萬家春說)》은 교육적 의도에서 찬술되었다는 징표가 농후하다. 소설을 교육의 자료로 사용하는 한편, 교육을 위해 소설을 창작하기도 했던 것이다.

《요람》에는 16편의 이야기가 수록되어 있는데 이를 문체별로, 소설과 서(序), 역사기록물, 소지류(所志類), 상언(上言)과 제사(題辭)로 분류할 수 있다.

소설과 서(序)

《요람》에는 두 편의 소설과 한 편의 서(序)가 실려 있다. 소설과 서는 《요람》의 다른 글들과 달리 실용문이 아닌 문학이라는 점에서 하나로 묶을 수 있다.

〈최치원전(崔致遠傳)〉은 신라 말에서 고려 초의 이야기를 담고 있는 《수이전(殊異傳)》에 수록되었던 전기(傳奇) 〈최치원〉과는 다른 소설로서, 여러 이본이 남아 있다. '최고운전', '최문헌전' 또는 '최충전'이라 되어 있는 이본도 있다. 이본이 많다는 사실은 그만큼 인기를 끌었다는 뜻이다. 고상안(高尙顔)이 1579년에 보령에 가서 현령 김황(金滉)과 대화하던 중 김황이 〈최문창전(崔文昌傳)〉을 보여 주었는데 금돼지 일이 매우 자세했다는 기록이 《효빈잡기(效顰雜記)》에 있으므로, 16세기 후반 이전에 찬술되었음을 알 수 있다. 금돼지 일이란 〈지하국대적퇴치〉 설화를 가리킨다. 〈이화실전(李花實傳)〉도 같은 설화를 근간으로 한 소설인데 이 작품들이 《요람》의 맨 처음과 맨 뒤에 배치되어 있어 혹 어떤 의도가 있는 것은 아닌지 의문이 인다.

〈이화실전(李花實傳)〉은 〈지하국대적퇴치〉 설화를 근간으로 해 신분제 사회의 변동과 윤리 의식의 지속을 주제로 다룬 소설이다. 동일한 설화를 근간으로 한 작품들인 〈최치원전〉과 〈금원전(金圓傳)〉, 〈금령전(金鈴傳)〉, 〈서해무릉기(西海武陵記)〉, 〈반필석전(班弼錫傳)〉 등은 모두 적대자에게 납치된 여주인공이 자신을 구한 남주인공과 결합하는 양상인데, 〈이화실전〉은 그렇지 않다. 아내가 남편을 배신했다가 결국 징계되고 아내의 시비(侍婢)가 충절을 지키며 주인공을 도움으로써 아내의 위치로 승격한다. 훌륭한 가문의 후손이 음탕한 모습을 보이고 그에 비해 보잘것없는 시비가 충절을 지킴으로써 신분의 열세를 윤리적 우위로 극복하는 양상을 형상화한 것이다. 이는 신분제 사회가 변동하고 있음을 보여 주는 한편, 여전히 정절과 충절의 윤리 의식이 지속됨을 보여 준다. 신채호의 소설 〈백세노승(百歲老僧)의 미인담(美人談)〉 역시 〈지하국대적퇴치〉 설화를 바탕으로 했고, 〈이화실전〉과 마찬가지로 아내가 남편을 배신하는 유형이다. 두 작품이 같은 설화를 토대로 새로운 시대의 단면을 형상화하려 했다는 점이 주목된다.

〈동군을 보내는 글(餞東君序)〉은 임제(林悌, 1549~1587)의 문집에 기재되어 있는 글이다. 봄을 '동군'으로 의인화해 그 덕을 칭송하고 전송하는 내용이다. 전문을 게재한 뒤에 기이한 문장이라는 평을 짤막하게 붙였다. 의인문학이라는 점에서 소지류의 우화와 통하는 점이 있다.

역사기록물

〈박응교직간록(朴應敎直諫錄)〉은 인현왕후의 폐위가 옳지 않다고 박태보가 숙종에게 상소를 올렸다가 모진 문초를 당하고 유배 가다가 죽게 되는 일련의 사건을 시간 순서대로 사실적으로 기록한 글이다. 박태보 이야기는 《박태보전》과 《박태보실기》 등 소설로도 만들어져 읽혔다. 〈박응교직간록〉은 소설은 아니지만 대화체가 많다는 점에서 문학적 성격이 강하다.

〈남한일기(南漢日記)〉는 병자년(1636) 12월 12일부터 정축년 1월 2일까지 남한산성의 상황에 대해 간략하게 기록한 글이다. 12월 12일자 기록에 앞서 병자호란의 원인에 대한 언급이 1면 정도의 분량으로 실려 있는데 이 부분은 조경남(趙慶男, 1570~1641)의 《속잡록(續雜錄)》 정축년 상(上)에 인용되어 있다. 현재 같은 제명의 문헌으로 여러 텍스트가 남아 있다. 《한국민족문화대백과》에는 4권으로 된 석지형(石之珩, 1610~?)의 기록이 알려져 있는데, 《요람》의 〈남한일기〉는 1권으로 된 문재도(文載道, 1575~1643)의 기록과 유사하다.

〈남한일기〉가 병자호란 때 남한산성 상황을 기록한 데 비해, 같은 시기에 강화도가 함락된 상황을 기록한 것이

《강도록(江都錄)》인데 여기에 부기되어 있는 〈까치와 까마귀가 서로 소송하는 글(鵲與烏相訟文)〉과 〈까마귀가 변호해 소송하는 글(烏對卞訟文)〉이 《요람》의 까치와 까마귀의 쟁송 이야기와 매우 유사하다. 《강도록》은 부기되어 있는 〈효명세자가 직접 지은 글(孝明世子親製文)〉을 근거로 해 1838년 이후의 문헌이라고 추론되고 있는데, 《요람》도 비슷한 시기일 것으로 여겨진다. 19세기 말에서 20세기 초 국제 관계가 어수선한 무렵에 병자호란의 아픈 기억을 되새기며 주의를 환기하고자 하는 사회적 관심사가 작용한 것으로 여겨진다.

역사의식 면에서 〈남한일기〉는 나만갑(羅萬甲)의 〈병자록(丙子錄)〉을 발췌 번역한 〈산성일기〉 등에서 척화파(斥和派)를 옹호하던 일반적인 인식과 달리, 준비 없이 청(淸)과 절교해서는 안 된다는 최명길(崔鳴吉)의 견해에 동조를 표한다. 명분이 아니라 실제적인 능력을 중시하는 견해를 담은 대목들은 당시 국제 정세에 대한 편집자의 견해가 반영된 것으로 보인다.

소지류(所志類)

소지는 관청에 올리는 소장(訴狀)이나 청원서, 진정서 등을 말한다. 《요람》에서 소지류로 분류되는 글들은 동물들이 인간에게 하소연하는 형식을 담고 있다. 원고의 고발과 피고의 답변, 그리고 인간의 판결로 이루어졌는데, 동물의 생태와 관련해 가벼운 웃음을 유발하게 만드는 글이며, 소송과 관련된 문체로서 이두를 사용하고 있다는 공통점이 있다. 내용은 다음과 같다.

① 고양이가 개의 행패를 고발하는 〈여종 묘금의 소지(婢猫今所志)〉와 개가 사정을 하소연하는 〈노비 개똥의 원정(奴狗同原情)〉.

② 까치가 까마귀의 행패를 고발하는 〈나뭇가지 까치의 등장(枝頭鵲諫治等狀)〉과 까마귀가 사정을 하소연하는 〈까마귀(加魔怪)〉. 이들은 《강도록》에도 부기되어 있는데 두 텍스트를 비교하면 표현상 조금 차이가 있고, 또한 《요람》 텍스트에는 판결문이 붙어 있다는 점이 다르다.

③ 자기 곡식을 쥐가 훔쳐 갔고 고양이는 이를 제지하지 않는다고 고발하는 다람쥐의 〈율목리 접오산의 소지(栗木里接鼯山所志)〉와 이에 대해 쥐가 사정을 하소연하는 〈서

대도의 공사(鼠大盜供辭)〉, 고양이가 사정을 하소연하는 〈포도청 감고 묘동(捕盜監考苗同)〉.

④ 소가 한평생 일을 해서 인간에게 충성을 다하는데 고기를 먹으려고 도살까지 하니 너무 가혹하다고 하소연하는 〈농우의 등장(農牛等狀)〉.

상언과 제사

상언(上言)은 임금께 사정을 하소연하는 글이라는 점에서 일반 소지류와 구별된다. 제사(題辭)는 판결문으로서 '제김[題音]'이라고도 한다. 소지류 동물들의 글에도 짤막한 제사가 덧붙어 있다. 그러나 상언과 제사에는 이두를 쓰지 않았고 동물을 의인화한 경우가 아니며 청원의 주체가 양반이라는 점에서 구별한다.

〈임자강 산송에 대한 상언(任自岡山訟上言)〉은 묘지와 관련해 소송을 제기하는 글이다. 임씨의 선영에 최주화가 권력을 이용해 모친을 장례했으니, 이장하게 해 달라는 내용이다. 이 글은 '고운전(孤雲傳)'이라는 제명의 책에 기재되어 있는 〈임처인상언초(任處仁上言草)〉와 동일하다. 이 책의 편자가 '신사년 12월에 구룡재에서 마친다(辛巳臘月

絶筆於九龍齋)'는 글귀를 남겼으나, 정확한 시기와 편찬자는 알 수 없다.

〈경문의 부친 기의 전사에 대한 상언[慶文父豈戰亡上言]〉은 경문의 부친 경기(慶豈)가 임진왜란 때 의병 활동을 하다가 전사했으므로 정려(旌閭)와 포상을 청한다고, 경문의 손자가 올린 글이다.

〈이순필·순정 형제의 송사를 해결함(解順弼順貞兄弟之訟)〉은 토지를 두고 다투는 이순필과 이순정 형제의 소송을 화해시켜 해결한 글이다. 《송강집(松江集)》 별집에 있는 〈강원감사 때 의송에 대한 제사(江原監司時議送題辭)〉와 같은 글이다. 의송은 관찰사에게 올리는 소지고, 의송에 내리는 처분을 제사라고 한다. 수령의 판결에 승복하지 않아 감영으로 올라온 송사인 의송(議送)에 대해 관찰사로서 판결한 글이다. 송강(松江) 정철(鄭澈)은 1580년 1월에 강원도관찰사로 등용되었다가 다음 해 4월에 대사성에 제수되었으므로 그 기간에 작성된 것임을 알 수 있다.

이상의 《요람》 내용을 살펴보면, 한문 수준이 높지 않고 소지류가 다수 포함되어 있다는 점이 특징이다. 맨 앞과 맨 뒤의 소설은 흥미를 유발하기 위한 것이고 그 안에 있는 글의 문체를 읽어 습득하게 하기 위한 목적에서 비롯

된 것으로 짐작할 수 있다. 소지류가 의인문학으로 되어 있어 흥미를 유발한다는 점도 교육적 목적에 부합한다. 〈박응교직간록〉과 〈남한일기〉는 편찬자의 역사적 관심도에 따른 것이라 하겠다. 조선 시대 소설은 다양한 층위를 이루고 있는데 《요람》은 설화에 기반한 소설을 기재했다는 점에서도 양반보다는 서리, 즉 중간 지식인 계층과 관련 있어 보인다. 그러므로 《요람》은 조선 후기 중간 지식인 계층의 문화를 가늠할 수 있는 텍스트에 해당한다.

옮긴이에 대해

이대형은 동국대학교 불교학술원 교수다. 고전문학 특히 고전소설에 관한 연구를 했고 최근에는 승려 문집에 대한 연구를 하고 있다. 저서로《금오신화 연구》, 공저로《옛편지 낱말사전》, 역서로《심생전·운영전》,《다송문고》등이 있다.

요람

작자 미상
옮긴이 이대형
펴낸이 박영률

초판 1쇄 펴낸날 2024년 11월 22일

커뮤니케이션북스(주)
출판등록 제313-2007-000166호(2007년 8월 17일)
02880 서울시 성북구 성북로 5-11
전화 (02) 7474 001, 팩스 (02) 736 5047
commbooks@commbooks.com
www.commbooks.com

ⓒ 이대형, 2024

지만지한국문학은
커뮤니케이션북스(주)의 한국 문학 출판 브랜드입니다.
이 책은 저작권자와 계약하여 발행했으므로, 본사의 서면 허락 없이는
어떠한 형태나 수단으로도 이 책의 내용을 이용할 수 없습니다.

ISBN 979-11-7307-224-6 03810

책값은 뒤표지에 있습니다.